Dr. URSULA SANDNER

coautor
MIRELA BOTEZATU

IUBIRE FĂRĂ COMPROMISURI

GHIDUL RELAȚIILOR MATURE

PRODUCŢIE & DTP
CLAUDIU CATARGIU
HIRSCHKORN VERLAG UND MEDIA

Descrierea CIP a Bibliotecii Naţionale a României

Sandner, Ursula
Iubire fără compromisuri: ghidul relaţiilor mature / dr. Ursula Sandner
Timişoara: Gordian, 2018
ISBN 978-606-743-076-9
159.9

CUPRINS

Introducere   13

PARTEA ÎNTÂI

Capitolul I. Relația cu sine și compromisul pe care îl facem cu noi înșine   19

Putem trăi fără compromisuri?   20

Ce înseamnă un egoism ecologic sau sănătos?   25

Sunt sacrificiul și suferința niște virtuți?   26

Ce se întâmplă atunci când te pui pe ultimul loc în viața ta?   29

De cine depinde fericirea noastră?   35

Factori care te pot determina să intri într-o relație de compromis   43

Cum ar fi să devii persoana pe care ți-o dorești lângă tine?   55

Capitolul II. Influența părinților   59

Nu copilul alege să vină pe lume — asumarea rolului de părinte   59

De ce există atâtea conflicte între părinți și „copii"?   63

Cum te poți elibera de un părinte toxic?   67

Iertarea părinților și vindecarea copilăriei   72

Credințe disfuncționale formate în copilărie 77

Renegocierea relației cu părinții 88

Adulții infantilizați și misiunea de părinte 91

Capitolul III. Influența societății 99

Cum ne influențează societatea în alegerea propriului drum în viață? 99

Influența grupului de apartenență și a prietenilor 107

Compromisurile pe care le facem în viața profesională 113

Influența societății în privința căsătoriei 117

Capitolul IV. Influența partenerului 122

Ce este și ce nu este iubirea? 122

De ce acceptăm compromisurile în loc de a ne elibera? 131

Iluzia sufletelor pereche 141

Jocurile de putere în cuplu 148

Relațiile conflictuale: motive des întâlnite 155

Relațiile abuzive 164

Când vine timpul să ieși din relație 185

În loc de concluzie... 191

PARTEA A DOUA. POVEŞTI TERAPEUTICE

Dumnezeu la terapie   200

Scrisoare de demult   215

Întâlnirea   224

Bună... vrei să-ţi spun o poveste?   233

Bărbatul din ramă   241

Gânduri într-o ceaşcă de ceai   243

Sunt o mamă eroină   250

Puiul   256

Cel care urăşte   257

Povestea Anei   259

Povestea lui Răzvan   265

Când iluzia dispare iar fluturii devin demoni   273

De pe la noi   274

În vis cu Mara   280

În vis cu Andrei   288

Cuvânt de încheiere   296

Prefață

Ideea acestei cărți a apărut în urma numeroaselor povești de viață pe care le-am ascultat de-a lungul carierei mele și, observând maniera în care oamenii se raportează la ei înșiși și la relațiile lor, am putut constata că suferința, sacrificiile, compromisurile și renunțarea la sine fac parte din rutina vieții de zi cu zi, închinate fiind unui ideal relațional care speră ei să le aducă fericirea și să-i facă să se simtă întregi, compleți și vindecați.

Plecând de la această premisă, că scopul unei relații este să ne salveze de propria teamă de singurătate, să ne umple golurile ori să ne ofere ceea ce noi refuzăm să ne oferim, omul este dispus să-și sacrifice stima de sine, încrederea în sine precum și bucuria de a trăi, până și propria ființă și evoluție, doar ca să nu renunțe la acea relație, la acea persoană, oricât de nocive ar fi devenit ele între timp.

Compromisurile și sacrificiile nu sunt niciodată calea spre armonie și împlinirea de sine, iar această carte vine să-ți arate tocmai acest lucru — că putem avea relații fără compromisuri care să ne desăvârșească fericirea și că putem să ne schimbăm viața chiar și atunci când avem impresia că nu se mai poate face nimic.

Astfel, lucrarea de față cuprinde două părți. Prima parte tratează, pe parcursul a patru capitole, felul în care compromisurile pe care suntem învățați să le facem ne afectează fiecare aspect al vieții noastre, punând accentul pe o altă modalitate de a ne raporta la noi înșine, la viața și relațiile noastre, care are la bază un egoism ecologic, respectarea autenticității și originalității proprii, asumarea responsabilității, curajul de a-ți urma calea spre care te cheamă vocea ta interioară și, nu în ultimul rând, bucuria de a trăi.

În capitolul I — *Relația cu sine și compromisul pe care îl facem cu noi înșine* am discutat despre felul în care relația cu sine ne influențează calitatea vieții și relațiile pe care le avem cu cei din jurul nostru. Ideea centrală se axează pe faptul că atunci, când noi ne prețuim pe noi înșine, când ne iubim și ne respectăm, nu putem accepta să fim tratați altfel decât la cele mai înalte standarde de cei din jurul nostru. Pentru a da un exemplu, ne putem imagina următoarea situație: dacă noi ne iubim 40%, în momentul în care cineva ne iubește puțin mai mult, vom simți că avem parte de toată fericirea din lume. Cineva ne oferă un 10% în plus, însă imaginează-ți cum ar fi să te iubești pe tine 100%. Așa-i că nu ai mai accepta să fii tratat altfel decât cu aceeași considerație și același respect cu care te tratezi tu pe tine? Că nu ai mai închide ochii în fața acelor lucruri care nu-ți fac bine, că nu ai mai fi dispus să faci compromisuri și sacrificii, că nu te-ai mai mulțumi cu jumătăți de măsură? Am discutat, de asemenea, despre ce înseamnă un egoism ecologic, acesta reprezentând, de fapt, o componentă importantă a unei relații sănătoase „tu cu tine", și despre factorii care te pot determina să intri într-o relație de compromis ce se poate transforma cu ușurință într-una abuzivă sau toxică.

Capitolul II — *„Influența părinților"* surprinde diferența dintre o relație sănătoasă părinte-copil și una nesănătoasă. Vorbim, așadar, despre conflictele dintre părinți și copii, despre ce înseamnă abuzul, despre modalitățile prin care putem înțelege și depăși mai bine rănile copilăriei, despre cum poți construi limite și granițe clare de interacțiune limitând influențele unui părinte toxic, despre sentimentele de vinovăție și rușine pe care le poți avea față de părinții tăi și de unde provin ele, despre credințele disfuncționale formate în copilărie și despre cum poți renegocia relația cu părinții tăi.

Capitolul III — *„Influența societății"* ne aduce față în față cu felul în care suntem învățați încă de mici să ne supunem unor norme și reguli sociale care ne pot îndepărta de autenticitatea noastră. Vorbim despre cum putem să ne urmăm calea și să ne trăim viața așa cum visăm, când cei din jurul nostru ne îndeamnă să rămânem o copie într-o societate care încă nu și-a găsit calea spre armonie. Discutăm despre compromisurile pe care le facem în viața profesională, în relațiile cu prietenii și cu cei din grupul nostru de apartenență; despre felul în care ne influențează societatea maniera în care percepem și ne raportăm la căsătorie și cum, de multe ori, deciziile noastre nu se bazează pe ceea ce ne dorim cu adevărat, ci pe teama de gura lumii sau oprobiul social.

Capitolul IV — *„Influența partenerului"* aduce în discuție miturile, iluziile și credințele disfuncționale după care se ghidează cei mai mulți dintre oameni în relațiile lor. Astfel, vorbim despre ce este și ce nu este iubirea, despre diferența dintre compromis și consens, despre cum putem recunoaște jocurile de putere în cuplu, despre diferența dintre o relație sănătoasă și una toxică, abuzivă, despre manipularea psihologică și cum putem dobândi mai multă încredere în noi pentru a ne construi acea relație pe care ne-o dorim și a renunța la tot ceea ce ne întunecă existența.

Partea a doua cuprinde o serie de povești terapeutice scrise de minunata mea colegă și prietenă, Mirela Botezatu, care reușește să surprindă tainele sufletului omenesc și să transpună în cuvinte încărcate de emoție frământările, încercările și provocările celui care încearcă să-și găsească calea proprie, celui care caută să înțeleagă și să facă pace cu trecutul, celui care vrea să deslușească ițele relaționale și să-și resemnifice evenimentele marcante de viață. Fiecare poveste poate fi privită ca o lecție de viață pentru cel care încearcă să găsească un sens acolo unde nu există, pentru cel care are curajul de a-și acorda o nouă șansă la fericire sau pentru cel care încă nu este conștient de impactul propriilor alegeri și decizii în viața sa.

Întreaga lucrare este o invitație la reflecție și conștientizare, o manieră prin care pas cu pas poți să devii mai sincer cu tine însuți, regăsindu-ți curajul de a fi și a trăi exact așa cum îți dorești.

Dr. Ursula Sandner

IUBIRE FĂRĂ COMPROMISURI

INTRODUCERE

Relaţii fără compromisuri — este oare posibil? Mulţi oameni ar spune că nu. Încă suntem tributari unor credinţe conform cărora iubirea înseamnă suferinţă, dacă nu eşti gelos, nu iubeşti, trebuie să faci compromisuri şi să te sacrifici „ca să fie bine", certurile frecvente şi abuzurile sunt un lucru normal, „mai bine cu răul deja cunoscut", divorţul este o ruşine sau că e normal să stai şi să înduri de dragul copiilor. Oamenii urmează cu ochii închişi acest sistem de credinţe şi de valori şi se miră că relaţiile lor nu funcţionează, că sunt nefericiţi, că suferă, că se îmbolnăvesc. Oamenii se căsătoresc şi, în cele mai multe cazuri, este vorba doar despre o chestiune de timp până când se ajunge la divorţ. De ce se întâmplă asta? De ce acum, când avem acces nelimitat la o mulţime de informaţii, când nu mai suntem condiţionaţi cu adevărat decât dacă ne condiţionăm singuri, când ştiinţa şi tehnologia evoluează atât de rapid, mulţi dintre noi parcă rămânem nişte copii, din punct de vedere emoţional şi ne comportăm ca atare în relaţiile noastre? Poate, pentru că ne raportăm greşit la relaţiile din viaţa noastră, poate că ar trebui să regândim bazele pe care se întemeiază acestea.

De-a lungul anilor am stat de vorbă cu mulţi oameni care, după relaţii de durată mai lungă sau mai scurtă, s-au trezit singuri, poate fără mijloace de subzistenţă, debusolaţi, fără o direcţie sau un scop în viaţă, cu copii pe care erau nevoiţi să-i crească singuri şi aşa mai departe. Dacă la începutul relaţiei şi, mai ales, la începutul căsătoriei, în loc să se autoiluzioneze cu „vom trăi fericiţi până la adânci batrâneţi", li s-ar fi spus „aşteaptă-te la ce-i mai bine, însă fii pregătit pentru orice", poate lucrurile ar fi arătat altfel la sfârşitul relaţiei.

Mulţi oameni cred despre ei că nu sunt compleţi fără o relaţie, că sunt jumătăţi în căutarea unei alte jumătăţi, alături de care să devină un întreg. Cred că, în momentul în care se căsătoresc, pot să devină dependenți cu totul de partener, că doar poveștile din copilărie le-au spus că după nuntă „vor trăi fericiți până la adânci batrâneți". Însă nu este nici pe departe așa. Se poate întâmpla orice. De exemplu, partenerii pot să evolueze diferit, să-și dorească altceva, să nu fie dispuși să trăiască în compromis și sacrificiu, ca să nu mai spun că unul dintre ei poate să decedeze.

Realitatea este una și iluziile sunt cu totul altceva. Sigur că este frumos să visăm și să ne dăm silința să menținem o relație de cuplu, atât timp cât ea este satisfăcătoare și aduce împlinire și fericire ambilor parteneri, însă este bine să nu uităm că se poate întâmplă orice. Dependența de partener, lipsa de asumare a propriei vieți, punerea relației pe primul plan și investirea întregii energii în acea relație sunt factorii care pot foarte bine să predispună la dezamăgiri, suferințe și drame viitoare.

Fii liber, experimentează viața, trăiește așa cum vrei, având în minte ideea că nimeni nu te poate face la fel de fericit așa cum poți tu să o faci. Nu intra în relații doar pentru că te simți singur, pentru că așa fac cei din jurul tău, pentru că vrei să fugi de tine, vrei un scut anti-plictiseală sau vrei și tu să aparții de cineva. Nu vei fi fericit în nicio relație dacă nu poți să te simți bine tu cu tine, în solitudinea ta. Vei avea tendința să intri în relații de dependență sau de codependență în care vor exista multă frustrare, nefericire și conflict. Trăiește-ți viața și atunci când vei decide că dorești să-ți legi destinul de cineva, asigură-te că și partenerul tău este o ființă umană conștientă de sine, asumată, experimentată și matură din toate punctele de vedere. Că are propriul său destin, așa ca tine, și că luați decizia să fiți împreună pentru că rezonați la nivel de credințe, valori, stil de viață și expectanțe în ceea ce privește viitorul.

Tot ce avem nevoie este doar să ne ancorăm mai bine în realitate. Da, ne bucurăm de relații, însă nu uităm că nu există nicio garanție că vom rămâne pentru totdeauna alături de cineva. Nu ne punem viața în mâinile altcuiva, nu devenim dependenți, ci ne construim o viaţă şi în afara relaţiei, care depinde doar de noi înşine şi pe care nu poate nimeni să ne-o ia.

Poveştile pot să-şi aibă foarte bine locul alături de realitate, însă este foarte important să ştim să discernem între ele, să trăim şi să facem alegeri conştiente.

Ai venit singur pe lume şi vei pleca singur de pe această lume. Tu alegi toţi oamenii care intră şi ies din viaţa ta. Păstrează în viaţa ta doar acele persoane cu care rezonezi la un moment dat, care te respectă, te admiră şi te preţuiesc şi învaţă să spui „nu" compromisului!

PARTEA ÎNTÂI

CAPITOLUL I

RELAȚIA CU SINE ȘI COMPROMISUL
PE CARE ÎL FACEM CU NOI ÎNȘINE

Relația cu sine este cea mai importantă relație din viața ta. De ea depinde calitatea vieții și a relațiilor tale. Felul în care te raportezi la tine însuți sau câtă iubire și respect îți acorzi se vede în exterior prin atitudinea ta, prin relațiile pe care le ai, prin activitățile tale de zi cu zi și tocmai acest lucru setează standardele pentru cei din jurul tău. Dacă tu nu te respecți și nu te iubești, nici ceilalți nu o vor face. Când într-adevăr ne pasă de noi înșine, ne va păsa într-un mod sincer și de ceilalți. Cu cât avem mai multă grijă de noi și ne respectăm nevoile, cu atât vom putea oferi și altora ceea ce ei au nevoie. Atunci când nu suntem în contact cu noi înșine, cu nevoile sau cu valorile noastre, când nu știm ce vrem sau dorințele noastre ni se par imposibil de realizat, crezând că nu stă în puterea noastră să le transformăm prin acțiune, pas cu pas, în realitate, vom avea tendința să trăim pe pilot automat după niște rețete pe care le-am preluat de la alții. Acest mod de a ne trăi viața ne provoacă multă tensiune intrapsihică, durere emoțională, boli fizice și... amărăciune. Așteptăm să mai treacă încă o zi...

Cu cât ne simțim mai goi și nu reușim să dăm un sens vieții noastre și cu cât suntem mai puțin conștienți de puterea noastră interioară, cu atât vom avea tendința să ne agățăm de alți oameni, de partener, de copii etc. și să trăim „prin și pentru ei"; să ne hrănim cu energia lor. Vom ajunge să renunțăm la anumite lucruri și să ne compromitem doar din frica de a nu pierde beneficiile — emoționale și de altă natură — care provin din relațiile cu aceștia și ne vom găsi argumente cum că am făcut asta „de dragul lor". În realitate, motivația este una egoistă. În acest caz, avem mai puține de oferit, dar simțim nevoia să primim din ce în ce mai mult pentru ca, astfel, să ne putem simți „plini". Există un termen în limba engleză pentru asta: *needy*; suntem „nevoiași".

Atunci când ne bazăm pe alții ca să ne facă fericiți, predăm puterea undeva în exteriorul nostru. Dar nimeni nu a venit pe lume cu scopul de a ne servi nouă nevoile. Atunci, când vom înțelege asta, poate că nu vom mai apela la șantaj emoțional, manipulare sau jocuri psihologice. Ajungem să depindem de acești oameni-ancoră, iar această opțiune nu ne oferă prea multe oportunități. O altă opțiune ar fi să devenim din ce în ce mai stăpâni pe noi și, astfel, pe viața noastră, să ne desăvârșim ca ființe umane, să ne dăm voie să fim tot ceea ce vrem să devenim și să ne întărim eul și personalitatea acționând în fiecare zi în acord cu scopurile noastre cele mai înalte. Cea mai trainică și sigură legătură este între tine și tine însuți. Cea mai de încredere relație este cea pe care o ai cu tine însuți. Și prin „legământul" cu tine însuți te conectezi la puterea ta interioară care crește atunci când nu îți încalci propriile principii și renunți la a mai face compromisuri în numele unor promisiuni, așteptări, iluzii sau speranțe. Refuzi să te mai compromiți în numele promisiunii iubirii, prieteniei, familiei sau banilor.

Putem trăi fără compromisuri?

Se spune că pentru a reuși în viață sau pentru a trăi așa cum îți dorești trebuie să faci compromisuri, pentru că altfel nu se poate. Mulți oameni sunt programați de mici să creadă că numai câțiva dintre cei norocoși pot să obțină ce își doresc de la viață, că pot reuși, așadar, să-și îndeplinească visurile și să trăiască altfel decât în luptă, suferință, regrete și renunțări. Astfel, cei care se consideră a fi născuți sub o stea nenorocoasă, trebuie să se resemneze cu puținul pe care viața s-a îndurat să-l ofere, trebuie să stea în banca lor, să nu îndrăznească să viseze pentru că „visurile" nu țin de foame, iar pentru aceștia a reuși înseamnă a demonstra că ești puternic prin tot ceea ce ești dispus să înduri, prin sacrificiile și compromisurile făcute. Reușita devine o fugă sau o tolerare a unei situații existențiale neplăcute, situație ce le întărește angoasele și le confirmă ideea că ei n-au ce să facă, că nu au puterea de a schimba ceva. Așadar, în loc de a se îndrepta înspre ceva, ei fug de ceva sau caută soluții de compromis prin care realitatea să li se pară mai tolerabilă.

De exemplu, această situație existențială neplăcută poate implica o căsnicie lipsită de iubire și respect, plină de abuzuri sau întuneric, unde compromisurile, renunțarea la sine ori a face pe plac celuilalt în propriul detriment pentru a evita un conflict ori „ca să fie bine" reprezintă maniere prin care unii oameni spun că au rezistat atâta vreme împreună, că au supraviețuit căsniciei. Aceasta este rețeta lor de reușită — devin martiri și se mândresc cu sacrificiile făcute, își poartă durerile în piept ca pe insigne de bravură.

Mai poate implica, de asemenea, o stagnare în propria existență, unde omul se baricadează în spatele unor credințe care îl limitează, izvorâte din frică sau din teama de necunoscut. Din frica de a păși afară din zona de confort, de a se privi așa cum este, de a-și recunoaște minusurile, de a învăța să se accepte pe sine și să schimbe ceea ce-l nemulțumește. Omul devine astfel un fugar în cursa vieții — el fuge de sine însuși și spune celor din jur *„așa sunt eu și nu mă pot schimba",* pentru a-și justifica lipsa de acțiune și indisponibilitatea de a depune vreun efort pentru a deveni acel om demn de propria admirație și a avea viața pe care o visează.

Astfel, cei din jur care nu-i mai tolerează comportamentele deranjante sau chiar toxicitatea devin în perspectiva sa niște oameni neînțelegători, răi și egoiști pe care își va vărsa frustrările și va încerca să-i convingă să nu se îndepărteze, la început cu vorba bună, iar mai apoi cel mai probabil va apela la șantaj emoțional, manipulare, reproșuri sau amenințări.

Omul care nu vrea să se schimbe, să evolueze, va încerca să-i împiedice și pe cei din jurul său să evolueze pentru că mai binele lor reprezintă o confirmare a propriei slăbiciuni pe care nu este dispus nici să și-o asume, nici să o transforme. El devine omul-victimă care dă vina pe toți și pe toate pentru felul în care se simte și trăiește. Se compromite pe sine pur și simplu pentru că nu este dispus să-și asume responsabilitatea asupra vieții lui, neasumându-și nici greșelile sau partea de responsabilitate dintr-o relație.

Cei care știu cum să se confrunte cu propriile greșeli (fie că este vorba de viața personală sau de cea profesională), de obicei, procedează în felul următor: își recunosc greșeala devreme și îi informează pe toți cei implicați care ar putea fi consecințele acelei greșeli; dacă este necesar, recunosc public greșeala; își asumă personal responsabilitatea; demonstrează ce au învățat pentru ca acea greșeală să nu se mai repete și merg mai departe, nu rămân blocați. Greșelile pot fi privite ca oportunități de a învăța, însă pentru asta este important să-ți asumi responsabilitatea pentru ele și să conștientizezi dacă și în ce fel greșeala ta dăunează sau influențează o altă persoană. Poate că tocmai prin neasumare greșeala este atribuită unei alte persoane care nu are nimic de-a face cu întreaga poveste.

În plus, când oamenii nu vor sau nu pot să țină pasul cu evoluția (schimbarea) ta, îți vor spune că ai înnebunit. Când tu evoluezi, cei din jurul tău își simt amenințată poziția în relația cu tine, sunt nevoiți să depună un efort ca să se adapteze la acea schimbare și nu sunt dispuși să facă asta (oamenii sunt foarte rezistenți la schimbare și le este teamă de nou și vor ca lucrurile să rămână la fel ca să le fie lor asigurat confortul), le arăți prin exemplul propriu câte credințe limitative au, îi determini să conştientizeze faptul că acele compromisuri pe care ei încă le acceptă sunt inutile.

Toate acestea pot avea ca urmare conflicte, tentative de manipulare, şantaj emoţional, ridiculizări, ameninţări. Rămâi imun la toate şi mergi pe drumul tău, indiferent de felul în care reacţionează cei din jurul tău. Dacă te laşi influenţat de ei, renunţi la tine însuţi şi la potenţialul tău. Nu-ţi faci nici ţie un serviciu, nici lor, pentru că le întăreşti ideea că nu se poate altfel.

Atunci, când oamenii nu vor să se schimbe, rămân într-un „cerc strâmt" unde bucuria de a trăi, împlinirea şi fericirea pot fi doar concepte abstracte şi necunoscute. În schimb, când tu mergi pe drumul evoluţiei tale, pe drumul pe care te poartă visurile tale, devii un model pentru cei din jurul tău. Şi poate că reuşita ta îi va determina şi pe ei să caute să-şi depăşească condiţia şi să-şi dorească mai mult de la ei înşişi şi de la viaţă.

Oamenii sunt atât de obişnuiţi cu suferinţa, cu drama, cu nefericirea încât ajung să considere că un astfel de mod de viaţă este normal. Mai mult decât atât, privesc în jurul lor şi observă că şi alţii sunt la fel, că le este greu, că se plâng şi se victimizează şi, astfel, această credinţă le este confirmată şi întărită — ridică din umeri, îşi spun că nu au ce să facă şi continuă să se afunde în tristeţea lor existenţială. Însă normal ar fi să „luptăm" pentru fericirea noastră, să fim dispuşi să facem schimbările necesare oricât efort ar presupune asta, să spunem „nu" suferinţei, compromisurilor, renunţării şi blazării, să nu ne mulţumim cu puţin şi să căutăm să ne depăşim credinţele limitative de tipul „aşa este viaţa, nu ai ce să-i faci."

Un om asumat, integru şi vertical, conştient de puterea sa interioară va face tot posibilul să-şi urmeze propria cale în viaţă, într-o manieră cât mai ecologică cu putinţă. Acest lucru înseamnă că va avea încredere să acţioneze în direcţia visurilor sale, însă fără a face voit rău altora pentru a ajunge acolo unde își dorește. Vor exista momente în care îi va fi greu să continue, poate că viața îi va aduce în cale obstacole, aparent, imposibil de depășit. Chiar dacă va vrea să renunțe, se va gândi dacă această dorință de a renunța vine din teama de a înfrunta necunoscutul ori din comoditate sau reprezintă, într-adevăr, cea mai bună alegere în condițiile în care strategia aleasă nu i se potrivește și trebuie regândită, trebuie reconsiderate resursele. Poate că vor exista, de asemenea, momente în care va fi tentat să aleagă calea ușoară — să facă anumite compromisuri sau să-și încalce principiile și valorile pentru a obține cât mai rapid o satisfacere a nevoilor sau pur și simplu pentru că ar fi mult mai comod așa. Însă, procedând astfel, își va nega sinele său autentic, își va nega dorințele care l-au determinat în primă instanță să plece în această aventură de autocunoaștere, explorare și creație. Pentru că, da, el este creatorul propriei sale vieți.

Însă, cu fiecare compromis făcut, omul își pierde din integritate și verticalitate. Dacă faci compromisuri sau „cumperi favoruri" toate acestea te fac să pari în ochii celorlalți o persoană lipsită de verticalitate. Și nu contează atât de mult cum te percep alții, cât contează cum te percepi tu. Poți să te minți sau să te amăgești că este ok, dar subconștientul tău știe că ai făcut un lucru împotriva voinței tale, că ai renunțat la ceva drag sau important pentru tine. Atunci, când îți compromiți valorile și principiile pentru a obține anumite lucruri, stima de sine scade. Compromisurile repetate îți știrbesc încrederea în sine și ajungi să te simți inconfortabil în propria-ți piele, să te diminuezi în proprii tăi ochi și chiar să te autosabotezi. În plus, compromisurile nu îți garantează reușita așa cum ți-o imaginezi pentru că se bazează pe renunțarea de sine, pe un minus, nu pe un plus.

Este de preferat un egoism ecologic în locul unei vieți trăite în compromisuri și sacrificii.

Ce înseamnă un egoism ecologic sau sănătos?

✓ să te pui pe tine pe primul plan în existența ta, să-ți asculți intuiția și să te abții de la a face compromisuri cu tine însuți sau cu viața ta;

✓ să înțelegi că tu ești singurul responsabil de tot ceea ce ți se întâmplă;

✓ să nu intervii în viața altora decât atunci când ei îți solicită asta, iar tu îți dorești, ai resursele necesare și poți să le fii cu adevărat alături, fără să te aștepți la nimic în schimb;

✓ să ai singur grijă de tine fără să ai pretenția ca alții să-ți satisfacă nevoile sau dorințele;

✓ să investești în tine și să nu permiți nimănui să-ți distrugă încrederea în sine — de multe ori încrederea în sine este considerată aroganță și este blamată, iar autodevalorizarea este percepută ca fiind modestie și este apreciată. Lucrurile sunt cum nu se poate mai greșite. Normal este ca un om care știe cât a investit în sine și în viața sa, pentru a putea avea o părere bună despre propria persoană, care este conștient de toate eforturile și luptele pe care le-a depășit cu succes, care are toate motivele să se prețuiască pentru tot ceea ce este el, să nu se mai devalorizeze și să nu mai permită nimănui să facă asta;

✓ să nu te lași folosit de ceilalți;

✓ să le dăruiești celorlalți din preaplinul tău, din ceea ce-ți prisosește, și nu din ceea ce nu ai nici tu, doar ca să-i manipulezi să facă și ei la fel (pe principiul „eu îți dau ție așa că mă aștept să-mi dai și tu mie");

✓ în orice situație să acționezi în interesul tău propriu și, în același timp, să-i respecți pe ceilalți — adică să cauți mereu consensul și nu compromisul (nu „dacă eu câștig, tu trebuie să pierzi");

✓ să te respecți și să-ți onorezi ființa, respectându-i în același timp și pe ceilalți — libertatea, granițele și limitele lor;

✓ să înțelegi că doar atunci când tu ești ok, când ai „rezervoarele pline" poți cu adevărat să-i ajuți pe alții (și în avion ți se spune că, în caz de accident, să-ți pui ție prima dată masca de oxigen și abia apoi să-i ajuți pe alții).

Nu poți să faci nimic pentru nimeni dacă tu nu ești ok. Atunci, când avem grijă de noi înșine și de nevoile noastre, când suntem sinceri față de noi, când nu renunțăm la autenticitatea noastră, când conștientizăm că fericirea noastră depinde de noi, când ne respectăm și ne iubim, vom putea fi împăcați cu noi, cu alegerile noastre. Nu vom mai avea ce să ne reproșăm și vom fi capabili, de altfel, să oferim și altora din preaplinul nostru îmbogățindu-ne, astfel, reciproc viețile.

Deși mi s-a reproșat uneori că promovez egoismul, ceea ce promovez, de fapt, este o relație sănătoasă „tu cu tine". Pentru că de aici începe totul. Dacă, pentru a avea o relație sănătoasă tu cu tine, te îndepărtezi de oameni care îți întunecă existența, asumarea faptului că unii dintre ei îți vor spune că ești egoist va fi doar un pas în evoluția ta.

Dacă vei spune „nu" atunci când vei vrea să spui „nu", dacă îți vei onora ființa prin fiecare gând și acțiune, poate că vei fi considerat egoist. Un „egoist" care nu greșește cu nimic altuia. Un „egoist" care știe că nu poate oferi nimic dacă el nu este împăcat cu sine însuși și cu alegerile sale. Un „egoist" conștient de puterea sa interioară.

Iar dacă toți am fi „egoiști" în aces sens, lumea s-ar transforma într-un tărâm mai puțin egoist. Ironic. Pentru că fiecare dintre noi ar acționa asumat și am fi conștienți de ceea ce putem sau nu să oferim, devenind sinceri în privința a ceea ce așteptăm sau nu să primim.

Sunt sacrificiul și suferința niște virtuți?

Care este mai exact scopul pentru care faci compromisuri, pentru care îți sacrifici viața pe altarul unei suferințe care nu schimbă nimic?

Credem, cumva, că dacă suferim suntem mai buni. Deoarece credem, de asemenea, că suferința este o virtute. Pentru că am fost învățați să credem asta. Pentru că ni se pare că dacă ne sacrificăm, cineva ne va ridica o statuie. Ce înseamnă, de fapt, această statuie simbolică? Înseamnă validarea suferinței noastre. Înseamnă aprecierea tacită pe care ne-o dorim din partea altora. Înseamnă acceptare și satisfacerea nevoii de a aparține sau de a fi conținuți. Înseamnă că așteptăm să ne simțim „demni" și „buni" doar dacă alții, într-un fel sau altul, ne întorc favorul de a ne fi sacrificat pentru ei.

Ceea ce poate că uneori omitem este faptul că așteptările noastre nu coincid întotdeauna cu realitatea. Că nu ne obligă nimeni să ne sacrificăm, că nu trebuie să suferim dacă nu alegem asta. Sună ciudat? De ce? Atât suferința cât și fericirea sunt niște alegeri personale, poate inconștiente.

Gândești, de exemplu, că dacă renunți la tine pentru a satisface capriciile și nevoile altuia vei fi mai fericit doar pentru că aștepți ca și el să facă același lucru? Gândește din nou. E vorba mai degrabă de așteptările și nevoile tale. Și când ce ai visat tu nu se întâmplă, suferi. Pentru că ai renunțat la tine de dragul unor așteptări, deseori, iluzorii.

Gândești că dacă taci și accepți să joci un rol secundar în propria viață, punând mereu pe primul plan alți oameni și dorințele lor, vei fi mai demn de iubit? Mai plăcut? Gândește din nou. Cu atât mai puțin ar trebui să te sacrifici pentru oamenii care te caută numai pentru că știu că pot obține beneficii de pe urma „bunătății" tale. Și cu atât mai puțin ar trebui să-ți pese dacă ei te plac sau nu. Ceea ce cauți vei găsi numai în interiorul tău. Ai curaj și privește! Dă la o parte tot balastul de credințe disfuncționale și toxice care te împiedică să te privești acurat. Nu ești ceea ce ți-au spus alții că ești și nici nu trebuie să faci ceea ce ți-au „dictat" ei să faci. Sau ceea ce ai considerat tu că trebuie să faci pentru că ți-au indus sentimente de vinovăție și rușine.

Tu ești stăpânul vieții tale. Îți este frică? Nu-i nimic, va trece. Odată ce treci prin ea și vezi că ești mult mai puternic decât ai fi crezut, frica va trece. Ai curaj să-ți înfrunți temerile!

Cât timp vei mai crede că, sacrificându-te, chinuindu-te, vei reuși să-i schimbi pe alții? Ce preț plătești pentru această iluzie? Oamenii nu se schimbă neapărat de dragul altora, se schimbă dacă într-adevăr își doresc asta. Dacă găsesc beneficii în acea schimbare. Sau, mai bine zis, dacă beneficiile schimbării le depășesc pe cele ale situației actuale. Însă, dacă tu taci, dacă te renegi, dacă accepți să fii tratat cu lipsă de respect și considerație, dacă „ierți" când nu simți să ierți, celălalt nu va găsi niciun motiv să se schimbe, indiferent de promisiunile sale. Lasă că merge și așa. Ți-a identificat slăbiciunile, de ce să nu profite de ele, de „bunătatea" ta?

Cât timp te vei mai afunda într-o suferință care nu schimbă nimic, de fapt? Cel puțin nu în sens pozitiv. Anii trec, iar dacă tu nu ești de partea ta, nimeni nu va fi. Acesta este un îndemn la acțiune. Dacă în interiorul tău există îndoială, dacă speranța are mai degrabă un gust amar, fiind umbrită de autoiluzionări, te invit să te gândești din nou.

Tu îți ești cel mai bun prieten. Sau ar fi frumos să-ți fii. Nimeni nu te cunoaște mai bine decât tine, nimeni nu-ți poate fi alături cu mai multă pasiune și dedicare. Nu mai întoarce armele împotriva ta, nu te mai minți. Cea mai mare speranță și cea mai cruntă deznădejde nu va veni din partea altora. Toate acestea se făuresc în interior. Și toate pornesc de la relația pe care o ai cu tine însuți.

Ca să reuşeşti ce-ţi propui, nu trebuie să faci compromisuri. Trebuie să crezi că se poate şi, de altfel, să-ţi chestionezi credinţele. De ce crezi că, dacă cei din jurul tău aleg să se complacă, trebuie să faci şi tu la fel? De ce crezi că trebuie să repeţi, poate inconştient, tiparele după care s-au ghidat părinţii tăi sau cei care ţi-au fost modele în copilărie? De ce crezi că trebuie să te resemnezi cu ceva care, în adâncul tău, ştii şi tu că nu eşti împăcat? Autoanularea, renunţarea la tine însuţi şi la visurile tale îţi slăbesc puterea şi încrederea în forţele tale. Ştiu că eşti conştient de toate compromisurile pe care le faci şi, cu toate acestea, îţi este teamă să renunţi la ele din diferite motive iraţionale pe care ţi le tot repeţi în minte.

Obiceiurile, acţiunile şi comportamentele tale sunt congruente cu visurile tale? Cu ceea ce îţi doreşti să devină realitate? Cu obiectivele şi planurile pe care ţi le-ai stabilit? Degeaba îţi propui, de exemplu, să-ţi deschizi propria afacere ori să slăbeşti cinci kilograme dacă de fiecare dată le permiţi altora să te abată de la planurile tale, dacă renunţi la a-ţi dedica acele câteva minute sau ore pe zi ţie însuţi şi visurilor tale, pentru că tot timpul alţii par a nu se descurca singuri şi au nevoie ca tu să-i ajuţi. Neîndeplinirea anumitor obiective sau nematerializarea anumitor dorinţe şi planuri are ca şi cauză, printre altele, o incongruenţă între ceea ce spui şi ceea ce faci, între acţiuni şi rezultatele pe care doreşti să le obţii. Ajungi să faci compromisuri cu viaţa ta şi, trăind în acest fel, îţi pierzi încrederea în tine şi vei sta din ce în ce mai rău la acest capitol dacă nu faci astăzi ceva. Acţionează astăzi diferit! Ai curaj să spui „nu", ai curaj să-ţi acorzi măcar zece minute numai ţie zilnic.

Ce se întâmplă când te pui pe ultimul loc în viaţa ta?

Atunci, când te pui pe tine pe ultimul loc şi renunţi la dorinţele şi nevoile tale, în timp ajungi să acumulezi frustrare, resentimente şi furie, iar asta nu are cum să fie benefic. Există oameni care sunt gata oricând să sară în ajutor altora, să renunţe la ei şi la planurile lor pentru a răspunde solicitărilor sau rugăminților celorlalți și pe care te poți baza că-ți vor face orice favoare ai avea nevoie. Sunt acei oameni care au tendința de a le face pe plac altora indiferent ce ar presupune asta.

Pentru a obține aprecierea, validarea, iubirea și a fi acceptați de ceilalți acești oameni renunță la dorințele lor și pun întotdeauna pe altcineva pe primul plan. Le este greu să spună „nu", să-și exprime părerile și sentimentele și să-și susțină punctul de vedere, mai ales atunci când acesta este diferit de al celorlalți. De multe ori ajung chiar să nu mai știe ce-și doresc și ce cred pentru că au tendința să fie de acord cu ceilalți și, astfel, pot ajunge să gândească și să simtă ca aceștia. De teamă ca ceilalți să nu reacționeze într-un mod negativ și pentru a evita conflictele, preferă să fie de acord cu ei, să se supună și să le facă pe plac. De asemenea, au tendința de a interveni și atunci când alții au conflicte, încercând să medieze situația sau să-i împace, însă de multe ori ajung să pice de „țapi ispășitori".

Își doresc foarte mult ca ceilalți să fie fericiți, așa că nu ezită să facă orice li se cere și le este teamă de ce ar putea gândi aceștia despre ei dacă i-ar refuza. A spune „nu", a avea mai întâi grijă de tine și de nevoile tale înainte de a-i ajuta pe alții, a nu permite altora să abuzeze de bunătatea ta, toate aceste lucruri sunt văzute ca niște dovezi de egoism și însoțite de multă vinovăție.

Celor care fac pe plac altora le este greu să-și seteze limite și granițe de interacțiune cu cei din jur și, de multe ori, ajung să se simtă copleșiți și suprasolicitați de toate lucrurile pe care le au de făcut pentru aceștia.

Pentru că nu sunt suficient de structurați și de încrezători este foarte important pentru ei ca ceilalți să-i placă și să aibă o părere bună despre ei, să simtă că aparțin unui grup și de aceea se comportă așa cum se așteaptă ceilalți de la ei să o facă. Sunt mereu vigilenți ca nu cumva să fie respinși, au o stimă de sine scăzută, iar critica îi poate afecta serios perioade îndelungate de timp.

Nu este nimic în neregulă să ajuți pe cineva sau să fii alături de cineva când are nevoie de tine dacă simți să faci asta, însă devine o problemă atunci când...

✓ accepți să faci anumite lucruri pe care chiar nu ți le dorești numai pentru a mulțumi pe cineva sau pentru a evita o confruntare;

✓ accepți să rămâi în situații care te deranjează sau îți cauzează stres și suferință pentru că-ți este greu să refuzi din teama de a nu fi respins sau judecat;

✓ te simți epuizat, îți neglijezi sănătatea și bunăstarea pentru că pui mereu nevoile altora mai presus de ale tale și nu-ți mai rămâne timp și energie să te ocupi și de tine;

✓ te simți vinovat dacă refuzi pe cineva și simți nevoia să te justifici sau să-ți ceri scuze pentru deciziile tale.

De ce este nesănătos un astfel de comportament? Atunci, când este atât de importantă părerea altora despre tine și-ți dorești să fii văzut cu ochi buni, ajungi să-ți reprimi în mod constant emoțiile — ar fi nepotrivit să-ți manifești furia, dezamăgirea, nemulțumirea sau orice altă trăire care ar veni în contradicție cu imaginea unui om „bun și altruist". Însă, pentru că energia emoțională nu dispare, ci se transformă, furia va ieși la suprafață sub forma unor comportamente pasiv-agresive ori somatizări.

Să porți o mască, chiar dacă te identifici cu ea, reprezintă o sursă permanentă de stres deoarece tot timpul trăiești cu teama ca nu cumva cineva să-și dea seama de ce se află cu adevărat în interior, că uneori spui „da" însă gândești „nu", și nu, nu mai vrei să fii așa cum vor alții, ci așa cum simți tu.

Din teama de a nu fi respins îţi reprimi emoţiile şi-ţi cenzurezi opiniile şi, astfel, oamenii nu ajung să te cunoască pe tine, cel autentic. În acest fel poţi ajunge să ai relaţii „de la mască la mască", relaţii care devin şi ele, mai devreme sau mai târziu, factori de stres şi nemulţumire.

Pentru faptul că răspunzi tot timpul cu promptitudine solicitărilor celor din jur şi nu-ţi stabileşti limite şi graniţe de interacţiune, oamenii pot ajunge să abuzeze de bunătatea ta şi, de asemenea, să-şi piardă respectul faţă de tine. Oamenii se poartă cu noi aşa cum le permitem. Dacă accepţi un comportament care nu este ok pentru tine, îi întăreşti acelei persoane comportamentul în cauză. Dacă nu-ţi stabileşti limite în ceea ce priveşte ce eşti dispus să accepţi şi ce nu, oamenii îţi vor forţa mâna la nesfârşit, asta până când vei spune stop. Sigur că atunci când vei începe să spui „nu", unii oamenii se vor supăra sau enerva pe tine şi chiar îţi vor spune că i-ai dezamăgit, şi asta pentru că s-au obişnuit ca tu să accepţi orice. Iar tu, probabil, vei simţi vinovăţie şi ruşine, însă ţine minte că nu este nimic de învinovăţit în a avea grijă de tine.

Există implementată în mentalul colectiv ideea că, pe măsură ce te sacrifici mai mult, cu atât eşti un om mai bun şi mai valoros. Cu cât oferi mai mult, cu atât eşti mai demn de preţuit şi iubit. Adică valoarea unui om este dată de cât de mult se sacrifică pe sine. Această credinţă disfuncţională pune multă presiune pe umerii cuiva, creează stres şi afectează într-o măsură considerabilă stima de sine. Dacă te gândeşti la tine, dacă te pui pe tine pe primul plan, dacă ai grijă de tine, te simţi vinovat şi egoist. Dacă nu renunţi la dorinţele şi visurile tale pentru cei pe care-i iubeşti sau, pur şi simplu, pentru ceilalţi, dacă nu te dai peste cap pentru a face pe plac altora, eşti un om egoist şi rău. Valoarea şi stima ta de sine sunt condiţionate de disponibilitatea şi capacitatea ta de a oferi şi a oferi şi a oferi. Însă ce poţi oferi altora dacă tu nu eşti ok cu tine? Dacă oferi ceva cuiva, dacă faci vreun sacrificiu numai pentru a evita să te simți vinovat sau pentru a-ți menține o părere pozitivă despre propria persoană, nu oferi din abundența ta, ci dintr-un ego rănit și fragil.

Ce poți să faci? Învață să comunici asertiv — de multe ori avem impresia, mai ales în relațiile cu cei apropiați, că aceștia ne pot ghici gândurile. Ne așteptăm să se comporte ori să reacționeze într-un anume fel pentru că ar trebui să știe asta, iar dacă nu o fac.... Însă, până la urmă, este de datoria ta să-ți exprimi nevoile și dorințele. Și făcând asta, te vei simți mult mai puternic.

Dacă cel de lângă tine nu va ține cont de ceea ce îi spui, ai prilejul să-ți dai seama dacă acel om este, de fapt, un bun prieten sau o persoană pozitivă în viața ta, ori dimpotrivă, are o influență toxică. Cel care încearcă să te manipuleze sau îți desconsideră nevoile și dorințele pentru propriul lui beneficiu, pentru a putea să profite în continuare de bunăvoința ta, cu siguranță nu este o persoană pe care s-o regreți. Dacă va încerca în continuare să-ți încalce limitele, chiar dacă tu te împotrivești în mod repetat, ori dacă va încerca să profite de această vulnerabilitate a ta, cel mai bine este să te îndepărtezi de ea și să iei cu tine ceea ce ai avut de învățat din acea interacțiune sau relație.

În plus, făcându-ți vocea auzită, vei clarifica cu cel din fața ta ce ești dispus și nu să mai accepți, lucrurile care te-au deranjat și care ai vrea să se schimbe, într-un cuvânt, vei începe să-ți stabilești limite și granițe de interacțiune. Iar acesta este un alt aspect important la care trebuie să lucrezi dacă-ți dorești ca ceilalți să nu mai abuzeze de bunăvoința ta.

Poți face un exercițiu: notează pe o foaie de hârtie toate lucrurile pe care le-ai făcut în ultimele trei luni dar pe care nu-ți doreai, de fapt, să le faci. Apoi notează motivele pentru care nu ai fi vrut să le faci. De exemplu, ți-au răpit din orele de odihnă, iar apoi ai fost neproductiv în alte aspecte; s-au suprapus cu alte activități personale la care a trebuit să renunți etc. Apoi adu-ți aminte de aceste motive atunci când trebuie să impui limite. De exemplu, „Nu voi accepta să fac asta pentru că apoi voi fi prea obosit și nu-mi voi putea realiza sarcinile personale" sau „Nu voi accepta să fac asta pentru că este în contradicție cu valorile mele".

Începe să spui „nu" — știu că poate fi extrem de greu acest lucru dacă până acum ai fost persoana care a spus întotdeauna „da", chiar și atunci când nu și-a dorit. Nu trebuie să te justifici în fața nimănui pentru alegerile și deciziile tale. Dacă nu-ți dorești să faci un lucru, nu te justifica, nu încerca să găsești fel și fel de scuze pentru refuzul tău. Poate că persoana pe care o refuzi va încerca să-ți submineze motivele, să le facă să pară lipsite de importanță iar tu, din cauza vinovăției și pentru că încă nu ai dobândit suficientă încredere în tine, vei ceda și îi vei face pe plac. Răspunde într-un mod asertiv, dar ferm și dă-ți seama că întotdeauna ai de ales. Oamenii care au tendința de a le face pe plac altora au impresia că trebuie să spună „da" de fiecare dată când cineva îi roagă ceva. Însă acel „da" nu este imperativ. Întotdeauna putem alege să spunem „nu". Și cât de eliberator este asta.

Stabilește-ți prioritățile — de câte ori s-a întâmplat să renunți la ceea ce aveai de făcut sau la ceea ce-ți plănuiseși pentru că te-ai lăsat purtat de nevoile și dorințele altor persoane, pentru că n-ai spus „nu"? Gândește-te ce este cu adevărat important pentru tine și fă o prioritate din asta. Nu te mai lăsa distras de alți oameni.

Asumă-ți responsabilitatea pentru propria fericire — poate că ești tentat să-ți asumi mai degrabă responsabilitatea pentru fericirea altora și tot timpul te gândești cum să faci să-i mulțumești. Însă, făcând asta, ajungi să te consumi atât fizic, emoțional cât și mental și rămâi, practic, cu un gol interior pe care te aștepți, nu-i așa, să ți-l umple alții la rândul lor, așa cum ai făcut și tu pentru ei. Însă fiecare este responsabil pentru el însuși și pentru viața lui.

A face pe plac altora poate fi, de fapt, un gest egoist care trădează nevoia de a-i controla pe cei din jur. Faci lucruri pentru ei ca să-i poți condiționa după aceea să facă și ei pentru tine ce-ți dorești. Dorința ca ceilalți să te placă poate fi doar un simptom al nevoii tale de control pentru că tu, în interior, te simți nedemn, nevaloros sau slab.

Dacă te regăsești în cele scrise mai sus te invit să reflectezi puțin și, poate, să începi să-ți pui sub semnul întrebării credințele referitoare la ce înseamnă, de fapt, egoismul.

Nu este nimic de condamnat și nici nu ai de ce să te simți vinovat dacă te pui pe tine în prim-planul vieții tale. Până la urmă, numai atunci când tu ești fericit poți oferi din fericirea ta altora. Când tu ești bine, poți oferi din preaplinul tău altora. Altfel... vorbim de compromisuri și sacrificii clădite pe nevoia de a-ți umple anumite goluri interioare. Este ca și cum ți-ai consuma resursele pentru „a-l hrăni” pe un altul, pentru că sacrificul făcut te ajută să crești în propriii ochi, însă te aștepți ca și el, la rândul lui, „să te hrănească pe tine”. Dar oare cum ar fi ca fiecare dintre noi să-și asume responsabilitatea pentru propria bunăstare, pentru propria fericire?

De cine depinde fericirea noastră?
Însă câtor dintre noi ni s-a spus că fericirea noastră depinde de noi și nu de alții? Că noi suntem cei care avem control asupra gândurilor noastre, asupra felului în care ne simțim sau reacționăm? Că nu situațiile, oamenii sau evenimentele în sine ne fac să ne simțim într-un fel anume, ci modul în care ne raportăm la ele? Că avem puterea de a ne construi viața așa cum ne dorim? Că dacă ne

schimbăm percepția, viziunea și atitudinea, întreaga noastră realitate se schimbă?

Atitudinea pe care o avem față de noi înșine și față de lume, în general, și convingerile noastre se numără printre cei mai importanți factori care ne modelează destinul. Atitudinile se formează prin experimentare și reprezintă poziția noastră față de ceva, felul în care ne raportăm la ceva anume. Atitudinea poate fi asemănată cu un filtru mental prin care percepem lumea. O atitudine negativă înseamnă o percepție negativă.

Pe baza convingerilor și atitudinilor noastre adoptăm o anumită poziție de viață. Unii oameni se lasă conduși de frică, au convingerea că suferința le este dată pentru a ispăși o anumită pedeapsă neînțeleasă chiar și de ei, că trebuie să-și poarte crucea acceptând să fie nefericiți, renunțând la luptă și mulțumindu-se cu puțin. Fac compromisuri, își găsesc scuze și vinovați pentru felul în care arată viața lor, plasând responsabilitatea în exterior, se plâng, cred că pur și simplu nu au noroc și ce rost ar mai avea să încerce să schimbe ceva, iar pentru ei tot timpul „totul este prea greu" sau „nu se poate".

Deși își doresc o viață mai bună, din cauza faptului că nu au așteptări mari și se mulțumesc să rămână în zona de confort, acțiunile lor sunt incongruente cu visurile pe care le au. Așadar, ajung să se mintă singuri că fac tot ceea ce pot, când, de fapt, nu-și asumă sută la sută responsabilitatea pentru viața lor și găsesc vinovați în exterior: circumstanțele, alți oameni, autoritățile, șeful, familia.

Astfel, oamenii distorsionează realitatea pentru a corespunde percepțiilor subiective din mintea lor, iar în mintea fiecăruia percepția subiectivă echivalează cu adevărul. Se pot autoamăgi să creadă, de exemplu, că muncesc mai mult decât o fac, că sunt mai competenţi decât sunt sau ajung să găsească scuze şi justificări pentru comportamente toxice sau pentru calitatea scăzută a propriei vieţi.

Le este teamă să privească realitatea drept în faţă şi să acţioneze bazându-se pe fapte. Să facă diferenţa între adevăr şi fapte. Faptele sunt realitatea. Adevărul este percepţia noastră subiectivă despre acea realitate. De exemplu, o persoană poate percepe acţiunile caritabile ca pe o cheltuială, pe când o altă persoană le poate percepe ca pe o investiţie în viaţa altcuiva. Realitatea este că oamenii dau bani în scopuri caritabile, indiferent că acest lucru este perceput ca pe o cheltuială sau ca pe o investiţie. Care tip de gândire reprezintă adevărul? Amândouă.

Oamenii care distorsionează realitatea minţindu-se şi auto-amăgindu-se, complăcându-se într-o zonă de confort care a devenit oricum inconfortabilă, cei care se plâng, însă, nu fac nicio schimbare, cei care mereu caută ajutor din partea altora şi chiar devin dependenţi de aceştia pentru că nu au încredere în ei şi în puterea lor interioară, sunt acei oameni care au adoptat o poziţie de victimă în faţa vieţii, care poate încă nu-şi dau seama că suferă în primul rând din cauza gândurilor şi a acţiunilor disfuncţionale şi nu din cauza condiţiilor exterioare propriu-zise.

Există, de asemenea, oameni care suferă pentru că sunt mult prea agăţaţi de trecut, pentru că nu pot accepta ce s-a întâmplat, pentru că au regrete ori se învinovăţesc pentru acţiunile sau lipsa lor de acţiune. Trăiesc în trecut şi gândesc „Dacă asta nu s-ar fi întâmplat, acum eu...", „Dacă nu aş fi făcut asta, atunci acum...", „Dacă aş fi ales altfel, acum eram...".

Cu toţii am trecut prin experienţe pe care le-am perceput ca fiind dureroase, faţă de care ne-am raportat la un moment dat cu deznădejde sau cu lipsă de speranţă, de furie sau de negare. Însă este important de înţeles că oamenii fac ce ştiu ei mai bine cu resursele şi cunoștințele pe care le au la îndemână. Acum nu ne mai ajută cu nimic să ne învinovățim. Nu putem schimba trecutul, însă putem să schimbăm felul în care ne raportăm la ceea ce ni s-a întâmplat atunci. Putem să dăm o altă semnificație evenimentelor care ne-au marcat și pe care continuăm să le rememorăm.

Adevărata noastră putere stă în prezent unde avem capacitatea de a conștientiza că putem privi tot ceea ce ni s-a întâmplat în trecut ca pe niște oportunități de a deveni mai puternici și mai înțelepți. Nu suntem niște victime și nici nu ar trebui să ne raportăm astfel la noi dacă ne dorim să avem control asupra felului în care arată existența noastră.

Cu orice probleme ne-am confrunta în viață, este de preferat să le evaluăm corect, să gândim soluțiile cele mai potrivite și să acționăm pentru a le rezolva. Victimizarea și plângerea de milă nu au rezolvat niciodată nimic. Dimpotrivă, au încărcat și mai mult situațiile existente.

Oamenii care refuză să se raporteze la viața lor din poziția de victimă au înțeles că nu alții sunt de vină pentru felul în care trăiesc, ci că ei sunt singurii responsabili pentru propria existență. Dacă ceva îi nemulțumește, sunt dispuși să facă schimbări chiar dacă acestea sunt inconfortabile.

O persoană care are o atitudine pozitivă atât față de sine cât și față de alții, care se poziționează în fața vieții nu ca o victimă, ci ca un luptător și, mai mult decât atât, un învingător, va fi capabilă să-și recunoască greșelile învățând astfel din ele, nu se va resemna plecând capul, ci va fi dispusă să-și urmărească obiectivele și să-și urmeze visurile cu ambiție, determinare și încredere. Va crede că se poate descurca cu viața și cu rezolvarea problemelor și va acționa pentru a obține rezultatele câștigătoare pe care și le dorește. Aceasta e unica poziție bazată pe realitate.

Pe de altă parte, când îți spui *„Eu trebuie să-mi duc crucea"* este acest lucru un fapt sau doar ceva ce tu consideri a fi adevărat conform percepției tale subiective? Te poți gândi și la alte lucruri pe care le consideri adevărate și să te întrebi același lucru. Vei observa cât de des percepțiile tale subiective bazate pe frică, credințe disfuncționale sau teama de schimbare stau la baza acțiunilor tale.

Dacă, într-adevăr, vrei ca viața ta să arate altfel trebuie să renunți la poziția de victimă unde nimic nu e ok — nici lumea peransamblu, nici cei din jur, nici măcar tu.

Fă o analiză a vieții tale și observă unde întâmpini dificultăți și cum te raportezi la acestea. Le ignori? Închizi ochii? Aștepți să treacă de la sine? Aștepți să fii salvat? Te minți că situația nu este chiar așa de serioasă și că poți și așa? Privește realitatea în față și ia măsurile necesare pentru a ieși din situații sau relații care-ți fac rău. Acceptă schimbarea și depășește-ți fricile. Depășește resemnarea fatalistă, stabilește-ți obiective și planuri de viitor și ia-ți un angajament să faci orice e nevoie pentru a le îndeplini.

Câtor dintre noi ni s-a spus că nu trebuie să acceptăm nimic din ce ne răpește bucuria de a trăi, că nu trebuie să facem sacrificii și compromisuri pentru că ne este rușine să spunem „nu"? Că este ok să aducem în discuție subiecte care ne deranjează și să-i confruntăm pe cei din jur deoarece „politețea" sau rușinea nu sunt mai importante decât sinceritatea. Că nu trebuie să ne ascundem problemele și să ne simțim vinovați, ci putem, în schimb, să încercăm să le acceptăm și să le soluționăm. Că nu trebuie să ne adaptăm unor standarde sociale stabilite de alții și că nu avem de ce să ne simțim „defecți" dacă nu corespundem lor.

Că este dreptul nostru să ne impunem limite și granițe clare de interacțiune, că nu este de datoria noastră să le facem pe plac altora ori să le răspundem cerințelor dacă nu ne dorim asta. Că este important să ne cunoaștem nevoile și să ținem cont de ele, că este important să visăm și să îndrăznim să acționăm în direcția visurilor noastre, că acolo unde există încredere, voință și perseverență se poate înfăptui orice. Că și dacă eșuăm, asta nu ne face mai puțin valoroși, ci dimpotrivă, ne aduce un plus de valoare pentru că orice experiență ne ajută să ne dezvoltăm. Încercând și eșuând ne dezvoltăm toleranța la frustrare și învățăm să ne dozăm energia și resursele mai înțelept.

Să învățăm că nimic nu este pentru totdeauna, că interesele și pasiunile noastre se schimbă, să învățăm că este normal ca aceia din jurul nostru să se schimbe pentru că și noi, deși poate nu observăm cu claritate, ne schimbăm. Să învățăm să acceptăm asta și să înțelegem că încăpățânarea cu care ne agățăm de iluziile și așteptările noastre este cea care ne face să suferim.

Câți au fost învățați de mici să-și dezvolte încrederea în sine, să acționeze așa cum își doresc, fără să le fie teamă de gura lumii? Câți au fost încurajați să încerce, să riște, și câtor li s-a spus atunci când au căzut „E ok. Nu-i nimic."? Câți am fost încurajați să continuăm să ne exprimăm părerile, chiar dacă acestea erau diferite sau chiar în opoziție cu ale majorității? Câtor dintre noi ni s-a vorbit despre intuiție, despre vocea noastră interioară și despre importanța ei?

Câtor dintre noi ni s-a spus că este în regulă să nu te supui, că proverbul „capul plecat sabia nu-l taie" este un îndemn la pasivitate și că un cap plecat nu este neapărat o virtute? Câți am fost încurajați să îndrăznim și să ne trăim viața așa cum vrem, să fim noi singurii care ne decidem soarta?

Câți am fost învățați să privim omul dincolo de funcție, mască socială sau simbolurile de status și rol pe care le afișează? Să respectăm omul pentru ce este și să știm că merităm să fim respectați pentru valoarea noastră umană? Pentru că, în definitiv, calitatea umană nu stă nici în funcții și nici în titluri. Este cel mai ușor lucru să umilești pe un altul doar pentru că din punct de vedere ierarhic te poziționezi mai presus de el.

Dar oare câți dintre noi am fost învățați să nu ne comparăm cu alții, să nu ne simțim „mici" doar pentru că nu avem ce au ei? Să ne focalizăm, în schimb, pe dezvoltarea și pe obiectivele noastre pentru a obține ceea ce ne face pe NOI fericiți, dincolo de nume, imagine și statut. Că este mult mai important să fim ecologici în acțiunile noastre și că avem mult mai mult de câștigat dacă, în loc de a călca pe cadavre pentru a ne simți noi vii, și în loc de a-i denigra pe alții pentru a ne simți noi importanți, căutăm să obținem ceea ce ne dorim fără a ne compromite demnitatea și verticalitatea.

Câți dintre noi am fost învățați să nu ne mai fie teamă că am avea de pierdut dacă am împărtăși din cunoștințele și experiența noastră cu alții, ignorând faptul că societatea nu poate evolua dacă ne blocăm în astfel de temeri?

Câți dintre noi am fost învățați că iubirea din poveștile Disney nu este neapărat cea mai sănătoasă formă de iubire și că nu reprezintă totul în viață? Sau câți am fost învățați că iubirea nu înseamnă durere, umilință, scandal sau violență?

Câți am fost învățați să ne focalizăm atenția mai întâi pe noi, să reușim să fim bine cu noi înșine și cu viața noastră, în loc de a ne căuta salvarea în povești romanțate de iubire?

Câți am fost învățați să nu mai dăm vina pe alții pentru felul în care ne simțim în propria viață, ci, în schimb, să ne asumăm sută la sută responsabilitatea?

Să conștientizăm că deseori ne luptăm cu noi înșine și, pentru că nu ne asumăm lupta, o întoarcem împotriva altora. Proiectăm, îi învinovățim, le purtăm resentimente și vrem să-i dominăm. Vrem să câștigăm luptele cu alții pentru că nu ni le-am asumat pe cele proprii. Și indiferent cine câștigă, într-un final toți au de pierdut.

Repet, nu este vina nimănui pentru felul în care ne simțim noi în propria viață. Ce-a fost, dus a fost. Cine ne-a greșit, nu mai contează pentru că puterea e acum la noi. Nu trebuie să iertăm dacă simțim că nu putem face asta, dar nici să ne sfărâmăm în amintiri.

Dacă e ceva ce trebuie, este să devenim din ce în ce mai conștienți de puterea noastră interioară să privim fiecare experiență ca pe o oportunitate de a ne dezvolta, ca pe o lecție de viață și să ne continuăm drumul vieții cu fruntea sus.

Puterea este în mâinile noastre, iar fericirea noastră depinde numai de noi, chiar dacă, poate, ne-am fi dorit să ni se fi spus asta mai devreme. Însă niciodată nu este prea târziu să ne dăm voie să fim fericiți.

Fericirea autentică este cea pe care ți-o construiești tu însuți, prin puterile tale, respectându-ți adevărul interior și fiind sincer cu tine. Trăind în acord cu adevăratul tău potențial, explorându-l, amplificându-l și valorificându-l la nesfârșit.

Ca să devii conștient de puterea pe care o deții, ai nevoie de un cadru în care să devii din ce în ce mai independent și mai liber pentru că orice dependență nu face altceva decât să-ți consume puterea și energia vitală pentru satisfacerea acesteia, și orice gol interior nu face altceva decât să -ți consume resursele în încercarea de a-l umple din exterior.

Este necesar să te eliberezi de așteptările celorlalți și de credințele pe care le-ai preluat de la cei din jur și care acum te țin în loc. Este necesar să-ți scrii propriul decalog interior.

Trăindu-ți viața după regulile altora, după tiparele altora, după dorințele și nevoile altora nu faci altceva decât să te îndepărtezi de tine însuți și să te pierzi. Trebuie să știi, măcar în parte, cum ești, ce te reprezintă, ce abilități ai, ce te pasionează, ce-ți dorești, ce este important pentru tine, ce valori ai, pentru a ști încotro te îndrepți și a-ți defini obiectivele majore de viață; pentru a ști ce strategii ți se potrivesc pentru a-ți atinge scopurile și a-ți creiona destinul.

Pasiunea, munca încărcată de sens, urmarea propriei misiuni (oricare ar fi ea), alături de iubirea și respectul față de tine însuți, de conștientizarea puterii minții tale, de controlul emoțiilor și trăirilor tale și de respectarea adevărului interior te va aduce din ce în ce mai aproape de echilibrul mult dorit, de „aliniere" și prosperitate.

Nu ai nevoie de alți oameni ca să obții toate acestea și nici nu este înțelept să-ți pui fericirea în mâinile lor. Chiar dacă teama de singurătate sau neîncrederea că nu poți reuși prin propriile tale forțe te împing deseori să te arunci în relații de compromis, nu vei găsi în exteriorul tău nici echilibrul pe care îl cauți, nici iubirea care simți că-ți lipsește pentru că încă nu ai învățat cum să te iubești tu pe tine cu adevărat.

Factori care te pot determina să intri într-o relație de compromis

Astfel că, pe lângă teama de singurătate și nevoia de „a avea" pe cineva, mai sunt și alți factori care te pot determina să intri într-o relație care se poate transforma cu ușurință într-una abuzivă sau toxică. Așadar, ce stă în spatele relațiilor noastre?

Teama de singurătate

Există cumva un stigmat în societatea noastră pus asupra celor singuri, în acest sens, asupra celor care nu se află în relații sau asupra celor care nu sunt căsătoriți. Există ideea conform căreia dacă nu te căsătorești până la o anumită vârstă sau dacă nu faci copii ești un fel de ratat.

Oamenii sunt unici și diferiți, așadar este absolut natural ca nu toți să-și dorească aceleași lucruri de la viață. Presiunile sociale și familiale te fac într-un fel să te simți vinovat și rușinat că nu ești și tu „în rândul lumii", ca toți ceilalți. De ce nu ridici o casă? De ce nu sădești un copac? De ce nu faci un copil? Acesta să fie scopul general, universal valabil pentru toți? Cum ar putea să fie așa dacă suntem atât de diferiți? Acoperă toate aceste voci din fundalul minții tale care îți repetă aceste lucruri și învață să-ți asculți vocea ta interioară! Orice faci din obligație, împotriva voinței tale, pentru că „așa trebuie" (deși poate că nu te-ai întrebat niciodată „de ce trebuie sau cine zice că trebuie?") nu are cum să te facă să te simți bine, fericit, împlinit sau împăcat cu tine însuți!

Nu suntem obișnuiți să stăm singuri, cu noi înșine și să ne bucurăm de propria noastră companie. Nici nu știm ce înseamnă asta. Mai mult, ni s-a spus că a trăi pentru tine însuți înseamnă egoism, însă acest lucru nu este adevărat.

Ne este teamă de singurătate pentru că nu suportăm să stăm doar noi cu noi înșine, în propria noastră companie, pentru că nu ne simțim în siguranță așa, pentru că nu găsim stabilitate și confort în interiorul nostru. Devenim plictisiți, agitați, frustrați, anxioși, ne simțim incomod și am da orice să scăpăm de acest sentiment. Ne este greu să ne focalizăm toată atenția asupra noastră, asupra felului în care ne simțim cu noi înșine. Parcă am fugi de propria noastră persoană, parcă am încerca să evadăm din propria noastră ființă, iar cea mai simplă modalitate este să intrăm într-o relație de cuplu.

Aceste relații de cuplu ne oferă o zonă de refugiu, un loc de joacă pentru demonii interiori, o modalitate prin care avem ocazia să ignorăm ceea ce nu ne place la noi pentru că toată atenția ne-o concentrăm asupra partenerului — pe cum este el, pe cum nu este, pe cum am vrea să fie, pe ce face, pe ce nu face, pe ce am vrea să facă... Ne facem planuri de viitor în ceea ce-l privește, de cele mai multe ori fără să întrebăm, fără să ascultăm și fără să comunicăm în mod autentic. Presupunem că filmul pe care îl proiectăm în mintea noastră este și filmul lui, începem să ne lăsăm pe noi înșine fiind motivați de „investiția" pe care o vedem rodind în viitor.

Încercăm să controlăm, vrem să ne impunem cu orice preț în fața celuilalt, suntem suspicioși și temători pentru că, de fapt, suntem nesiguri în interiorul nostru. Suntem fragili emoțional și din această cauză căutăm cu tot dinadinsul să îi dominăm pe ceilalți pentru că acest lucru ne oferă iluzia că am fi puternici. Jocurile psihologice din care ieșim învingători prin manipulare și șantaj emoțional, relațiile în care ne avântăm doar pentru că nu suportăm să fim singuri, compromisurile pe care le facem pentru că nu avem suficientă tărie interioară reprezintă o fugă de noi înșine. Nu vrem să ne confruntăm cu slăbiciunile și fațetele noastre interioare și ne este teamă că, dacă vom trece prin acest proces, inevitabil va trebui să facem anumite schimbări. Ne este frică să rămânem dezgoliți în fața noastră pentru că goliciunea reprezintă vulnerabilitate și noi nu avem voie să fim vulnerabili. Investim timp și energie în a ne contura măști iar apoi nu mai știm cum să ne eliberăm de ele.

Investim timp, energie, sentimente, pentru că presupunem că ne vom răscumpăra fericirea în fața altarului. Între timp, trecem totul pe nota de plată. Dacă eu fac un compromis, dacă renunț la hobby-urile mele pentru hobby-urile tale, dacă renunț la dorințele mele pentru dorințele tale, trec totul pe inventar și poate că nu te taxez acum, poate că nici data viitoare, dar la un moment dat, când nu-mi vei face pe plac, voi scoate nota de plată și îți voi reproșa tot ce-am făcut eu pentru tine. Mă voi autoamăgi că tu, cumva, vei aprecia sacrificiile mele și mă vei prețui mai mult.

Dacă eu investesc afectiv în tine, dacă „te iubesc" mă aștept ca și tu să „mă iubești", dacă am grijă de tine, mă aștept ca și tu să te porți cu aceeași grijă și atenție față de mine, iar dacă nu se întâmplă asta, mă simt trădat. Ceea ce este și normal într-o oarecare măsură. Și spun într-o oarecare măsură pentru că gradul de trădare resimțit depinde de nivelul așteptărilor. Dacă nu ți-ai exprimat de la început viziunea și dorințele, ci doar te-ai așteptat ca celălalt pur și simplu să știe ce îți dorești tu de la el și de la relație, să-ți citească gândurile, de asemenea te poți aștepta ca el să gândească, să simtă și să se comporte la fel, în baza reciprocității. Numai că lucrurile nu stau așa întotdeauna. Doi oameni care intră într-o relație pot urmări lucruri diferite și pot avea scopuri diferite, de aceea este mult mai simplu să te exprimi de la început și să continui să te exprimi pe parcurs.

Dacă eu mă aștept ca tu să știi ce gândesc, să știi ce îmi place, să știi ce îmi doresc, să știi ce nevoi am, să-mi spui exact ce vreau să aud, când vreau să aud, atunci, când nu vei face asta, voi crede că, de fapt, nu-ți pasă de mine. Nu-i nimic, am trecut pe nota de plată.

Dacă îmi promiți că totul va fi bine, deși nu este prima dată când îmi promiți asta și cu siguranță nu s-a schimbat nimic până acum, eu voi fi dispus să-ți cred promisiunea, dar când o vei încălca data viitoare, voi avea grijă să te taxez. Îmi voi plânge de milă pentru că am crezut în tine, te voi șantaja emoțional spunându-ți câte am îndurat eu, deși am avut nenumărate dovezi care mi-au arătat că tu mă amăgești. Voi continua să joc rolul unei victime și mă voi aștepta ca tu să respecți o victimă.

Nu ai cum să-ți transformi relația într-un teatru de război și apoi să te aștepți să fii fericit, să fie bine. Nu ai cum să constrângi, să impui și să pretinzi că iubești. Acea relație va deveni un câmp de luptă, o ciocnire între orgolii sau va începe un troc de genul „tu-mi dai mie asta, eu îți dau ție asta", iar asta înseamnă de obicei compromisuri și sacrificii personale și nicidecum consens, așa cum ar fi bine să fie. Consensul nu poate să apară decât între doi parteneri maturi și echilibrați care se cunosc pe sine și pot să empatizeze cu dorințele celuilalt. Compromisul înseamnă să renunți la ceva important pentru tine în favoarea altuia, să te privezi de ceva ce-ți dorești pentru a mulțumi pe un altul, fapt ce inevitabil duce la frustrări și conflicte. Tu pierzi, altul câștigă. Consensul înseamnă că amândoi câștigați, că ajungeți la un punct comun cu care amândoi sunteți de acord și care nu lezează în niciun fel pe niciunul dintre voi. Fericirea nu se clădește pe sacrificii, pe tensiuni, pe resentimente, pe jocuri și pe dorințe de răzbunare. Nu se clădește pe jurăminte fără fond, pe decizii luate din teamă. Teama de a nu pierde anumite beneficii, teama de a nu rămâne singuri. În fond, solitudinea poate fi cea mai utilă pre-etapă a unei relații. Doar atunci când reușești să stai singur/ă, atunci când poți să te bucuri de orice activitate pe care o desfășori în solitudinea ta poți să intri într-o relație în care nu-i vei cere partenerului să-ți umple golurile, ci în care vei avea capacitatea să dăruiești și să primești un plus de valoare.

Frica de a nu-l pierde pe celălalt

Controlul, posesivitatea, gelozia sunt elemente foarte des întâlnite în atât de multe relații, încât ajung să fie parte din normalitatea cotidiană. O relație care trebuie păzită sau controlată nu este o relație care se bazează pe iubire, ci pe frică. Frica de a nu-l pierde pe partenerul tău poate să izvorască din două surse, una care pornește din tine și cealaltă care este alimentată de omul de lângă tine.

Frica ta are legătură cu:

✓ posesivitatea — „este al meu / a mea și nu accept ca altcineva să fie în preajma persoanei pe care eu vreau să o posed în exclusivitate";

✓ gelozia — „dacă partenerul meu va găsi pe cineva mai bun ca mine?";

✓ teama de singurătate — „eu nu pot să trăiesc singur, așa că țin cu dinții de relația mea";

✓ teama de a-ți pierde investiția emoțională, materială, de timp sau de alte resurse;

✓ zona de confort în care te-ai obișnuit să stai, dublată de teama de schimbare, de nou, de necunoscut;

✓ atașament sub formă de dependență — „nu pot trăi fără tine";

✓ teama de gura lumii.

Toate elementele de mai sus provin din nesiguranța de sine, dintr-o fragilitate a eului, din lipsă de asumare și de maturitate. Pentru că un om care este autonom nu are astfel de frici — el știe că o relație durează atât cât se simt bine ambii parteneri și, dacă relația nu mai are resurse interne să fie susținută, ea se termină oricum. Iar dacă relația nu se mai bazează pe iubire, prietenie, comunicare și respect reciproc, să ții morțiș să fii cu cineva doar pentru a avea acea „singurătate în doi" nu reprezintă altceva decât o degradare a ființei umane.

Frica alimentată de partener provine din:

✓ lipsa lui de verticalitate și de congruență — există o diferență între ceea ce gândește, spune și face;

✓ minciună, lipsă de onestitate, agendă ascunsă;

✓ faptul că nu te poţi baza pe acel om, că nu-şi respectă cuvântul, că
face promisiuni doar ca să dea bine iar apoi nu le respectă, găsind
diferite scuze şi justificări;

✓ inconstanţă, schimbări de stare şi comportament fără o cauza reală
— instabilitate psiho-emoţională;

✓ lipsă de asumare, iresponsabilitate, imaturitate;

✓ tare de caracter — alcool, droguri, jocuri de noroc ş.a.m.d.

Sigur că, având lângă tine un partener care prezintă caracte-
risticile de mai sus, simţi teamă şi nesiguranţă. Probabil că te autoilu-
zionezi sau te amăgeşti că se va schimba sau, poate, că prin iubirea ta
ori prin presiunea pe care o pui asupra sa, va fi altfel. Există şanse să
reuşeşti, dar e destul de dificil. Deoarece oamenii nu se schimbă decât
atunci când chiar conştientizează că au o problemă sau când nu au
de ales. Dar dacă tu, cu toate certurile, ameninţările şi presiunea pe
care o pui, continui să îl ierţi sau îi dai şanse, acel om nu va avea nicio
motivaţie reală spre schimbare. Va gândi „face scandal, dar îi trece şi
pot să o iau de la început — că văd că oricum stă lângă mine, orice aş
face".

Soluţia, ca de fiecare dată, este să devenim autonomi şi
independenţi din toate punctele de vedere. Fiind aşa, nu ne vom
agăţa de o relaţie sau de un om care nu corespunde dorinţelor
noastre şi vom fi capabili să ne eliberăm sau să îi dăm drumul celuilalt
atunci când observăm că relaţia ne răpeşte liniştea şi bucuria de trăi,
iar ceea ce ne aduce este zbucium, lacrimi, nelinişte, conflicte şi
suferinţă.

Aşteptările nerealiste
Dacă ne dăm voie să observăm realitatea, vedem cu claritate
că una dintre cele mai disfuncţionale credinţe legate de relaţiile de

cuplu este cea care spune că trebuie să ne găsim jumătatea pentru a deveni „întregi".

Ghidați de această credință, oamenii intră în relație cu dorința de simbioză, creează dependențe reciproce, își împletesc viața, imaginându-și că vor rămâne împreună pentru totdeauna. Pe cât de frumos este acest ideal, pe atât este de nerealist dacă ne uităm la cât de multe relații se destramă.

Oamenii pot să evolueze diferit, o relație oricât de frumoasă ar fi la început poate să își epuizeze resursele, lipsa de compatibilitate duce la frustrări reciproce, factori din exterior pot să își pună amprenta și, astfel, relația se destramă. Dezamăgire, suferință, conflicte, resentimente, ură — așa sfârșesc majoritatea relațiilor care s-au fundamentat pe credințe nerealiste.

Ce se poate face? Să intrăm în relații și să ne bucurăm de ele, dar să avem mereu în minte că nu avem cum să știm cât vor dura. Orice are un început are și un sfârșit pe care îl putem influența doar într-o anumită măsură. Fiecare dintre noi este un individ autonom, cu dorințe, visuri și idealuri proprii, iar asta înseamnă că putem să mergem alături de anumiți oameni poate doar pentru o perioadă, după care drumurile ni se despart deoarece ne dorim lucruri diferite.

Indiferent ce simte astăzi, nimeni nu îți poate garanta că va simți la fel și peste doi, cinci sau zece ani. Astfel, nu putem avea nicio certitudine că omul alături de care suntem astăzi își va dori să fie acolo și mâine, sau poate că noi ne vom dori altceva. Când înțelegem acest adevăr, nu vom mai accepta niciodată să ne pierdem autonomia, chiar și atunci când suntem într-o relație, nu ne vom dizolva eul în cadrul unei relații și nu vom trăi în așa fel încât să devenim dependenți sau să ne punem viața în mâinile unui alt om.

Putem să ne bucurăm de relațiile noastre, să creăm povești frumoase atât cât durează ele în mod natural, iar atunci, când simțim că nu mai avem resurse pentru a continua, să fim capabili să ne despărțim în mod civilizat. Fără resentimente, ură, războaie sau suferință inutilă.

Atunci, când doi oameni se despart civilizat, când împart corect ceea ce au de împărțit, când fiecare își asumă responsabilitatea față de copiii care au rezultat din acea relație, nu își mai cauzează suferință reciprocă și nici copiii nu mai sunt atât de lezați la nivel psihic.

Dacă am iubit cu adevărat un om, îl respectăm și după ce relația se încheie. Înțelegem că nimeni nu ne este dator cu ceva, că ne-a dăruit atât cât a avut să ne dăruiască și, pentru că ne-am păstrat autonomia, mergem mai departe cu viața noastră, fără mari cutremure.

Nu te mai hrăni cu iluzii și amăgire, ci fii realist și trăiește-ți viața în consecință!

Vei întâlni, de altfel, în viața ta oameni care se vor arăta interesați de tine și care îți vor spune că își doresc o relație cu tine. Te vor copleși cu atenția lor la început, însă, cu cât le vei arăta mai mult din autenticitatea ta, cu atât mai conflictuală va deveni relaționarea.

Asta se întâmplă deoarece oamenii caută în exterior anumite modele din mintea lor. Poate la început corespunzi la nivel de înfățișare sau în alte aspecte, așa că ei vor începe să proiecteze pe tine „filmul" din mintea lor. Dar, după ce tu le arăți cum ești de fapt, vor începe să te atace, să își dorească să te schimbe, să te modeleze în așa fel, încât să devii ceea ce vor ei, în funcție de tiparele lor prestabilite.

Ceea ce este în acord cu scenariul lor acceptă, iar restul aspectelor... este necesar să dispară sau să se transforme.

Multe dintre relații devin toxice din această cauză. La început, totul este minunat datorită euforiei pe care o simțim atunci când întâlnim pe cineva care pare să corespundă așteptărilor noastre. Cu fiecare element care nu corespunde proiecției, devenim din ce în ce mai dezamăgiți. Dar pentru că nu acceptăm că omul din fața noastră nu este de fapt așa cum ne-am imaginat, că nu poate, fiind autentic, să ne susțină proiecția, începe presiunea sub formă de conflicte, reproșuri și multă suferință de ambele părți.

Dezamăgirea și neacceptarea duc la relaționări disfuncționale. De aceea este atât de importantă compatibilitatea de la începutul unei relații.

Cu toții avem anumite așteptări, conștiente sau inconștiente, în privința relațiile noastre. Ideal este să continuăm relaționarea, mai ales la nivel de cuplu sau prietenie, doar cu acele persoane care corespund, în autenticitatea lor, cu proiecțiile din mintea noastră, cu dorințele noastre și reciproca să fie valabilă. Acestea sunt relațiile funcționale care au tendința să reziste în timp.

Ne-am scuti de multe conflicte inutile, de dezamăgire, de suferință și trăiri negative dacă am înțelege că nu putem să ne potrivim cu oricine. Oamenii sunt diferiți, iar diferențele dintre noi pot fi totale sau parțiale.

Ține ochii mereu deschiși, observă-i pe oameni în autenticitatea lor și acceptă că ei sunt așa cum sunt și nu se pot schimba doar de dragul tău. Nu-i ataca, nu-i judeca, ci doar stabilește-ți gradul de implicare în funcție de ceea ce vezi că sunt ei.

Lipsa de încredere în tine și relația de cuplu

Din cauza propriilor insecurități si temeri, unii oameni vor încerca să te facă să te îndoiești de tine, să te simți prost cu ceea ce ești sau vor încerca să-ți submineze încrederea pe care o ai în tine. Aceste lucruri se întâmplă, din păcate, cel mai des în relațiile de cuplu, atunci când unul din parteneri se simte cumva nesigur pe el sau pe relație și va încerca să-i diminueze celuilalt încrederea în sine pentru a putea să-l controleze sau să-l manipuleze în funcție de propriul său interes — disfuncțional, evident.

Sunt oameni care au o stimă de sine sănătoasă și reală, însă odată intrați într-o relație cu o persoană care nu stă bine la capitolul încredere in sine, datorită iubirii și fuziunii pe care și-o doresc cu partenerul lor, sunt atrași în realitatea celuilalt. Nu permite să se întâmple asta pentru că nu îl vei ajuta pe cel de lângă tine, ci, din contră, veți avea amândoi de pierdut, atât individual cât și ca și cuplu. Fii alături de partenerul tău și îndrumă-l să caute ajutor ca să-și rezolve problemele cu încrederea în sine și, astfel, să puteți să aveți o relație frumoasă în care schimburile dintre voi vor fi sănătoase si veți evolua împreună.

Din păcate, de multe ori, oricât ai încerca să fii tu cel care își ajută partenerul, nu vei reuși să faci asta, pentru că va avea tendința să te discrediteze și pentru faptul că va proiecta asupra ta propria insecuritate sau va avea impresia că vrei să-l convingi de ceva cu care în acel moment nu rezonează si nu veți obține altceva decât conflicte și tensiuni inutile. Nu este rolul tău să-i fii psihoterapeut sau părinte partenerului tău si nici nu poți să faci asta, cu toate că el va încerca, poate, să te transpună în acest rol.

Puterea și rezistența unui sistem se măsoară prin veriga cea mai „slabă", așa că susține-ți partenerul în evoluția sa și nu valida nici pe termen scurt şi nici pe termen lung fricile sale... Altfel vă veţi trezi într-o spirală relaţională distructivă.

Relaţiile pot să te înalţe sau pot să te tragă în jos, pot să-ţi dea încredere sau pot să te facă să te îndoieşti de tine, datorită ataşamentului emoţional pe care îl ai faţă de partenerul tau.

Pentru a avea o relaţie care să te (vă) împlinească, alege şi urmăreşte creşterea şi evoluţia, atât personală cât şi a voastră, ca şi cuplu!

Dependenţa de cei care ne asigură plăcerile noastre

Partenerul tău poate îţi asigură siguranţă, confortul material, compania, iubirea sau plăcerea sexuală şi în acel moment îţi imaginezi că nu poţi să trăieşti fără aceste lucruri şi devii dependent/ă de sursa lor. Într-o relaţie de cuplu, dependenţa de partener îl determină pe acesta să nu te mai poată respecta. Atunci, când depinzi de partenerul tău — emoţional, material, social, profesional etc., mai devreme sau mai târziu acesta va simţi că nu mai are motive să te admire, să te valorizeze sau să te preţuiască în vreun fel. Este probabil să te perceapă ca pe o povară, ca pe un copil pe care este nevoit să-l întreţină, iar asta îl va face să se simtă singur, nu alături de o persoană pe care se poate baza în călătoria prin existenţă.

Dacă tu n-ai autonomie în viaţă, dacă n-ai mijloace de subzistenţă proprii, dacă n-ai visuri, obiective, idealuri, dacă nu contribui cu ceva semnificativ la îmbogăţirea relaţiei, dacă nu te dezvolţi şi nu evoluezi mereu, interesul, respectul şi admiraţia partenerului tău vor fi în continuă scădere.

Există mari şanse ca, la un moment dat, să se simtă îndreptăţit să te trateze ca pe un supus de-al său, că doar de el/ea depinde viaţa ta. Va ajunge să-ţi dicteze ce şi cum să faci, îţi va controla viața și îți va limita libertatea. Cu cât crește frustrarea sa, cu atât vor fi mai multe resentimente, nemulțumiri și conflicte. Se poate ajunge la abuz psihic și chiar fizic în astfel de cazuri pentru că știe că vei accepta și îndura orice deoarece nu ai ce să faci sau unde să te duci. Dependența înlătură respectul și sentimentul că ești într-o relație de parteneriat, în care vă puteți baza unul pe altul, de la egal la egal. Din momentul în care partenerul tău știe că ai nevoie de el/ea pentru a supraviețui, te va trata ca pe un copil și, cel mai probabil, va căuta în afara relației o persoană pe care să o poată admira, respecta și prețui.

Dependența nu duce la nimic bun într-o relație. Pe când atunci când nu-ți dizolvi eul, când nu renunți la personalitatea ta, când ești mereu preocupat să te dezvolți și să te îmbogățești constant, când îți menții autonomia din toate punctele de vedere, există mari șanse ca relația voastră să fie una în care vă simțiți amândoi împliniți pe termen lung.

Menține-ți autonomia emoțională, materială și profesională atunci când intri într-o relație de cuplu și nu accepta nici ca partenerul tău să devină dependent de tine. Astfel, evoluția fiecăruia dintre voi va înlătura monotonia, blazarea și plictiseala din relație și veți putea să vă îmbogățiți și să va bucurați mereu de schimbările pe care fiecare le va aduce în parteneriatul vostru.

Suntem ființe libere și independente, însă este necesar să ne dăm voie să conștientizăm asta și să trăim în acord cu acest gând.

Cum ar fi să devii persoana pe care ți-o dorești lângă tine?

Multe cărți despre relații te vor învăța cum să găsești și să păstrezi lângă tine persoana potrivită, cum să-ți dezvolți abilitățile de comunicare și chiar cum să dobândești un set de abilități cu care să atragi partenerul potrivit pentru tine. Însă, cu toate că oferă sfaturi foarte bune și folositoare, aceste materiale uită să menționeze un fapt esențial: căutarea partenerului ideal începe invariabil cu o privire către interiorul tău.

Poți să-ți exersezi abilitățile de comunicare, poți să faci liste interminabile cu acele caracteristici pe care le cauți la un partener și chiar poți să devii mai înțelegător și mai tolerant, însă până când nu ești dispus să-ți oferi ție însuți atenția și dragostea pe care dorești să le obții de la altcineva și, până când nu-ți oferi ție însuți acele caracteristici pe care le cauți într-un potențial partener, șansele sunt destul de mari să rămâi nesatisfăcut în, practic, orice relație ai începe.

Hai să enumerăm câteva lucruri care se regăsesc de obicei pe „lista cu dorințe" vis-a-vis de un partener:

✓ să mă respecte;

✓ să mă înțeleagă;

✓ să mă iubească necondiționat;

✓ să dorească să petreacă timp cu mine;

✓ să mă sprijine în ceea ce doresc să fac.

Sună minunat, nu-i așa? Dar cum ar fi dacă ai putea să-ți oferi tu aceste lucruri? Imaginează-ți pentru un moment dinamica atracției și a conexiunii care poate să existe între doi oameni care deja sunt conștienți și capabili să-și satisfacă propriile nevoi și stau bine la capitolul „înțelegere și acceptare de sine". Ar fi o relație uimitoare, nu-i așa?

Ideea este că, dacă îți dorești un partener care să te respecte, trebuie ca mai întâi să te respecți tu pe tine. Dacă dorești să ai lângă tine pe cineva care să te înțeleagă, este necesar ca mai întâi să te înțelegi tu pe tine. În momentul în care ești ok cu tine însuți din punct de vedere emoțional și al stimei de sine, scade drastic tentația de a intra într-o relație romantică doar pentru a-ți umple aceste lipsuri emoționale. Acest lucru îți permite să abordezi potențialele relații de pe o poziție de integritate și putere, mai degrabă decât de pe o poziție de „nevoie", singurătate sau disperare...

În mod cert, având această integritate și încredere în tine vei deveni mult mai atrăgător pentru acele persoane pe care dorești să le atragi lângă tine. Îți vei îmbunătăți și instinctele emoționale, permițându-ți să te simți în siguranță atunci când îți dai voie să devii mai vulnerabil, mai accesibil și să ai mai multă compasiune pentru cel de lângă tine. De asemenea, te va ajuta să-ți dezvolți abilitățile, precum și capacitatea de conștientizare, care sunt atât de necesare pentru ca, într-adevăr, să iubești și să apreciezi o altă persoană. Ca o concluzie, dacă ești în căutarea unui partener, vei avea mult mai mult succes să atragi lângă tine un partener sănătos, echilibrat din punct de vedere emoțional și integru — mai exact pe cineva interesat să construiască alături de tine o relație „reală", nu pe cineva care dorește (inconștient poate) să jucați împreună jocul relațional patologic „salveaza-mă și te salvez și eu pe tine".

Dacă ești deja într-o relație, ar fi bine să te focalizezi pe punctele ei/lui forte pentru că în acest fel este mult mai probabil ca acelea să devină lucrurile pe care ea/el să dorească să le aducă în relație și să le împărtășească cu tine — atunci, când ne focalizăm atenția pe ceva, acel lucru tinde să crească.

Există un fel de magnetism între persoanele care împărtășesc aceleași valori, credințe și caracteristici. De multe ori se întâmplă să ne dorim de la partenerul nostru anumite caracteristici și să ne frustreze faptul că el nu ni le oferă. Un mod bun de a începe să aduci în relație acele caracteristici pe care-ți dorești să le vezi în partenerul tău este să începi cu tine însuți. Acest lucru este foarte important deoarece, în mod inconștient, tindem să căutăm în celălalt acele caracteristici și atribute pe care este necesar să le dezvoltăm mai întâi în noi înșine.

Un alt mod de a-ți schimba perspectiva este să-ți asumi întreaga responsabilitate pentru problemele tale. Dacă ești într-o relație în care problema este comunicarea, în loc să întrebi „Cum ne putem înțelege mai bine unul pe celălalt?", ai putea să întrebi „Cum să mă înțeleg mai bine pe mine însumi, astfel încât să-mi asum responsabilitatea pentru problemele mele de comunicare?"; în loc să gândești „Cum am putea fi mai sensibili unul la nevoile celuilalt?", ai putea să gândești „Cum aș putea să aflu care sunt nevoile mele și ce-mi doresc eu cu adevărat? Pot să-mi ofer eu mie însumi acele lucruri, în loc să le pretind de la partenerul meu?"

Poate părea ciudat să căutăm în interior ceea ce, în mod evident, ne dorim de la altcineva. Poți să spui „Dar eu nu vreau să mă iubesc pe mine însumi, vreau ca partenerul meu să mă iubească. Vreau că partenerul meu să-mi satisfacă nevoile." Până la un anumit nivel, majoritatea dintre noi ne dorim aceste lucruri. Din cauza poveștilor din copilărie, a cântecelor de dragoste și a educației media, am crescut dorindu-ne și hrănindu-ne cu povești despre „fericiți până la adânci bătrâneți". Credem că, dacă reușim să găsim persoana potrivită, nu mai trebuie să facem nimic — doar să ne relaxăm și să ne lăsăm adorați necondiționat. Dar oare această stare de spirit pasivă am găsi-o atrăgătoare la un potențial partnener sau, de ce nu, la un prieten? Probabil că nu. Bunul simț și experiența de viață ne arată că acest lucru pur și simplu nu se întâmplă.

Cel mai mare avantaj în a deveni persoana pe care dorești să o găsești este acela că, deși pentru o perioadă vei fi de unul singur, vei deține în interiorul tău multe dintre componentele relației pe care ți-ai dorit-o dintotdeauna. Și asta face ca solitudinea să fie mult mai plăcută.

CAPITOLUL II

INFLUENȚA PĂRINȚILOR

Nu copilul alege să vină pe lume: asumarea rolului de
părinte
Ai venit pe lume pentru că părinții tăi au decis că își doresc un urmaș. Scenariul ideal este cel în care părinții tăi te-au adus pe lume deoarece se iubeau foarte mult și conceperea ta a fost o consecință firească a iubirii dintre ei.

Îmi doresc să fi avut părinți care să te fi adus pe lume cu iubire, apoi să te fi crescut cu iubire și înțelepciune și să-și dorească de la tine să devii o ființă umană autonomă, de sine-stătătoare și independentă. Dacă așa stau lucrurile, te felicit! Faci parte dintr-o categorie minoritară și ai toate premisele să fi avut un start bun în viață.

Însă majoritatea oamenilor este adusă pe lume de părinți care nu se gândesc prea mult la responsabilitatea uriașă pe care o presupune creșterea unui copil. Se căsătoresc repede, dintr-un impuls de moment sau pentru că „așa trebuie", apoi tot la presiunea celor din jur fac un copil pentru că „așa se face" și apoi începe calvarul pentru toată lumea implicată.

Cei mai mulți oameni au nevoie să se vindece de copilărie deoarece au trăit în medii toxice, disfuncționale, în care era prezent abuzul psihic, fizic, agresivitatea, conflictul, ipocrizia, alcoolul, lipsa de acceptare, iubire și înțelegere și abia apoi să intre în relații de cuplu.

Atunci când doi oameni iau decizia să se căsătorească și să aducă pe lume un copil, asupra lor acționează o sumedenie de factori: modelul de familie în care au crescut, credințele și valorile societății, presiunea celor din jur, propria imaturitate emoțională și iluziile cu care a fost hrănit fiecare în copilăria lui. Fetițelor li s-a citit „Frumoasa din pădurea adormită", „Alba-ca-Zăpada", „Cenușăreasa" și alte astfel de povești care le induc ideea că ele nu au nimic altceva de făcut decât să stea și să aștepte să vină „Făt-Frumos" să le salveze (de la a-și asuma responsabilitatea propriei lor vieți).

Iubirea este romanțată excesiv și ajungem să credem că singura împlinire în viață este „să ne găsim jumătatea". Vine momentul în care ne îndrăgostim, iar pentru că trăirea este atât de intensă și de copleșitoare, ne imaginăm că aceasta este iubirea adevărată și că așa va fi pentru totdeauna. Dacă luăm decizia să ne căsătorim la începutul relației, atunci când simțim fiorii îndrăgostirii, există mari șanse să suferim o mare deziluzie ulterioară. Iar dacă mai facem și copii în primii doi-trei ani de relație, rezultatul poate să fie unul nefast. De ce? Pentru că îndrăgostirea se bazează mai mult pe chimie, pe atracție fizică și nu neapărat pe compatibilitate la nivel de valori, credințe, viziune asupra vieții și așa mai departe. Iar dacă ne îndrăgostim între șaisprezece-treizeci de ani sunt mari șanse ca noi să nu ne cunoaștem nici pe noi înșine, dar să-l mai vedem și pe partenerul nostru așa cum este el. Până la vârsta de douăzeci și cinci-treizeci de ani abia ne descoperim pe noi înșine și ne creăm personalitatea care, oricum, se va mai șlefui mult de-a lungul vieții. Deciziile pe care le luăm până la vârsta de douăzeci și cinci-treizeci de ani s-ar putea să nu mai rezoneze cu noi pe măsură ce înaintăm în viață. Astfel că, decizia de a ne „lega destinul" de o altă persoană poate să fie o alegere extrem de hazardată. Acest scenariu în care ne îndrăgostim, în care confundăm fiorii pe care-i simțim cu iubirea adevărată, în care ne căsătorim și aducem pe lume copii, fără să ne cunoaștem pe noi înșine și fără să ne fi dumirit cum stă treaba cu viața asta, poate să ducă la multă nefericire ulterioară.

Și, cum mulți oameni au urmat inconștient acest scenariu, sunt șanse ca și părinții tăi să fi făcut la fel. Ca paranteză, sper ca tu să deschizi bine ochii și să nu mai faci aceleași greșeli. Dar să revenim la părinţii tăi şi la copilăria ta. Poate că părinţii tăi au fost îndrăgostiţi la început, te-au adus pe lume şi apoi au început încet-încet să-şi dea seama că nu se potrivesc, însă au crezut că este „prea târziu" să mai facă ceva. Astfel, sunt mari şanse că tu să fi crescut într-un mediu în care ei se certau des, poate chiar exista abuz psihic — jigniri, devalorizare, acuze sau abuz fizic — bătăi sau consum excesiv de alcool. Poate că, tributari fiind unor credinţe limitative de genul „eu te-am făcut, eu te omor", te-au crescut cu agresivitate, prin impunerea autorităţii lor, poate şi-au vărsat frustrările asupra ta spunându-ţi „din cauza ta trebuie eu să-l (o) suport pe tatăl tău/mama ta" şi, astfel, fundaţia personalităţii tale a devenit una destul de nesigură şi fragilă. Dacă ţi-au spus că „pentru tine stăm împreună" sunt mari şanse să te simţi vinovat şi responsabil de fericirea părinţilor tăi şi să te chinui să-ţi trăieşti viaţa ca să le faci lor pe plac.

Mai există şi scenariul în care părinţii tăi au divorţat şi tu ai rămas doar cu unul dintre ei, poate cu mama. Iar ea nu şi-a refăcut viaţa, sacrificându-se pentru tine; tu eşti fericirea ei şi singura ei raţiune de a trăi, astfel că foloseşte toate mijlocele care îi sunt la îndemână să te manipuleze ori să te şantajeze emoţional ca să-i rămâi alături şi veşnic recunoscător pentru tot ceea ce a făcut pentru tine.

Apoi mai sunt acele scenarii „moderne" (sau nu neapărat) în care mama ta te-a făcut pentru că spera ca, astfel, tatăl tău să o ia de nevastă sau măcar să-i plătească pensie alimentară. Adică tu ai fost copilul „instrument". Tatăl tău poate că a acceptat şi atunci revenim la primul scenariu; poate că nu a vrut să se lase prins în această capcană şi atunci mama ta s-a trezit cu o „povară" pe cap şi nu a trecut o zi în care să nu-ţi repete asta. Şi tu te simţi vinovat, nu-i aşa?

Mai există şi scenariul în care părinţii tăi (sau doar unul dintre ei) simt că şi-au ratat viaţa din cauza startului nefast pe care l-au avut şi tu eşti „singura lor bucurie", „lumina ochilor lor" şi trăiesc pentru și prin tine. Își doresc ca tu să realizezi ceea ce nu au reușit ei, astfel că îți spun exact cum să-ți trăiești viața: ce meserie să ai, cum să te comporți, cu cine să te căsătorești, îți cer să le faci nepoți repede, se laudă cu tine și nu acceptă să nu facă parte din viața ta, cât mai mult și cât mai des. Te simți împovărat, nu-i așa? Simți că viața ta nu-ți aparține și ți-e teamă să le spui „nu" ca să nu-i dezamăgești.

Scenariile de mai sus sunt doar câteva dintre poveștile de viață posibile, dar sunt cele mai frecvente pe care le-am întâlnit în experiența mea profesională. Toate duc la aceeași finalitate: vieți împovărate, distruse, compromisuri și sacrificii care, de fapt, acoperă alte compromisuri făcute de părinții tăi și apoi de tine.

Acum hai să punem lucrurile la locul lor. În primul rând, nu ești responsabil de alegerile făcute de părinții tăi, cândva în tinerețea lor. Nu ești responsabil de faptul că ei nu au știut mai bine. Este trist, este regretabil, însă responsabilitatea le aparține în totalitate pentru felul în care au ales să-și trăiască viața.

Nu ești responsabil de faptul că s-au căsătorit sub presiunea părinților, a societății, pentru că „așa se face" sau pentru alte motive la fel de superficiale. Fiecare adult este necesar să-și asume responsabilitatea, sută la sută, pentru tot ceea ce a ales la un moment dat să facă, pentru faptele sale și pentru consecințele care decurg de aici. Adevărata maturitate se măsoară în capacitatea de a-ți asuma ființa ta pe de-a-ntregul și viața pe care ți-ai construit-o. Nu este nimeni „de vină" pentru că tu ai ales la un moment dat să faci un lucru sau altul. Tu ai ales, asumă-ți asta! Ai adus pe lume un copil pentru că așa ai vrut tu. Asumă-ți și faptul că te-ai lăsat influențat de cei din jurul tău și că nu ai gândit cu mintea ta proprie. Copilul nu este responsabil și nici de vină pentru nimic. A fost voința ta să-l aduci pe lume, așa că asumă-ți responsabilitatea creșterii lui, fără să-l împovărezi cu deciziile pe care tu le-ai luat, pentru că așa ai vrut în acel moment.

Nu distruge viața progeniturilor tale doar pentru că îți este frică să recunoști că ai greșit. Indiferent câți ani ai acum și indiferent care au fost pașii care au condus la situația actuală, acceptă situația și repară ce mai poți repara. Niciodată nu este prea târziu! Chiar și pentru o săptămână sau pentru o zi, viața ta poate să fie una în care să te împaci cu tine, cu trecutul tău și cu alegerile tale, pentru că ele îți aparțin în totalitate.

Fiecare om, fiecare adult este responsabil sută la sută de viața sa, de acțiunile sale, de alegerile sale și de consecințele care decurg de aici. Nu avem niciun drept și nu are niciun sens să-i facem pe alții responsabili de ceea ce ne aparține în totalitate nouă înșine. Ai făcut niște alegeri, asumă-ți asta indiferent cât de mult îți este zgândărit orgoliul. Știu că este neplăcut să recunoști că ai greșit, însă este mult mai sănătos să faci asta și să îndrepți ceea ce mai poate fi îndreptat decât să plasezi asupra altora, mai ales asupra copiilor tăi, consecințele alegerilor tale nefaste.

În al doilea rând, tu nu ai cerut să vii pe lume. Nimeni nu te-a întrebat dacă vrei sau nu să te naști. A fost un act de voință unilateral din partea părinților tăi (mai exact a mamei tale), astfel că tu nu le datorezi lor nimic pentru asta. Este responsabilitatea celor care te-au adus pe lume să te crească și să-ți ofere cele mai bune condiții că tu să devii un adult sănătos psihic și fizic, autonom, independent și de sine-stătător. Orice altceva reprezintă manipulare și șantaj emoțional.

De ce există atâtea conflicte între părinți și „copii"?

Manipularea și șantajul emoțional, pe lângă alți factori pe care îi vom discuta în rândurile ce urmează, inevitabil duc la relații conflictuale între părinți și copii. Astfel de relații există dintotdeauna și, dacă i-am întreba pe cei din jurul nostru care ar fi motivele acestor conflicte, cu siguranță am obține o gamă variată de răspunsuri. De exemplu, copiii (ajunși adulți, de altfel) ar spune că părinții încă le impun să facă ce îşi doresc ei, că se împotrivesc alegerilor de viaţă luate ori că sunt prea critici sau intruzivi. Părinţii ar spune că îi supără „copiii" pentru că au nişte idei ciudate de independenţă sau pentru că „nu înţeleg/nu fac nimic din ce le spun", „nu mă mai ascultă".

Interesant cum nu avem voie să ieşim din cuvântul părinţilor chiar şi la treizeci, patruzeci, cincizeci de ani când deja ar trebui să fim persoane asumate şi conştiente de propriile valori, obiective şi dorinţe. Putem discuta, de fapt, despre o problemă de mentalitate. Mentalitatea în sine, în ceea ce priveşte copiii, este fundamental eronată şi din această cauză apar atâtea conflicte şi probleme între copiii ajunşi adulţi şi părinţii lor. Mulţi oameni aduc pe lume copii ca să trăiască prin ei, ca să le dea un sens în viaţă, ca să le fie alături la bătrâneţe. Nu îşi doresc ca progeniturile lor să devină adulţi autonomi sau să aibă o viaţă proprie pentru că asta ar însemna că cel mai important rol în viaţa lor a luat sfârşit. În plus, pierd sentimentul de putere şi de control.

Neavând o viaţă proprie, interese, pasiuni, hobby-uri şi, de cele mai multe ori, relaţii de cuplu armonioase şi satisfăcătoare, trăiesc şi se definesc prin rolul de părinţi. Iar când acest rol ar fi normal să se sfârşească şi relaţia părinte-copil să devină una de tip adult-adult, nu sunt nici dispuşi şi nici dornici să facă această tranziţie.

Astfel, unii dintre ei, prevăzători, îşi programează de mici copiii, inoculându-le ideea că ei, părinţii, vor rămâne mereu cei mai importanţi. Nu soţul/soţia sau copiii progeniturii lor, ci părinţii. Toată viaţa trebuie să li se supună, să nu iasă din vorba lor (pentru că asta înseamnă, de fapt, respect), să trăiască în funcţie de dorinţele şi capriciile lor, să le satisfacă aşteptările şi să se lase manipulaţi sau şantajaţi emoţional oricât îşi doresc părinţii.

Copilul se transformă, astfel, într-un instrument venit pe lume ca să trăiască pentru a satisface capriciile, nevoile sau dorinţele părinților săi. Însă copilul, mai ales când a ajuns adult, nu are nicio obligație de a-și face părinții fericiți. Părinții ar fi normal să își găsească împlinirea și fericirea prin ei înșiși, nu prin copilul lor.

Părintele care își acuză copilul că îl dezamăgește pentru că nu trăiește așa cum își dorește el, care îl șantajează emoțional atunci când nu face alegerile și nu ia deciziile pe care le vrea acel părinte, care spune că suferă când copilul nu se conformează așteptărilor sale, nu dă dovadă de iubire și de bune intenții, ci de egocentrism și egoism.

Părintele care vrea să aibă mereu primul loc în viața copilului său, chiar și după ce acesta își întemeiază propria familie, care încearcă să-și împovăreze copilul cu sentimente de vinovăție, milă, rușine sau frică atunci când nu primește atenția pe care și-o dorește, dă dovadă de imaturitate emoțională și, mai ales, de lipsă de respect față de progenitura sa. Din cauza acestor credințe se destramă multe familii. Din cauza acestei mentalități există atât de multe conflicte și nefericire în familie, între generații. Mama/tata, soacra/socrul vor să dețină puterea și să se impună mereu. Nu au niciun fel de considerație față de familia nou constituită și, sub pretextul că vor binele, nu fac altceva decât să distrugă și să creeze o sumedenie de probleme. Mama simte gelozie dacă fiul ei iubește o altă femeie. Tatăl nu consideră că bărbatul din viața fetei lui este demn de ea.

Multe s-ar schimba în relațiile dintre copiii ajunși adulți și părinții lor dacă am lucra la mentalitate. Dacă nu am aduce pe lume copii ca să ne umple golurile interioare sau ca să avem o ființă alături de noi toată viața. Dacă am învăța să respectăm individualitatea, autenticitatea, personalitatea, limitele și granițele copiilor noștri odată ce aceștia, cum este firesc și normal, zboară din cuib.

Fiecare om are dreptul să-și creeze viața pe care și-o dorește, indiferent dacă părintele său aprobă sau nu, este de acord sau nu cu alegerile și deciziile sale.

Chiar dacă unii părinți fac copii pentru a-i transforma în instrumente, ancore sau extensii ale ego-ului lor, copilul nu are nicio obligație în a se supune sau a se conforma așteptărilor egoiste ale acestora. Unii părinți se luptă să-și mențină lângă ei „copilul" ajuns adult în toată firea. Mame, însă și tați care nu acceptă faptul că nu pot opri timpul și nici nu-l pot da înapoi în așa fel încât puiul lor să rămână mereu dependent și aproape de ei.

Alți părinți își doresc de la copilul lor să trăiască exact așa cum au făcut-o ei, în pofida faptului că nu au dus o viață care să merite să fie copiată la indigo. Au avut relații abuzive, au fost nemulțumiți de nivelul de trai și de statutul socio-profesional, de alegerile pe care le-au făcut în viață, însă, cumva, au supraviețuit, iar acest argument este suficient pentru a se simți îndreptățiți să dea sfaturi și directive de viață.

Copilul, ajuns adult, este normal să devină o ființă autonomă care își urmează propriile visuri și obiective. Iar părintele, dacă îi dorește într-adevăr binele copilului, îl sprijină pe acesta necondiționat (atât cât își dorește), fără să-i ceară nimic, fără să-i dicteze, fără să-l manipuleze sau să-l șantajeze emoțional. Iar părinții cu adevărat înțelepți devin prietenii copiilor lor și caută să aibă cu aceștia o relație de tip adult-adult bazată pe respect reciproc.

Respectă-ți părinții, însă nu le permite să-ți dicteze sau să-ți impună cum să trăiești. Ei nu știu mai bine decât tine ce te împlinește pe tine, ce te face fericit sau ceea ce înseamnă pentru tine o viață frumoasă.

Datoria ta este să-ți rămâi loial ție însuți în primul rând și să-ți creezi viața pe care ți-o dorești. Da, știu, poate că te revoltă rândurile mele. „Cum nu le datorez nimic părinților mei? Ei s-au sacrificat atât de mult pentru mine! Trebuie să-mi iubesc părinții și să le fac pe plac. Este datoria copilului să-și facă părinții fericiți." Ei bine, nu! Nu ai nicio obligație și nicio datorie față de părinții tăi. Singura ta datorie este față de tine însuți și față de ceea ce simți să faci. Dacă părinții tăi au reușit să creeze cu tine o relație pozitivă, bazată pe iubire și acceptare necondiționată (pentru că asta este datoria părinților), astfel că ai devenit un adult echilibrat din toate punctele de vedere, atunci vei simți tu să-i cauți și să petreci timp de calitate cu ei și nu vei percepe asta ca pe o obligație sau o datorie. Dacă însă ei te-au crescut cu jigniri, bătăi, inducerea sentimentelor de vinovăție și de rușine, dacă te-au devalorizat, minimizat sau te-au crescut într-un mediu toxic și disfuncțional, nu ai nicio datorie și nicio obligație față de ei, decât să cauți tu să te vindeci și să pleci cât mai departe.

Cum te poți elibera de un părinte toxic?

Calitatea relației dintre părinte și copil este dată de felul în care părintele se raportează la copil în timpul copilăriei sale. Copilul este total dependent de părinții săi și nu are posibilitatea să aleagă. Însă părintele, da. Dacă un părinte își abuzează copilul și îi face mai mult rău decât bine, ce pretenții mai îndrăznește să aibă de la copilul care devine adult? Dacă îl traumatizează și îl denigrează, cel mai probabil va continua să facă același lucru chiar și după ce acesta a crescut. Astfel de comportamente — care produc o rană emoțională sau influențează în sens negativ felul în care cineva se percepe pe sine — sunt niște comportamente toxice.

În plus, un părinte toxic...

✔ este în permanență critic — există o diferență între a critica comportamentul cuiva, oferind astfel un feedback constructiv înspre binele lui și a critica în permanență pe cineva, indiferent ce-ar face. În acest caz, copilul ajunge să se îndoiască de sine, să-și piardă încrederea și curajul și devine extrem de critic cu sine;

✔ face tot posibilul să-i acorzi cât mai multă atenție — deși poate pune acest lucru pe seama faptului că-și dorește o relație apropiată cu tine. În mod obișnuit, părinții ar trebui să le ofere copiilor suficient spațiu să crească și să se dezvolte fără a le cere să interacționeze în permanență cu ei, pentru a le satisface, astfel, propriile nevoi. Chiar și la vârsta adultă întâlnim acei părinți care le pretind copiilor să renunțe la activitățile sau planurile lor pentru a-i avea cât mai aproape, cât mai mult timp;

✓ nu-ți permite să-ți exprimi emoțiile negative — un părinte care nu este responsiv față de nevoile emoționale ale copilului și, mai mult decât atât, îl sancționează pe acesta, sub o formă sau alta, atunci când plânge sau își exprimă furia, își va învăța copilul că este greșit să-ți exprimi emoțiile și că, dacă ți le exprimi, oricum nu vei rezolva nimic, ci, dimpotrivă, te vei confrunta cu o reacție negativă din partea celor din jur. Copilul, ajuns adult, va fi poate la fel de temător în a se exprima pe sine și a fi autentic;

✓ încearcă să te controleze, inducându-ți sentimente de vinovăție sau prin intermediul banilor — pentru a le face pe plac și a te supune, deseori apelează la manipulare și la șantaj emoțional. Îți vor spune câte au făcut pentru tine și cât de nerecunoscător ești tu, îți vor face cadouri sau te vor ajuta cu bani pentru ca tu să te simți dator față de ei și să le răspunzi prompt solicitărilor și pretențiilor;

✓ plasează responsabilitatea fericirii lui în mâinile tale — continuând ideea expusă mai sus, unii părinți le reproșează copiilor sacrificiile făcute, faptul că au renunțat la visurile lor pentru a-i crește, făcându-i să se simtă vinovați pentru nefericirea lor și presându-i cu aștepări nerealiste. Însă niciun copil nu ar trebui să fie responsabil pentru fericirea părinților săi și niciun părinte nu ar trebui să le ceară ori să le impună copiilor să renunțe la ceea ce îi face fericiți pentru a echilibra balanța și a-și plăti „datoria";

✓ face tot posibilul să nu te desprinzi de el și se comportă cu tine ca și cum ai fi în continuare un copil — este firesc să ne dorim să devenim din ce în ce mai autonomi și independenți și nu este în regulă ca părinții noștri să ne submineze capacitatea de a lua singuri decizii în privința vieții noastre și să ne determine să renunțăm la ele doar pentru că nu sunt de acord. Prin acest lucru încearcă să manifeste asupra noastră același grad de control pe care îl manifestau atunci când eram copii;

✓ îți încalcă limitele și granițele personale — fiecare persoană este necesar să învețe să-și traseze anumite limite cu cei din jur. Un părinte toxic consideră că i se cuvine să se amestece în viața ta, chiar dacă tu acum nu mai ești un copil. Consideră că este îndreptățit să te sune la orice oră din zi sau din noapte, să-ți spună orice îi trece prin minte și să-ți ceară să vorbești despre anumite lucruri personale, chiar dacă tu nu dorești asta, să-ți spună ce să faci și cum să-ți trăiești viața, cu cine să te însoțești la drum și ce prieteni să ai. Iar, dacă te împotrivești, va reacționa cu furie ori se va supăra pentru a te face să te simți vinovat;

✓ nu își exprimă gândurile și sentimentele în mod direct, ci are atitudini și comportamente pasiv-agresive. Un astfel de exemplu este atunci când părintele alege să nu mai vorbească cu tine zile sau săptămâni întregi pentru a te face să te simți vinovat și să cedezi;

✓ nu-și dă seama de rolul pe care-l are și încearcă să te transforme pe tine în părinte — asta e ca și cum rolurile se inversează, iar tu devii părintele mamei sau tatălui tău, aceștia din urmă fiind, de fapt, din punct de vedere psihologic niște copii imaturi emoțional. În acest caz, părinții se așteaptă ca tu să le rezolvi problemele, să ai grijă de ei, să-i susții, să te sacrifici pentru ei. Nu mă refer acum la situațiile în care părintele este bolnav și nu se poate îngriji singur ori atunci când se confruntă cu anumite dificultăți în viață și are nevoie de ajutor, ci mă refer la acele tipare de relaționare părinte-copil când, deși părintele ar putea să aibă grijă de el de unul singur, preferă să nu-și asume responsabilitatea asupra vieții sale și îl împovărează pe copil cu fel de fel de cereri și pretenții.

De unde au învățat părinții noștri să se comporte astfel? Cel mai probabil, de la părinții lor. În acest caz, poate fi destul de greu să conștientizeze impactul pe care-l au asupra propriilor copii, să înțeleagă cât de greșit se comportă, cu atât mai mult cu cât nu conștientizează modelele pe care le-au preluat de la părinții lor, mai ales dacă au fost condiționați să nu chestioneze aceste lucruri, să treacă cu vederea defectele lor și să nu-i critice pentru că „așa ceva nu se face". Poate fi greu să-ți vezi părinții așa cum sunt și să recunoști că te-au rănit, însă tu ești cel care poate întrerupe transmiterea acestui tipar transgenerațional. Conștientizează ce ai preluat de la ei. Te regăsești în situații în care te comporți exact ca ei, fie cu proprii copii, fie cu alte persoane apropiate, chiar dacă acest lucru, în fond, nu-ți face bine nici ție, nici lor? Ce poți face pentru a schimba aceste tipare?

Copiii care au fost abuzați, neglijați, maltratați, respinși, umiliți, criticați își vor forma în timp o părere negativă despre sine și, într-un fel sau altul, aproape toți se vor simți inadecvat, lipsiți de valoare, nedemni de a fi iubiți. De cele mai multe ori acești copii se consideră vinovați pentru felul în care părinții lor s-au comportat cu ei, ca și cum ar fi mai ușor de acceptat că ei sunt „răi" decât faptul că părintele, care ar trebui să fie protectorul, este o persoană rea în care nu poți avea încredere. Ajunși adulți, vor purta cu ei sentimentele de vinovăție și rușine, ceea ce îi va împiedica să-și formeze o părere pozitivă despre sine, iar acest lucru se va răsfrânge în toate aspectele vieții. Poate vor accepta în viața lor relații abuzive și distructive, se vor teme să se apropie prea mult de cineva din teama de a nu fi răniți sau abandonați, își vor diminua succesele neconsiderând că le merită, le va fi teamă să se deschidă în fața altora ca nu cumva să le fie observate slăbiciunile și defectele, poate se vor aștepta la ce este mai rău, atât din partea celorlalți dar și a vieții, în general, și le va fi greu să-și dea seama cine sunt, ce simt și ce-și doresc.

În relația cu părinții lor, se vor simți responsabili de ce simt aceștia și vor considera că este de datoria lor să-i mulțumească, să-i facă fericiți și cele mai multe decizii le vor lua în funcție de aprobarea sau dezaprobarea lor, evitând să li se împotrivească. Vor simți, de asemenea, că orice ar face nu este suficient și vor încerca să le facă pe plac, în speranța că vor primi, astfel, afecțiunea și aprobarea care le-a lipsit și în speranța că într-o zi aceștia se vor schimba în bine.

Cum poți schimba situația? Schimbând felul în care te raportezi la ei și la tine însuți. Cel mai probabil, dacă părinții tăi nu și-au schimbat atitudinea și comportamentul față de tine până acum, nici de acum încolo nu o vor face. Cu cât ai mai puține așteptări de la ei, cu atât vei suferi mai puțin. Ce parte din tine caută să primească acceptarea, iubirea, validarea și aprobarea părinților? Copilul interior care încă suferă. Poate că ei n-au fost capabili să-ți ofere afecțiunea și respectul pe care le meriți, însă, cu siguranță, tu ești cel care poate face asta pentru tine acum. Comportându-te în continuare după aceleași tipare, nu vei face altceva decât să întreții disfuncționalitatea relațională și jocurile psihologice inconștiente. Poate că duci o luptă, încercând să-i schimbi, în speranța că te vor accepta așa cum ești, însă această luptă este inutilă și te secătuiește de putere. Soluția este să ieși din joc, să nu mai întreții aceleași tipare distructive. Să nu mai încerci să-i schimbi, să nu mai faci tot posibilul să le faci pe plac în speranța că vor fi mai buni cu tine, să acționezi conștient în loc de a reacționa emoțional față de ei, să renunți la iluziile pe care ți le-ai creat în ceea ce-i privește.

Observă-i așa cum sunt — acțiunile lor vorbesc despre propriile goluri sau lipsuri interioare, nu despre ale tale. Este de datoria ta să te delimitezi și să nu mai permiți nimănui să încalce acele limite, să te devalorizeze ori să-ți controleze viața. Tu ești singura persoană pe care se poate baza copilul tău interior. Observă-l, recunoaște-i suferința și ajută-l să se vindece. Oferă-i ceea ce simți că i-a lipsit, acceptă-l și protejează-l. Tu nu ești responsabil de felul în care s-au comportat părinții tăi cu tine atunci când erai un copil neajutorat, însă ești responsabil de felul în care o să trăiești de-acum încolo și de ceea ce poți face pentru a te vindeca și a nu mai permite altora să-ți încalce limitele.

Atunci, când îți redefinești relația cu părinții, când preiei controlul asupra vieții tale, când îți dai voie să vezi realitatea așa cum e și să schimbi acele lucruri care îți dăunează, vei începe să te simți din ce în ce mai liber, mai încrezător și mai puternic.

Iertarea părinților și vindecarea copilăriei

Prin natura meseriei mele iau contact în fiecare zi cu suferința umană și cu cele mai întunecate povești de viață, iar unele dintre cele mai revoltătoare povești sunt cele în care întâlnesc adulți a căror viață este profund tulburată de relația cu părinții lor. Părinți (mai ales mame) care aduc pe lume copii, efectiv îi torturează psihic sau fizic și apoi le cer supunere și recunoștință veșnică pentru că, nu-i așa, este obligația ta să-ți iubești și să fii sclavul părintelui tău. Răspunsul meu este NU. Nu trebuie să faci absolut nimic din ceea ce nu simți să faci, iar dacă ai trăit într-un iad în copilăria ta, responsabilitatea ta este să te îndepărtezi cât de mult poți de cei care ți-au făcut rău, să cauți să te vindeci și apoi să mergi mai departe cu viața ta. Vorbesc cu adulți care sunt încă îngroziți să iasă din cuvântul părinților, se simt responsabili de sănătatea și fericirea lor și asta cu prețul propriei lor vieți.

Cunosc femei și bărbați care au trăit o viață întreagă terorizați de mama sau de tatăl lor. Încă din copilărie acești părinți i-au abuzat fizic și psihic și continuă s-o facă. Mama își lovește fiica căsătorită și gravidă, tatăl ridică mâna la băiatul său care are acum treizeci și ceva de ani, „copilul" (care are acum cincizeci de ani) trăiește din copilărie și până în prezent terorizat de mama sa care îl amenință că se va îmbolnăvi și va muri din cauza lui, dacă nu face ce vrea ea. Exemplele sunt atât de multe și de fiecare dată sunt siderată să aud astfel de lucruri.

Ce fel de mamă îi spune copilului ei „te urăsc încă de când erai la mine în burtă", „mi-ai distrus viața", „ești un handicapat/ tâmpit/idiot", „nu ești bun de nimic", „mă faci de rușine", „mai bine te dădeam la casa de copii", „ești o curvă" (și asta la zece ani), „nu vei reuși, nu vei face nimic niciodată toată viața ta" ș.a.m.d? De fapt, știu ce fel de părinte spune astfel de lucruri copilului său și, din punctul meu de vedere, acești oameni nu ar avea voie să aducă pe lume suflete inocente înainte de a-și rezolva tulburările emoționale sau psihice.

Părinții care își cresc copiii prin frică și supunere, cei care le spun copiilor exact ce se așteaptă de la ei — îi forțează să facă lucruri chiar dacă nu și le doresc, le spun ce meserie să-și aleagă, când și cu cine să se căsătorească, cum să-și trăiască viața, nu sunt de fapt părinți în adevăratul sens al cuvântului, ci mai degrabă niște tirani. Ei nu oferă libertate copilului pentru că ei „știu întotdeauna mai bine".

Dragi părinți, copilul vostru este simbolul familiei din care provine. Dacă i se repetă mesaje negative va avea tendința să trăiască în acord cu ele, iar dacă are parte de părinți care îi oferă o educație pozitivă, va crește un adult cu încredere în sine, dornic să trăiască frumos și să aibă realizări pe toate planurile.

Un părinte poate să-i distrugă șansa la fericire copilului său dacă îi repetă mesajele pe care le-am enumerat mai sus. Să nu te miri dacă, după ce i-ai repetat copilului tău că nu este bun de nimic, îți va demonstra că așa este. Să nu te surprindă faptul că odată ajuns adult, va trăi după „profețiile" tale. Dacă l-ai supus abuzului psihic sau/și fizic va avea tendința să stea cu capul plecat în fața oricărei forme de autoritate și le va permite și altora să se comporte cu el așa cum ai făcut-o și tu, iar asta îl va predispune la o viață de suferință continuă.

Viața este și așa suficient de grea și avem nevoie de o personalitate puternică și echilibrată ca să reușim să trăim frumos. Nu-i distruge copilului tău personalitatea, ci, dacă tot l-ai adus pe lume pentru că așa ai ales tu — nu pentru că el a cerut asta, asumă-ți responsabilitatea și oferă-i tot ce ai tu mai bun. Învață cum să fii un părinte bun, rezolvă-ți problemele personale, emoționale sau psihice și asigură-te că îi oferi copilului tău premisele celui mai sănătos și luminos viitor posibil.

Nu orice părinte merită să fie respectat și iubit de copilul său, ci este necesar să-și câștige afecțiunea și prețuirea progeniturii sale. Dacă te-ai purtat cu el într-o manieră prin care i-ai făcut mai mult rău decât bine, să nu te surprindă faptul că va pleca cât mai departe de tine imediat ce va avea ocazia.

Lucrez cu clienții mei ca să le construiesc acum o stimă de sine sănătoasă, încredere în ei înșiși să depășească toate aceste mesaje parentale care le-au distrus copilăria și, uneori, și viața de adult. Este o muncă titanică pentru că fundația personalității lor este profund viciată de felul în care au trăit până în acest moment — imaginează-ți cât de greu este să repari o casă care are fundația șubredă.

Mi s-ar părea inuman, extrem de artificial și forțat să le ceri unor astfel de persoane să-și adore „călăii", mai ales că le-au făcut rău în perioada în care ei erau lipsiți de apărare și dependenți de acei părinți.

Deși auzim des „trebuie să-ți respecți familia, indiferent de felul în care s-a purtat cu tine", „trebuie să respecți oamenii, indiferent cum s-au comportat cu tine", „trebuie să-ți respecți soțul/soția, chiar dacă are un comportament abuziv", astfel de îndemnuri nu sunt în acord cu sănătatea mentală și relațională.

Nu poți să-i ceri unui om să iubească sau să-l respecte pe cel care i-a făcut rău într-un fel sau altul. Cum să-i ceri unei victime să-și respecte abuzatorul — un tată agresiv sau alcoolic, o mamă lașă care a permis ca al ei copil să fie maltratat și nu a intervenit pentru că, nu-i așa, familia e sfântă și orice se întâmplă în cadrul ei este „normal", un prieten care te-a mințit sau te-a trădat, un soț care te tratează ca un sclav luat cu acte ș.a.m.d?

Să-i ceri unui om să-l respecte pe cel care i-a făcut rău este o metodă de a-i lua puterea, de a-l face să se îndoiască de sine, de a-i lua posibilitatea să se apere, de a-l face să se simtă vinovat pentru ceea ce simte, de a-l manipula și a-l constrânge să accepte în continuare disfuncționalitatea ca pe ceva „normal".

Ceea ce le cer eu este să accepte ceea ce s-a întâmplat, să depășească traumele din copilărie și să înțeleagă faptul că părinții lor au acționat în felul în care au făcut-o pentru că și ei la rândul lor au avut parte de o educație și de o gândire disfuncțională și au făcut ce au putut mai bine cu ce au avut la îndemână. Iar de acum, adulți fiind, ei sunt responsabili sută la sută pentru viața lor. Nu au avut un start „roz", însă depinde de ei ca să-și croiască de acum o viață așa cum o visează.

Dragi „copii", dacă aveți astfel de părinți, este obligația și dreptul vostru să spuneți „NU" la toate aceste comportamente disfuncționale, abuzive și tiranice. Nu sunteți sclavii părinților voștri, nu ați venit pe lume ca să le satisfaceți lor dorințele egoiste sau ca să faceți ce spun ei. Nu este problema voastră ce vor ei de la voi, nu aveți de ce să cedați manipulării și șantajului emoțional și NU aveți nicio responsabilitate față de dorințele lor egoiste și dominatoare. Ceea ce vă cer ei este să vă supuneți capriciilor lor și nu au niciun drept să vă ceară asta. Respectul și iubirea nu se câștigă prin frică sau prin supunere.

Respectă-i doar pe cei care te respectă și îndepărtează-te de persoanele toxice din viața ta, chiar dacă sunt membrii familiei tale. Nu, nu este normal să respecți pe cineva doar pentru că „așa se face", indiferent de felul în care s-a raportat la tine.

Respectul nu se impune, ci se câștigă și este rezultatul unei interacțiuni reciproce pozitive. Îi respectăm în mod natural pe cei care se poartă cu noi cu considerație și respect (sau cel puțin asta ar fi bine să fie normalitatea).

Nimeni nu poate să-ți ceară să-l respecți dacă tu nu simți că ai motive s-o faci, la fel cum nici tu nu ai cum să-i ceri unui om să te respecte dacă i-ai greșit într-o manieră impardonabilă. A cere respect atunci când istoricul relației este unul disfuncțional este doar o manieră ipocrită de a pune sub preș probleme care, de multe ori, amenință integritatea fizică și psihică.

Ai dreptul să trăiești liniștit și să te bucuri de viața ta și nu ai nicio obligație să fii sclavul unor oameni care, conștient sau nu, îți distrug viața.

Deci, după cum ți-am expus până în acest punct, nu le ești dator cu nimic părinților tăi. Ei te-au adus pe lume pentru că așa au ales ei și ți-au oferit atât cât au putut, cu ceea ce au avut la îndemână. Înțelege, acceptă și mergi mai departe pe drumul tău, așa cum visezi și cum, cu siguranță, meriți.

Ignoră toate vocile din mintea ta care te sabotează și care te fac să te simți așa cum te-ai simțit în copilărie: lipsit de putere, dependent de aprobare din exteriorul tău, timorat, fricos, lipsit de curajul de a acţiona. Toate acele voci aparţin celor care te-au influenţat, punându-şi amprenta asupra ta în copilărie, iar tu ţi le-ai însuşit şi le permiţi să te critice şi să te devalorizeze în continuare. Ţi-ai însuşit acele voci printr-un fenomen numit „introiecţie" — în limbajul de specialitate. De acum, tu decizi de cine asculţi. De puterea ta interioară sau de vocile critice ale unor oameni care au trăit şi te-au crescut în felul în care au făcut-o.

Credinţe disfuncţionale formate în copilărie

În acest mod fiecare dintre noi şi-a format anumite credinţe despre sine, despre ceilalţi şi despre viaţă precum şi un mod de a opera în lume în funcţie de aceste influenţe familiale şi de mediu, de cât de în siguranţă s-a simţit şi felul în care i s-a răspuns nevoilor afective şi fizice încă din copilărie.

Părinţii transmit de asemenea copiilor anumite „prescripţii" — acele lucruri pe care un copil ştie sigur că trebuie să le îndeplinească. Acestea sunt inconştiente şi sunt interpretate ca reguli sau „motto-uri" personale, devenind tipare rigide de gândire, simţire şi comportament. În analiza tranzacţională acestea se numesc mesaje conducătoare sau drivere.

Cele 5 mesaje conducătoare sunt:

1. *Fii perfect!* Persoanele care au acest driver sunt hotărâte, au standarde morale înalte, sunt orientate spre rezultate, se tem să nu piardă controlul, se străduiesc să realizeze orice sarcină „perfect", altfel au senzaţia că eşuează. Pot avea succes, însă cu greu se pot bucura de el deoarece niciodată nu sunt mulţumiţi de ei înşişi. Principala sursă de disconfort în relaţia cu cei din jur este percepţia lor că aceştia sunt prea emotivi, iraţionali, că au standarde prea joase, că nu îşi pot îndeplini obiectivele.

2. *Fii puternic!* Persoanele care au acest driver preferă să facă lucrurile pe cont propriu, nu cer ajutor indiferent cât de greu le este, se tem să-și exprime sentimentele ori să manifeste vulnerabilitate iar teama lor principală este teama de a nu fi respinși.

3. *Fă plăcere altora!* Persoanele care au acest driver îi pun pe alții și nevoile altora mai presus de cele proprii, au tendința de a face pe plac celor din jur, sunt dispuse să ajute, să salveze, respectă normele și le este greu să își impună punctul de vedere. Le este teamă să nu fie ignorate sau criticate și se simt vinovate ori se tem să nu fie învinovățite dacă nu fac pe plac altora. Cel mai greu le este să își acorde permisiunea de a-și face pe plac în primul rând lor.

4. *Încearcă din greu!* Persoanele care au acest driver deseori se implică în multe sarcini, însă fără a le duce la bun sfârșit, stabilesc obiective greu de îndeplinit, se implică în diverse cauze, muncesc din greu, se tem de eșec dar și de succes și îi consideră iresponsabili pe cei care nu se străduiesc la fel de mult ca ei.

5. *Grăbește-te!* Persoanele care au acest driver sunt în general agitate, exuberante, vorbesc și se mișcă repede, manifestă entuziasm, au tendința de a face mai multe lucruri deodată, le este greu să încetinească ritmul, să își ia timp de gândire ori să se bucure de liniște sau de tăcere, preferând agitația și zgomotul.

Pentru a putea să ne dăm seama ce driver aparține unei persoane este necesar să urmărim apariția în același timp a mai multor indicii pentru acel driver. Deși fiecare dintre noi manifestă într-o anumită măsură mai mică sau mai mare toate aceste drivere, în general oamenii au un driver predominant, pe care îl manifestă cel mai frecvent.

Pentru eliberarea de aceste mesaje conducătoare care poartă în fond mesajul „Sunt OK doar dacă... sunt perfect/puternic/fac pe plac altora/încerc din greu/mă grăbesc", și care reprezintă niște auto-condiționări deoarece sunt adesea nepotrivite și împiedică obținerea anumitor rezultate, există anumite mesaje permisive care ar putea funcționa ca un „antidot".

De exemplu, o persoană care se lasă ghidată de mesajul „fii perfect" își poate acorda permisiunea de a gândi că este suficient de bună așa cum este. Alte mesaje permisive corespunzătoare celorlalor drivere pot fi:

✓ Fă pe plac altora – Mulțumește-te pe tine însuți

✓ Fii puternic – Fii deschis și exprimă-ți dorințele

✓ Încearcă din greu – Fă-o

✓ Grăbește-te – Acordă-ți timp

Injuncțiile sunt acele mesaje transmise indirect, mai ales prin modalități non-verbale și reprezintă „interdicții". Există 12 astfel de injuncții:

1. *Nu exista!* — un părinte transmite copilului său un astfel de mesaj atunci când nu își dorește acel copil, când se simte amenințat de prezența lui în viața sa. Îi spune lucruri precum „Mai bine nu te-aș fi făcut", „Dacă nu ai fi fost tu aș fi putut să…"; îl respinge chiar dacă din punct de vedere material își îndeplinește obligațiile, nu este prezent din punct de vedere emoțional, îl abuzează fizic sau psihic. Copilul se simte nedorit, inutil, nedemn de a fi iubit. Aceste mesaje verbale cât și atitudinea și comportamentul părintelui îl determină pe copil să gândească că mai bine nu ar fi existat, că este o povară, că nu merită să trăiască. Bineînțeles că aceste procese se întâmplă la nivel inconștient. Un adult căruia i-a fost transmis acest mesaj poate avea tentative de suicid, de auto-mutilare, se simte nedorit, neiubit, respins, insignifiant. Ca mecanism de apărare împotriva acestui mesaj, din punct de vedere psihologic persoana poate decide că are dreptul să existe doar dacă îndeplinește anumite condiții. De exemplu, „pot să exist dacă… muncesc din greu/nu mă apropii de oameni/îi mulțumesc pe alții".

2. *Nu fi tu însuţi!* — această injuncţie poate fi transmisă atunci când părintele îşi doreşte un alt fel de copil, de exemplu un băiat în loc de fată sau o fată în loc de băiat. În acest caz, fie că mesajul este transmis în mod direct — „Ne doream ca tu să fii băiat, nu fată", fie că părintele îmbracă sau se comportă cu copilul ca şi cum ar fi aparţinut de celălalt sex, acesta ajunge la concluzia că nu este ok să fie el însuşi, aşa cum este. Acest mesaj poate fi transmis şi prin faptul că părintele îşi compară frecvent copilul cu alţi copii — „De ce nu poţi şi tu să fii ca X?" sau dacă preferă un alt copil în detrimentul său (fratele sau sora lui), reacţionând pozitiv numai la acele aspecte care corespund imaginii copilului „ideal" şi desconsiderându-le pe celelalte. Astfel, persoana care a preluat acest mesaj se poate considera inferioară altor oameni, temătoare în a-şi asuma dorinţele şi nevoile, reticentă în a-şi afirma originalitatea şi autenticitatea.

3. *Nu fi copil!* — într-o familie în care există părinţi imaturi, iresponsabili, care nu îşi asumă îndatoririle, copilul poate decide că el este singurul care îşi poate purta de grijă sieşi ori fraţilor săi. De asemenea, în familii unde există multe conflicte şi unde copilul se simte în nesiguranţă, poate gândi că vina îi aparţine şi că trebuie să facă ceva pentru a rezolva situaţia, însă poziţia de copil nu îi permite, aşadar a fi copil este un lucru rău de care trebuie să scapi. „Nu fi copil" poate fi similar cu „nu te distra", „nu te bucura" — există persoane care cred că după bucurie vine întotdeauna tristeţe, aşa că modul magic în care poţi ţine răul la distanţă este să nu te bucuri niciodată; că distracţia este un moft sau un lucru rău, iar aceste lucruri sunt transmise copiilor, direct sau indirect. Un adult care poartă acest mesaj poate fi rigid, inflexibil, se poate simţi stângaci în relaţionarea cu copiii, poate simţi disconfort în situaţii care implică joaca, distracţia, spontaneitatea.

4. *Nu creşte!* — acest mesaj este transmis în general mezinului familiei. Părintele se poate simţi ameninţat de faptul că propriul copil creşte, devine adult şi „îl părăseşte". Părinţii care transmit acest mesaj îşi pot ocroti excesiv copiii şi feri de responsabilităţi. Ei se simt

lipsiți de valoare și fără sens dacă nu își mai pot exercita rolul de părinte, astfel încât încearcă să împiedice maturizarea copilului.

Această injuncție poate fi dată și de părinți care nu cresc nici ei la rândul lor, adică nu se maturizează, mesajul fiind „rămâi copil și haide să ne jucăm împreună". Adulții care poartă acest mesaj evită responsabilitățile, se poartă copilărește, caută persoane mai puternice care să îi conducă sau să își asume responsabilitatea pentru ei, au toleranță scăzută la frustrare și gestionează cu dificultate stresul.

5. *Nu reuși!* — un părinte poate transmite acest mesaj atunci când se simte amenințat de succesul propriului copil (în mod inconștient). Dacă copilul își depășește părintele îi amintește acestuia de nereușitele sale. Acest mesaj nu este transmis în mod direct, pentru că deși la nivel explicit părintele își încurajează copilul să aibă realizări, într-o manieră inconștientă de fapt nu își dorește ca acesta să aibă succes. Adulții care poartă acest mesaj se pot autosabota mai ales când sunt foarte aproape de a realiza ceva.

6. *Nu face nimic!* — părintele poate transmite copilului că există riscuri foarte mari în a face ceva. Indiferent despre ce ar fi vorba, mai bine să nu faci nimic decât să riști, să te expui pericolelor. Acest mesaj provine din temerile părintelui care este speriat ca nu cumva copilul să pățească ceva. Un adult care poartă acest mesaj ia cu greu decizii, obișnuiește să amâne, este extrem de precaut și nu își asumă riscuri. De asemenea oscilează între diferite moduri de a acționa, simțind că nu ajunge nicăieri.

7. *Nu fi important!* — acest mesaj poate fi transmis de un părinte care își respinge copilul sau îl neglijează sau de un părinte care poate intra în competiție cu copilul său. Un adult care poartă acest mesaj se poate desconsidera, preferă să stea în umbră, se simte neimportant, are tendința de a se supune autorității. Din punct de vedere profesional preferă pozițiile de subordonare și se poate autosabota atunci când are șanse de promovare.

8. *Nu aparține!* — acest mesaj poate fi transmis de părinți care au avut dificultăți de relaționare din punct de vedere social sau

de părinţi care repetă copilului că este diferit de alţii, fie în sens pozitiv, fie în sens negativ. Persoana se simte exclusă, izolată de colegi, de prieteni, de familie şi poate părea în ochii celorlalţi nesociabilă sau singuratică.

9. **Nu fi apropiat!** — un părinte poate transmite acest mesaj copilului prin faptul că nu prezintă predictibilitate şi previzibilitate — uneori este afectuos apoi se retrage, alteori este furios sau îl ignoră pe copil. Faptul că părintele reacţionează imprevizibil şi nu există constanţă îl determină pe copil să gândească că nu poate avea încredere în modul în care reacţionează oamenii atunci când doreşte să se apropie de ei. Aşadar, este mai bine să nu se apropie deloc. Un alt fel prin care se transmite acest mesaj este atunci când membrii familiei nu vorbesc niciodată despre sentimentele lor sau nu se obişnuieşte să fie apropiaţi fizic. Acest mesaj se poate traduce şi prin „să nu ai încredere în alţii", „să nu te apropii fizic de alţii". Adulţii care poartă acest mesaj pot simţi dificultăţi în a se apropia emoţional de alţii, în a primi afecţiune, în a-şi crea relaţii apropiate.

10. **Nu fi sănătos!** — un copil poate ajunge să îşi însuşească acest mesaj atunci când se simte neglijat de părinţii săi, iar modalitatea prin care reuşeşte să le atragă atenţia este să se îmbolnăvească. În mod indirect, părinţii i-au transmis „să nu fie sănătos", pentru că numai atunci primeşte atenţia şi afecţiunea de care are nevoie. Varianta „nu fi sănătos mental" este transmisă atunci când copilul se comportă „nebuneşte" pentru a atrage atenţia părinţilor. Mai târziu, în viaţa de adult, o persoană se poate ghida în continuare după acest mesaj şi poate folosi boala ca modalitate prin care atrage atenţia sau afecţiunea celorlalţi, dar o poate folosi şi ca pe un „instrument" de manipulare sau şantaj emoţional.

11. **Nu gândi!** — acest mesaj este transmis de părinţi care desconsideră capacităţile cognitive ale copiilor sau le subminează reuşitele — „ce mare lucru ai făcut?". Pot exista şi mesaje induse fetelor precum „nu trebuie să gândeşti prea mult, ci doar să arăţi bine". „Nu gândi" se poate traduce şi prin „ocupă-te de orice altceva mai puţin

de problema din fața ta". Un adult care are această injuncție se poate simți copleșit în fața problemelor ori poate să nu gândească cu propria lui minte, ci să preia de la cei din jur atitudini, păreri, valori ca și cum l-ar reprezenta.

12. *Nu simți!* — în general această injuncție este transmisă de părinți care au ei înșiși probleme în gestionarea emoțiilor sau în familii unde exprimarea sentimentelor nu este un lucru normal și obișnuit. De exemplu, un copil care este certat de fiecare dată când își exprimă furia poate învăța că nu este normal să simți furie ori să o exprimi. Băieții sunt învățați că nu este normal să plângă, așadar nu trebuie să simtă tristețe. „Nu simți" se poate referi și la „nu simți senzații fizice" — este o problemă dacă simți foame sau frig. Adulții care au preluat acest mesaj pot fi destul de deconectați din punct de vedere emoțional, nu sunt conștienți sau nu își acceptă emoțiile, pot dezvolta diverse tulburări (de exemplu mâncatul compulsiv sau dependența de diferite substanțe).

Așadar, fie pentru a ne proteja, fie pentru a ne simți acceptați, fie pentru a putea „supraviețui", am luat anumite decizii în mod inconștient care au reprezentat fundația devenirii noastre ulterioare. Învățăm, de asemenea, cum este bine să fim, ce atitudini și comportamente ne ajută să evităm pericole ori să obținem ceea ce avem nevoie.

Toate aceste tipare de comportament și maniere de a ne raporta la lume se întăresc cu trecerea timpului și ajungem să le purtăm după noi până la vârste înaintate, chiar dacă nu ne mai sunt benefice, ele reprezentând, de fapt, mecanisme de apărare formate în copilărie. De aceea este important să conștientizăm ce credințe și atitudini sunt funcționale și constructive și care dintre ele sunt responsabile de haosul sau drama din viața noastră, de experiențele negative care aparent ni se tot repetă și nu înțelegem de ce.

Mulţi dintre oameni trăiesc ca şi cum ar fi nişte copii captivi în corpuri de adulţi. Pentru că nu au reuşit să facă pace cu copilul lor interior rănit care are în continuare nevoie de afecţiune şi sprijin, pentru că încă nu au conştientizat că viaţa lor le aparţine şi pot oricând să se elibereze de credinţe şi oameni toxici, pentru că urmează nişe scenarii trasate de alţii şi aşteaptă să li se scrie cartea propriei vieţi, în loc de a-şi umple anii cu experienţele visate, a avea curaj de a privi în interior, a fi sinceri cu ei înşişi şi a fi deschişi spre schimbare.

Conştientizarea şi schimbarea credinţelor limitative reprezintă, astfel, unul dintre cei mai importanţi paşi în devenirea şi evoluţia noastră. Însă care sunt acele credinţe pe care ni le formăm în copilărie şi care ne ţin captivi în propria viaţă?

Indiferent ce aş face, nu sunt suficient de bun — multor copii li se spune fie în mod direct, fie în mod indirect, de către părinţii lor sau persoanele apropiate că nu sunt suficient de buni. Sunt comparaţi cu fraţii, cu colegii, cu vecinii, învăţând, astfel, că ei înşişi trebuie să se compare mereu cu alţii, simţindu-se inferiori sau superiori şi nereuşind să se simtă bine prin cine sunt. Li se impun standarde extrem de înalte şi sunt pedepsiţi atunci când nu le îndeplinesc.

În general, părinţii care nu au reuşit să-şi îndeplinească propriile visuri, le impun copiilor să facă ce nu au reuşit ei să realizeze. Li se atribuie un anumit rol în care ei trebuie să se încadreze, de exemplu, „copilul-pansament" (cel menit să salveze o căsnicie eşuată şi să aline singurătatea şi lipsa de afecţiune a partenerilor), „copilul-salvator" (cel care trebuie să-şi salveze părinţii de ei înşişi, adică să-i facă să uite de propriile frustrări şi neîmpliniri şi să le dea un sens în viaţă), „copilul de sacrificiu" (cel care a venit pe lume ca să corespundă aşteptărilor şi pretenţiilor egoiste ale părintelui, cel care trebuie să le satisfacă nevoile şi să-şi sacrifice viaţa şi dorinţele pentru ei, pentru a-i sluji), „copilul nedorit" (cel care ajunge să-şi simtă propria existenţă o greşeală, cel care nu poate să-şi mulţumească părinţii indiferent ce-ar face sau n-ar face, cel care dezvoltă într-o manieră patologică sentimente de vinovăție și de rușine), „copilul-ancoră" (cel care este crescut dependent de părinte, învățat să se simtă neajutorat și fragil, incapabil și neîncrezător în propriile forțe pentru a nu se putea desprinde vreodată de părinții care urmăresc, astfel, să evite activarea propriilor răni de abandon sau respingere; este copilul în care părinții se ancorează pentru a nu da ochii cu propria vulnerabilitate și fragilitate).

Toate aceste condiționări, roluri pe care copilul încearcă să le îndeplinească, standarde imposibil de atins prin lipsa lor de realism vor crea în mintea adultului de mâine un veșnic sentiment de nemulțumire de sine, o lipsă de autovalorizare, strădania de a face mai mult și mai bine pentru a merita să fie iubit (inclusiv sacrificii și compromisuri), pentru că simte că nu merită să fie iubit pentru valoarea sa intrinsecă, astfel încât trebuie să se lupte mereu și să demonstreze.

Le face pe plac altora, trecând peste nevoile și dorințele sale, își reprimă emoțiile, își dă uitării interesele și visurile sau este într-o cursă contracronometru cu sine însuși în care nu poate să stea locului nicio secundă, să se bucure de prezent; fuge de sine, se afundă în muncă, în alcool sau distracții de moment, în relații superficiale sau relații dramatice menite să îl țină ocupat în permanență.

Abuzul este normal — copiii care sunt crescuți într-un mediu agresiv, care sunt abuzați verbal, fizic, psihic, emoțional pot ajunge să perceapă aceste lucruri ca pe ceva normal. Abuzurile de orice tip blochează dezvoltarea normală și firească a unui copil și îi cauzează acestuia răni sau traume cu care adultul de mai târziu va fi nevoit să se lupte pentru a le depăși.

Atunci, când vorbim despre abuz emoțional, vorbim despre atitudinile și comportamentele repetitive ale unor părinți care îi anulează personalitatea copilului și care îl împiedică pe acesta să-și construiască o imagine de sine pozitivă. Aceste comportamente nu sunt ocazionale şi nu sunt nici „scăpări" nevinovate, ci devin nişte tipare dominante în viaţa copilului.

Părintele îşi abuzează emoţional copilul atunci când:

✓ îl jigneşte, îl devalorizează, se raportează la el ca şi cum ar fi o povară, un obstacol, un „accident";

✓ îl respinge şi îi induce ideea că el este cauza problemelor de viaţă sau de familie ale părintelui;

✓ îl ignoră, îl minimalizează, îl ridiculizează, îl neglijează, îl critică în permanenţă;

✓ îl terorizează ameninţându-l cu pedepse, cu alungarea sau cu părăsirea;

✓ îl foloseşte pe post de instrument pentru a-şi ţine „legat" partenerul.

Sunt părinţi care le repetă copiilor „mai bine nu te făceam", „nu eşti bun de nimic", „din cauza ta am renunţat la.../am renunţat să...", „nu eşti în stare să faci nimic cum trebuie"... Toate aceste mesaje vor fi preluate de copil şi transformate la nivel inconştient într-o poruncă de genul „Nu exista" sau „Nu reuşi în viaţă". Aceste imperative inconştiente se vor manifesta mai târziu în viaţa copilului prin acţiuni de autosabotare, prin comportamente autodistructive, prin manifestări în plan fizic a unor boli psihosomatice, iar adultul de mai târziu va căuta inconştient acele situaţii care să-i confirme acestuia faptul că „nu merită să existe" sau că, într-adevăr, nu poate reuşi în viaţă.

De exemplu, o fetiţă căreia i s-a spus că este incompetentă, că nu va reuşi în viaţă, căreia i-a fost distrusă încrederea în sine şi care a fost controlată de părinţi poate fi atrasă de un partener agresiv care să o domine (pe care din acest motiv îl percepe ca fiind puternic), deoarece acesta este tiparul de relaţionare cunoscut de ea. Atunci când este abuzată verbal poate să-i găsească scuze, spunând că „sunt doar vorbe, măcar nu mă bate", sau dacă este abuzată fizic poate să spună „a fost doar o scăpare, aşa e el, mai temperamental" sau „eu l-am provocat".

De asemenea, un copil este supus abuzului emoţional atunci când este nevoit să asiste la violenţele şi conflictele dintre părinţii săi. Dacă trăieşte într-un mediu unde părinţii lui se ceartă şi se abuzează frecvent îşi poate forma o părere distorsionată despre ce înseamnă o relaţie de cuplu, iubirea sau căsnicia. Poate copia modelul părintelui sau poate să ajungă să fugă de relaţii pentru că nu vrea să treacă şi el prin ce a văzut acasă.

De altfel, atunci când în familie există un mediu ostil de teamă şi chiar de teroare permanentă, când unul dintre soţi este mereu abuzat de celălalt, copilul va încerca să-şi apere părintele abuzat şi se va învinovăţi pentru că nu va reuşi să facă aceasta. Un copil mic nu gândeşte ca un adult şi nici nu resimte emoţiile în acelaşi fel. El se va considera vinovat pentru conflictele din familie din cauza unui atribut specific copilăriei şi anume omnipotenţa. Copilul gândeşte că este omnipotent şi conform logicii lui, el a făcut posibilă apariţia conflictelor, dramelor şi violenţelor dintre părinţii săi şi tot de el depinde rezolvarea acestora.

Supuşi abuzului emoţional sunt şi copiii ai căror părinţi sunt consumatori de droguri. Pe lângă faptul că aceştia îşi neglijează în permanenţă copiii, le şi induc o viziune distorsionată asupra realităţii. La fel ca şi în cazul abuzului fizic sau a celorlalte forme de abuz, copilul trăieşte sentimentul vinovăţiei pentru ceea ce se întâmplă.

Psihicul unui copil este extrem de fragil, iar lumea sa interioară poate fi tulburată cu uşurinţă. Copilul simte intens şi acordă o semnificaţie aparte celor mai banale aspecte deoarece îi este greu să filtreze ce i se întâmplă. „Înghite" totul „pe nemestecate" şi trăieşte exacerbat.

În cazul abuzului emoţional, răul făcut nu apare sub formă de cicatrici pe corp deoarece cicatricile sunt interne, însă pot fi mult mai dureroase decât oricare alte răni fizice. Copilul abuzat nu este neapărat conştient de acest lucru (trăind şi obişnuindu-se cu un mediu ostil în care este devalorizat în permanenţă ajunge să considere acest lucru ca fiind unul normal), însă nici abuzatorul nu este pe deplin conştient de consecinţele faptelor sale. În realitate, consecinţele abuzului emoţional sunt foarte grave şi poate mult mai greu de suportat decât cele ale altui tip de abuz — lipsă de încredere, sentimente de neputinţă, vinovăţie, teamă, ruşine... toate aceste trăiri pe care le purtăm după noi fără să ne dăm seama că ele sunt de multe ori doar o consecinţă a gândurilor noastre, a unor credinţe pe care ni le-am format şi le-am preluat fără „a le digera", credinţe care, multe dintre ele, încă ne dictează cine suntem şi ce ar trebui să facem.

Exemplele date mai sus sunt doar câteva din acele exemple care ne arată cum învăţăm să trăim într-o manieră care nu ne (mai) reprezintă neapărat. Însă, acum, puterea de a ne transforma gândirea şi viaţa este în mâinile noastre.

Renegocierea relaţiei cu părinţii
Este responsabilitatea copilului ajuns adult să-şi renegocieze relaţia cu părinţii săi. Nu mai trebuie să te supui capriciilor unor oameni care aleg să trăiască făcând compromisuri şi făcându-şi rău atât lor, cât şi celor din jur. Şi poate că, în momentul în care tu te schimbi, le vei da şi lor un exemplu despre cum poate să fie trăită viaţa: conştient, asumat, fără răutate şi răzbunare, cu înţelegere şi maturitate emoţională şi psihică.

Nu are niciun sens să faci compromisuri cu tine însuţi şi cu viaţa ta doar pentru că părinţii tăi sunt egoişti sau egocentrici şi vor ca tu să te supui nevoilor și capriciilor lor. Ei s-au „sacrificat" pentru tine deoarece s-au autoiluzionat că tu ești un instrument prin care ei vor putea să găsească fericirea și împlinirea pe care nu avut curaj să le caute prin ei înșiși. Este mult mai comod așa: și-au asumat propria nefericire și apoi au plasat-o pe umerii tăi, te-au împovărat și te-au făcut să te simți vinovat pentru ca tu, la rândul tău, să-ți sacrifici viața pentru ei. Nu este asta oare un gest extrem de egoist? Te-au adus pe lume ca să le servești intereselor, ca să fii sclavul capriciilor și nevoilor lor?

Eliberează-te de această povară și începe să gândești cu propria ta minte. Cu cel mai mare respect posibil, explică-le că nu contează ce vor ei de la tine ci, dacă te iubesc așa cum spun că o fac, cel mai important este ceea ce dorești tu să faci cu viața ta, indiferent dacă le convine sau nu, indiferent dacă este ceea ce doresc ei sau nu. Ei poate că se vor revolta, vor face crize, te vor amenința că „îi bagi în mormânt" și așa mai departe. Înfruntă cu calm aceste situații și spune-le că datoria lor de părinți este să te susțină și să te accepte necondiționat, indiferent de calea pe care tu o alegi în viață. Dacă pe tine te face fericit, așa ar trebui să se simtă și ei.

Repet, ei sunt egoiști atunci când îți cer să te sacrifici sau să faci compromisuri pentru ca ego-ul lor să fie satisfăcut. Ei aleg să-și facă singuri rău, prin expectanțele lor nerealiste și egocentrice și nu tu le cauzezi suferința. Tu doar trăiește așa cum simți, iar ei, dacă te iubesc cu adevărat, vor accepta mai devreme sau mai târziu că au greșit și se vor bucura pentru tine. Însă, dacă nu au capacitatea să facă acest lucru, înseamnă că s-au iubit mai mult pe ei și credințele lor limitative decât pe tine, copilul lor.

Da, în viață ai dreptul să te îndepărtezi de tot ceea ce-ți face rău, inclusiv de părinții tăi. După cum bine ai văzut, nu toți părinții se gândesc la binele copiilor lor, ci se gândesc la binele lor propriu. Au făcut diferite alegeri și au luat tot felul de decizii nefaste și apoi se așteaptă ca alții, în speță copilul lor, să-i recompenseze pentru greșelile lor. Însă asta nu este normal.

Orice adult trebuie să-și asume, mai devreme sau târziu, faptele sale și consecințele care decurg de aici. Iar în momentul în care tu nu-ți vei mai asuma responsabilitatea pentru fericirea părinților tăi, ei vor putea să înceapă să conștientizeze aceste lucruri și să caute o altă cale prin care să-și trăiască viața. Cu cât mai repede, cu atât mai bine pentru ei. Am avut și clienți de peste șaptezeci de ani cu care am lucrat la aspectele despre care discutam mai sus. Iar ei, după o perioadă scurtă de suferință — pentru că adevărul doare uneori — au găsit alte căi prin care să-și trăiască viața prin ei înșiși și să nu-și mai împovăreze copiii cu fericirea lor proprie.

Nu mai accepta să te supui dacă nu te simți bine în familia ta. Nu mai accepta abuzurile, lipsa de prețuire din partea oamenilor care ar fi normal să te iubească, că doar ești sânge din sângele lor.

Familia ar fi normal să fie locul în care te încarci cu energie pozitivă, unde te simți mereu în siguranță pentru că ești „acasă". Familie înseamnă acceptare (însă fără a tolera comportamente disfuncționale), iubire, respect, susținere, grijă, armonie, sprijin, toleranță, comunicare, responsabilitate. Familie nu înseamnă critici, control, dominare, reproșuri, ceartă, abuz psihic sau fizic, exploatare, pretenții, cerințe, manipulare sau șantaj emoțional, devalorizare, acuze, limitare sau constrângeri. O astfel de atmosferă nu înseamnă familie și ai dreptul să pleci oricând sau să te îndepărtezi de cei care se raportează în acest fel la tine.

Multe (dacă nu majoritatea) dintre problemele psihice ale oamenilor pornesc din familia de bază și apoi din familia nou constituită — pentru că oamenii au tendința să aleagă familiaritatea chiar și când pleacă dintr-o atmosferă nocivă. Astfel, din cauza valorilor nefaste, se propagă la nivel de societate diferite modele de familie disfuncțională sau toxică pe care oamenii le acceptă crezând că așa este „normal". Însă, dacă ne dorim să trăim într-o altfel de societate, este necesar să rescriem valorile sănătoase ale familiei și să ne îndepărtăm de cele greșite care pun în pericol sănătatea psihică și fizică a individului.

De fapt, rolul de părinte înseamnă să ofere protecție și siguranță copilului, să-l îndrume și să-l călăuzească fără să impună și să-i permită copilului să-și dezvolte propriul Eu și propria personalitate.

Adulții infantilizați și misiunea de părinte

Un părinte care își îndeplinește misiunea cu succes va avea încredere în progenitura sa și în destinul pe care și-l alege. Misiunea de părinte se desfășoară între vârsta de 0-18 (maxim 22) ani a copilului, iar apoi acest rol se încheie. Un părinte care și-a făcut treaba bine va avea încredere să-și lase copilul (ajuns adult acum) să pornească în viață și să-și găsească propria cale. Un părinte care a crescut un copil pe care îl vrea dependent de el îl va întreba și la treizeci de ani „ce ai mâncat?", „te-ai îmbrăcat bine astăzi? ai grijă să nu răcești!" etc. Acești adulți infantilizați sunt neîncrezători în propriile forțe, temători de a-și lua viața în propriile mâini ori a-și asuma cu adevărat niște responsabilități. Sunt oameni fragili, care nu riscă, nu vor să părăsească zona de confort, se simt de multe ori singuri și lipsiți de scop, ajung să-i învinovățească pe alții și, de multe ori, îmbrățișează statutul de victime neputincioase. Sentimentul de neputință le-a fost indus de propriii părinți care au preferat să-și aibă copiii cât mai aproape, cât mai dependenți de ei, cât mai ușor de controlat.

Cum și de ce se întâmplă asta? Există persoane care se definesc strict prin rolul de părinte. Poate că și-au dorit foarte mult un copil, poate că acel copil le-a oferit un sens şi un scop în viaţă, poate s-au agăţat de el pentru a supravieţui unei căsnicii nefericite, pentru a compensa lipsa de iubire şi înţelegere, sau poate că, pur şi simplu, au pus pe umerii copilului toate neîmplinirile şi temerile lor, căutând în acesta o salvare sau o alinare. Ca o paranteză, copilul este de multe ori un simptom al familiei, cel prin care se exprimă, într-un fel sau altul, problemele personale ale părinţilor. O mamă anxioasă îi va transmite copilului său propriile frici, îl va învăţa pe acesta să se teamă. Un tată imatur sau evitant care nu-şi asumă responsabilităţi îşi va învăţa copilul că nu trebuie neapărat „să creşti" pentru a deveni un om mare. Că poţi să rămâi copil o viaţă întreagă şi cine te place, te place şi-aşa.

Aşadar, dacă sentimentul de a te simţi important, sensul vieţii tale, valoarea ta umană, utilitatea ta depinde de acest rol de părinte, cu siguranţă vei face tot posibilul să-ţi joci rolul cât mai mult timp posibil. Însăşi identitatea ta este în joc.

Sunt părinţi care, efectiv, nu-şi doresc să aibă succes copilul lor, pentru că asta ar însemna că el a reuşit prin propriile forţe să realizeze ceva cu viaţa lui, înseamnă că a crescut, înseamnă că şi-a conturat o identitate şi un drum diferit de al lor. Înseamnă că nu mai are nevoie de mama şi de tata. Iar mama şi tata ce se fac dacă legătura de dependenţă dispare? Care mai este scopul lor acum? De asemenea, părinţii pot simţi invidie faţă de succesul copiilor deoarece aceştia au reuşit să realizeze mai multe în viaţă decât ei. Succesul lor le reaminteşte de propriul insucces, de oportunităţile ratate sau eşecurile suferite şi îi face să se simtă rău în propria piele.

Sunt părinţi care îi repetă, direct sau indirect copilului, că este fragil, neputincios, sensibil, că nu s-ar putea descurca singur, că mai bine să nu mai încerce decât să se facă de râs şi că ar fi mai bine pentru el dacă nu şi-ar asuma niciun risc. De preferat să stea în banca lui, pentru că dacă nu încerci, nu poți eșua. De fapt, teama este că va reuși.

În aceste condiții, este foarte puțin probabil ca acest copil să-și dorească să devină independent. Cu timpul chiar ajunge să se simtă incapabil, să dobândească o neajutorare învățată. Locuiește în continuare cu părinții, chiar și la treizeci de ani, iar aceștia sunt de acord ca el să nu-și aducă contribuția în niciun fel, chiar dacă a depășit de mult etapa copilăriei. În multe cazuri, îi tolerează și chiar îi întrețin viciile sau dependențele — „săracul de el, dar eu ce să-i fac?", „dacă mă împotrivesc, face urât, iese scandal." Da, iar el ajunge să facă urât, să facă scandal, pentru că știe că mama sau tata cedează până la urmă — „uite cât suferă, fac orice numai să nu îl mai văd așa". Copilul, la rândul său, manipulează.

Însă își dorește și o viață socială, deoarece timpul sau concediile petrecute împreună cu părinții par a nu mai fi de ajuns. Fie că vorbim despre situația când încă mai locuiește cu părinții, fie că vorbim despre situația când măcar dependența economică a luat sfârșit, a avea o viață socială sau o relație de cuplu devine o chestiune problematică. Toți prietenii săi sunt fie niște oameni care nu sunt suficient de buni pentru el, deci nedemni de a-i sta prin preajmă, fie niște pierde-vară care-i împuie capul cu fel și fel de prostii și idei, fie niște oameni răi și ipocriți care vor să profite de el. Cu cât cercul social este mai restrâns, cu atât „copilul" își dedică mai mult timp părinților, cu atât este mai ușor de controlat. În privința unui viitor partener, lucrurile se complică și mai mult pentru că acestuia ar trebui să îi dedice și mai mult timp și atenție decât unui simplu prieten.

Partenerul „copilului" este perceput ca fiind principalul inamic. Mai ales în cazul mamelor de băieți nu cred că este o noutate faptul că gelozia și posesivitatea materne își fac apariția. De ce se întâmplă asta? La nivel psihologic, inconștient, pentru mamă, băiatul ei este „bărbatul ideal". Nu are cum să nu-şi vadă copilul altfel decât un copil perfect, şi, fiind şi băiat, automat devine bărbatul perfect. Iar pentru un bărbat perfect, nicio femeie nu este suficient de bună, pentru că nicio femeie nu este perfectă, în afară de cea care i-a dat viaţă şi, cel mai probabil, s-a sacrificat pentru el. Nimeni nu-l poate iubi mai mult ca mama, nimeni nu-l poate cunoaşte mai bine ca mama, nimeni nu ştie mai bine ca ea de ce are el nevoie. Restul femeilor sunt mai mult sau mai puţin nişte profitoare, nişte egoiste, nişte interesate, nişte mofturoase, nişte nepricepute, nişte prefăcute.

Mama, simţindu-se ameninţată şi „rănită" de faptul că „puiul" nu îi mai acordă suficientă atenţie, că nu mai este ea pe primul loc, începe să recurgă la manipulare şi şantaj emoţional: „După câte am făcut eu pentru tine, nici măcar atâta lucru nu poţi face şi tu pentru mine?", „Nu mă gândeam că o să vină ziua când propriul meu copil o să-mi întoarcă spatele", „Cum adică nu ai timp? Dar ce ai de făcut?.... Şi eu ce mă fac?", „Lasă, că nu ştiţi voi. Tot părinţii ştiu mai bine. Ascultă la mine!"

În cazul în care „copilul" nu redefineşte relaţia cu părinţii, dacă nu stabileşte limite şi graniţe clare de interacţiune, dacă se lasă prins în capcana victimizărilor, relaţia de cuplu are toate şansele să se destrame, mai ales dacă între cei doi nu s-a creat încă o legătură intimă foarte strânsă. Sunt atâtea şi atâtea cazuri în care cupluri sau căsnicii au ajuns să se destrame pentru că soacra, socrul, tata, mama s-au amestecat în relaţia lor, iar „copiii" nu au fost suficient de fermi în a nu le mai permite asta.

Relaţiile de acest gen care, de fapt, iau forma unor jocuri psihologice bolnăvicioase sunt extrem de nocive pentru că, pe de-o parte întreţin dependenţa copilului de părinte, iar pe de altă parte dependenţa părintelui de copil. Părintele ajunge să-şi handicapeze copilul, pentru că nu vrea să-i dea drumul din cuib, pentru că-l fereşte de orice fel de responsabilități, pentru că-i întărește slăbiciunile, pentru că de fiecare dată când încearcă să-și ia viața în propriile mâini este tras înapoi, pentru că îl tratează ca pe o victimă neajutorată, ca pe un „prost" care habar n-are cine e, ce vrea, ce simte și ce gândește.

Copilul hrănește dependența emoțională a părintelui față de el pentru că refuză să ia hotărârea de a se rupe de cuib, pentru că se complace în zona de confort, pentru că cedează manipulărilor sau presiunilor parentale, pentru că întreține jocul în care fiecare este, pe rând, când victimă, când agresor. Dacă copilul refuză să mai facă pe plac părinților, devine un agresor, iar ei niște victime. Dacă părinții refuză să mai facă pe plac copilului, atunci ei sunt agresorii, iar el victima. Relația lor este lipsită de echilibru pentru că este, de fapt, o luptă pentru putere, o încercare prin care fiecare ar vrea să ia de la celălalt ce-i lipsește. Părintele are nevoie să se simtă important și util, cu prețul sănătății psihice și emoționale ale copilului. Mai bine să îngrijești un copil „bolnav", decât să nu ai pe cine îngriji. Copilul se revoltă și, din când în când, face „crize" pentru că este frustrant să vrei să fii liber, dar în același timp să-ți fie frică de libertate.

Un pui care nu a fost învățat să zboare va privi în jos din cuib cu frică și cu regret și se va întoarce resemnat către mamă să-l hrănească. Deși mamei îi va părea rău de el și îl va lua sub aripa sa, va gândi „măcar nu sunt singură".

Protejarea în exces a copiilor, în sensul în care părinții îi încurajează pe aceștia să nu-și asume responsabilități reprezintă, de fapt, un act profund egoist deoarece le întrețin dependențele, răpindu-le șansa la a avea o viață normală. Copiii, cărora nu li se permite să exploreze, să-și asume acțiunile și consecințele acestora, să se dezvolte social, emoțional, să se descopere pe sine, formându-și propria gândire, propriul sistem de valori, sunt adulții nesiguri de mâine, cei care trăiesc prin și pentru alții, cei care se supun, cei care nu suportă singurătatea și cei care, în final, se tem de viață.

După cum spuneam mai sus, misiunea de părinte ar trebui să se încheie atunci când copilul atinge maturitatea. În acel moment, dacă părintele nu-și schimbă atitudinea, copilul este cel care este dator să reașeze relația cu părinții săi pe alte considerente: dintr-o relație de tip părinte-copil să o transforme într-o relație de tip adult-adult. Acest tip de relație presupune respect mutual, comunicare bazată pe empatie, lipsa manipulării și a șantajului emoțional, validare și susținere reciprocă. Un părinte își va sprijini și iubi copilul în mod necondiționat, îl va susține și îl va încuraja să-și atingă visurile, fără să încerce să-l influențeze sau să-l manipuleze în vreun fel.

Să ajungi un adult de sine-stătător presupune să înveți să te bazezi pe forțele proprii, să înveți să ai încredere în tine și să-ți alegi propria cale în viață. Înseamnă să faci greșeli și să înveți din ele, să te întărești la fiecare pas și să mergi pe drumul tău unic, original și personal.

Niciun părinte nu știe mai bine decât „copilul" lui ce este mai bine pentru el, indiferent cât de mult își dorește să creadă asta. Doar tu, „copilule", poți să știi ce anume rezonează cu tine, cum anume vrei să-ți trăiești viața și să-ți asumi sută la sută responsabilitatea asupra existenței tale.

Misiunea de părinte este cea mai frumoasă din lume, însă în același timp este și cea mai grea. Sunt provocări la fiecare pas, etape de vârstă cu cerințe și necesități diferite, o adaptare continuă la un copil care se schimbă și evoluează constant. Părinții aduc pe lume o nouă viață și apoi au responsabilitatea de a crește o ființă echilibrată și armonioasă. Nu este întotdeauna ușor să fii părinte, însă și satisfacțiile sunt cu siguranță pe măsură.

Rolul unui părinte este de a-i asigura copilului său toate premisele ca să devină un adult de sine-stătător și autonom și îi felicit pe toți acei părinți care privesc astfel meseria de părinte.

„Meseria" de părinte nu ar trebui să presupună renunțarea la propria viață și trăirea prin intermediul copilului. Când acest lucru se întâmplă, de fapt, părintele încearcă să compenseze propria sa lipsă de sens, direcție în viață și putere pe care le resimte în legătură cu el însuși prin influența excesivă pe care o exercită asupra copilului său. Copilul devine doar o extensie a părintelui, iar părintele nu mai reușește să conștientizeze simbioza în care se află și nenumăratele proiecții pe care le face asupra copilului. Ceea ce nu a reușit să realizeze el în viață, își va dori ca propriul copil să facă și îl va ghida, iar uneori chiar îi va impune drumul pe care să meargă. Dacă părintele a făcut anumite greșeli sau a luat anumite hotărâri neinspirate, va face tot posibilul ca fiul sau fiica lui să nu repete aceste greșeli, uitând că fiecare om are un drum propriu în viață și că o acțiune socotită greșită de părinte poate să nu fie și greșeala unui copil, ci doar o experiență prin care acesta este necesar să treacă pentru a învăța și a-și creiona destinul în mod propriu și personal. Părinții uită că fiii și fiicele lor nu sunt copii trase la indigo și că nici viața lor nu va arăta la fel, chiar dacă, uneori, vor face aceleași greșeli.

Un copil este o altă ființă umană, nu mama sau tatăl în miniatură. Atunci când este mic, părintele are obligația de a-l îngriji și de a-i crea toate condițiile pentru o dezvoltare armonioasă pentru ca, pe măsură ce va crește, să-și poată dobândi independența și autonomia și să ajungă un adult funcțional și sănătos din toate punctele de vedere. În procesul creșterii și dezvoltării personale, copilul trebuie să învețe să-și asume responsabilitatea pentru ceea ce este, pentru cine vrea să devină și pentru acțiunile și deciziile sale. Încă de când este copilul mic, ar fi bine ca părintele să-i insufle acestuia simțul responsabilității, să-l ajute să devină conștient de sine, oferindu-i libertate, respect, ghidare și sprijin. A ține din scurt un copil în ideea de a-l proteja și a-i impune propria viziune asupra lumii și vieții pentru că „eu știu mai bine" îi va răpi acestuia șansa de a-și crea o identitate proprie și de a-și alege acțiunile. De ce? Pentru că la început copilul nu are această identitate proprie, așa că îi este foarte ușor unui părinte să-i furnizeze o „personalitate" prin a-i spune ce să facă, ce să gândească, ce să simtă, cum să se comporte, ce este bine și ce este rău, cum să se prefacă în fața altora și așa mai departe. Acest gen de părinți vor face orice pentru copilul lor, mai puțin să-i dea voie să fie el însuși. Atunci când va deveni adult, acest copil va resimți o neîmplinire, un gol în interiorul său, care este dat de faptul că el lipsește din propria sa viață.

Dacă ești părinte, cel mai bine ar fi să reziști tentației de a modela un om după dorințele, aspirațiile sau neîmplinirile tale egoiste și să te străduiești să-ți sprijini copilul să devină ceea ce dorește el. Doar așa îți vei fi îndeplinit cu adevărat misiunea de părinte și îi vei da șansa la fericire copilului tău.

CAPITOLUL III

INFLUENȚA SOCIETĂȚII

Cum ne influențează societatea în alegerea propriului drum în viață?

„Omul este un animal social", acesta este adevărul pe care este bine să-l acceptăm cu toții. Trăim printre semenii noștri și suntem interdependenți unii de ceilalți. Nu este nici sănătos și nici benefic ființei umane să trăiască în singurătate sau în izolare. Fiecare dintre noi își găsește un rol în societate, prin munca sa și, așa cum spunea Nietzsche „profesia este coloana vertebrală a omului".

Ne naștem într-o anumită familie, într-un anumit mediu social și cultural, într-o anumită regiune geografică, iar prin învățare socială ne formăm un anumit sistem de credințe, valori și atitudini în acord cu mediul și cultura de care aparținem. Suntem diferiți și unici, fără îndoială, însă nevoile de diferențiere, individuație, de afirmare, de autenticitate ne sunt comune tuturor. Chiar dacă influențele sociale își pun amprenta asupra noastră, într-o mai mică sau mai mare măsură, cu toții ne luptăm, într-un fel sau altul, să ne descoperim și să ne exprimăm Sinele nostru adevărat. Iar majoritatea luptelor se duc în interior, în tăcere. Poate de aici și întrebarea recurentă de pe buzele tuturor: „Cine sunt eu?". Pentru că suntem prea puțin măștile sociale cu care defilăm de-a lungul vieții noastre și, în același timp, suntem prea puțin noi înșine. Cine suntem cu adevărat?

Societatea ne învață că nu suntem suficient de buni așa cum suntem dacă nu corespundem standardelor sale. Erich Fromm spunea că, din punctul de vedere al unei societăți funcționale, o persoană poate fi numită normală sau sănătoasă dacă este capabilă să-și îndeplinească rolul social pe care l-a primit în această societate dată — să muncească în felul în care i se cere de societate și să participe la reproducerea societății, adică să-și întemeieze o familie. Din punctul de vedere al individului, sănătatea sau normalitatea reprezintă cele mai favorabile condiții ale dezvoltării și fericirii sale. Dacă structura unei societăți date ar fi în așa fel, încât să ofere condițiile optime pentru fericirea individuală, cele două puncte de vedere ar coincide. Așadar, cel care este mai puțin adaptat, mai puțin „normal", primește stigmatul de mai puțin valoros. Însă, adesea, cel normal din punctul de vedere al unei bune adaptări este mai puțin sănătos deoarece plătește prețul renunțării la propriul eu, pentru a deveni mai mult sau mai puțin persoana care crede el că ar trebui să fie. E posibil, astfel, să-și piardă toată spontaneitatea și individualitatea autentică.

În societatea actuală, a fi „normal" înseamnă a fi spălat pe creier de la o vârstă foarte fragedă timp de mai bine de doisprezece ani prin ceea ce numim „educație" sau școală; a lucra ca un sclav aproape toată viața pe un salariu de nimic și intrând în competiție cu alții pentru a-ți asigura supraviețuirea; a consuma încontinuu într-o manieră inconștientă tot felul de produse ca urmare a manipulării prin marketing, în tot acest timp dăunând planetei care ne susține și otrăvindu-ne organismele prin consumarea de alimente care duc la apariția bolilor; a te supune regulilor și a crede în dogme transmise de cei cu autoritate; a fi pasiv și lipsit de creativitate; a te suprima pe tine însuți în nenumărate feluri; a trăi în suferință și cu toate acestea a nu face nimic pentru a o depăși.

Dacă te gândești puțin, acest mod de a trăi nu este deloc în regulă, este chiar unul bolnav, însă este acceptat și considerat a fi sănătos de aproape toată lumea și, mai mult decât atât, răsplătit de societate. Acei oameni care reușesc cel mai bine să trăiască în acest fel sunt considerați a fi cei mai de succes, sunt cei mai respectați, pe când cei care sunt diferiți, mai conștienți și mai inteligenți, cei care-și doresc să urmeze o altă cale în viață, sunt ridiculizați și percepuți într-o manieră negativă ca și cum ar fi niște ciudați sau chiar „nebuni".

De mici am învățat că trebuie să fim într-un anumit fel pentru a fi acceptați de cei din jur; că trebuie să facem ori să nu facem anumite lucruri pentru a nu fi respinși, abandonați sau excluși. Nevoile noastre de integrare, acceptare, recunoaștere socială sau protecție ne împing către un conformism social automat. Ne este teamă de singurătate și izolare astfel încât preferăm să ne uniformizăm cu ceilalți. Cameleonul se protejează de pericole adoptând culoarea mediului său și tot așa noi căutăm o securitate temporară devenind la fel cu cei din mediul nostru, cu prețul pierderii propriului Eu.

Ne pierdem identitatea pentru că nu mai distingem între noi și ceilalți, între dorințele noastre și dorințele altora care ne sunt impuse. Credem că ce este bine pentru ceilalți, este bine și pentru noi, că drumul ales de alții este drumul pe care ar trebui să mergem și noi. Conformându-ne total, devenim cei care răspund automat cerințelor și așteptărilor celor din jur, nemaiexistând ca Eu distinct de ceilalți.

Ne este teamă să ne asumăm viața pe cont propriu, să riscăm, să pierdem zona de confort, însă devenim astfel și mai frământați de întrebări și neliniști. Deoarece conflictele interioare nu se sting, pentru că încă nu simțim că ne-am găsit calea, încă nu ne aparținem, încă nu ne-am luat destinul în propriile mâini. Ne simțim rătăciți printre acei „trebuie" și „se cuvine/nu se cuvine". Ne îndoim de noi, ne lipsește încrederea și căutăm să ne ancorăm și mai mult în exteriorul nostru pentru a găsi o alinare sau protecție. Ne creăm în acest mod identități false care pot fi susținute numai prin a continua să ne conformăm, a continua să ne lăsăm modelați de cei din jur. Exprimându-mă în alte cuvinte, este ca și cum nu am avea un Sine care să ne aparțină, un Sine în care să ne ancorăm, o structură interioară clară — nu știm cine suntem și ce ne dorim. De aceea, de multe ori, avem gânduri și acțiuni contradictorii.

Începem să ne trăim viața respectând o rețetă prestabilită, iar după câțiva pași dorim să dăm înapoi, ne răzgândim, pentru că simţim că ceva nu este în regulă cu această existenţă de tip copy/paste şi pentru că vocea noastră interioară nu ne mai dă pace. Apoi regretăm că ne-am răzgândit pentru că reacţiile celor din jur ne demoralizează, ne descurajează şi în acelaşi timp ne mustrăm pentru că nu am avut curajul de a merge înainte. Trăim într-o sfâşiere interioară. Avem o sclipire de autenticitate, însă oprobriul public ne face să ne îndoim din nou de noi înşine. Din acest motiv începem să credem că suntem „nebuni", greşiţi, inadecvaţi. Dezvoltăm complexe de inferioritate, ne blamăm, nu ne putem accepta aşa cum suntem, dorindu-ne şi încercând să fim altcineva. Deşi ne-am atins scopul de a fi acceptaţi de societate, în interior ne simţim goi, măcinaţi şi lipsiţi de sens. Suntem prinşi ca într-o capcană pentru că, dacă am acţiona diferit faţă de normele şi valorile celorlalţi, am pierde aprobarea şi recunoaşterea lor. Prin conformare dobândim într-o manieră nesănătoasă un simţ al identităţii, formându-ne un Eu fals şi definindu-ne în acord cu standardele altora.

„Pierderea eului şi înlocuirea lui cu un pseudo-eu lasă individul într-o accentuată stare de insecuritate. Este obsedat de îndoială deoarece, fiind în esenţă un reflex al aşteptărilor altora, şi-a pierdut într-o oarecare măsură identitatea. Pentru a învinge panica rezultată dintr-o asemenea pierdere a identităţii este silit să se conformeze, să-şi caute identitatea prin aprobarea şi recunoaşterea continuă de către alţii. Deoarece nu ştie cine este, vor şti cel puţin ceilalţi — dacă acţionează în funcţie de aşteptările lor; dacă ei ştiu, va şti şi el, doar cu condiţia să-i creadă pe cuvânt." (E. Fromm)

Mulţi oameni nu gândesc cu mintea lor proprie, ci îi lasă pe ceilalţi să gândească pentru ei. Se lasă influenţaţi de mentalitatea de turmă și nu pun sub semnul întrebării ceea ce alții le spun. Urmează fără să clipească ceea ce este considerată a fi calea „normala" în viață. Le este teamă să iasă din rând, însă, astfel, își pierd individualitatea, voința și capacitatea de a gândi critic. Se simt neajutorați pe cont propriu și devin din ce în ce mai dependenți de alții.

Dacă nu devenim conștienți de unicitatea noastră, dacă nu ne acceptăm așa cum suntem, ci ne rușinăm de faptul că nu ne încadrăm în anumite tipare, dacă nu învățăm să ne detașăm de părerile și așteptările altora, dacă nu încetăm să ne sacrificăm pentru a le face altora pe plac, nu vom putea fi cu adevărat fericiți, liberi și autentici. Care este scopul unei vieți trăite în suferință psihică, renunțări și compromisuri? Care este scopul să trăim așa cum o fac toți ceilalți, după niște rețete prestabilite? Dacă ne uităm în jur, vedem prea puțini oameni fericiți, prea puține familii cu adevărat împlinite și funcționale, care să le insufle copiilor valori și credințe sănătoase. Vedem multe compromisuri, sacrificii, renunțare, tristețe... Nu mai gândi și nu mai face nimic doar pentru că așa ți-au spus alții, ci chestionează totul!

Astfel că, odată ce ajungem la vârsta maturității și ne lansăm în viață, este bine să fim conștienți că purtăm cu noi un bagaj de credințe, atitudini și comportamente care pot să nu ne fie deloc folositoare. Este responsabilitatea fiecăruia dintre noi să trecem printr-un proces de autocunoaștere și de dezvoltare personală prin care să facem o evaluare a gândurilor, credințelor și tendințelor noastre de reacție și de comportament, să păstrăm ceea ce ne folosește și să renunțăm la tot ceea ce nu ne folosește. Fie că este vorba despre tradiții, despre ce ni s-a repetat că „trebuie" să facem, că „trebuie" să gândim, că „trebuie" să credem sau că este vorba despre tipare și scenarii de viață după care își trăiește majoritatea viața, renunță la tot ceea ce nu te reprezintă și nu rezonează cu tine.

Ce se întâmplă dacă nu-ți asumi acest demers?

✓ vei rămâne doar cu acele credinţe şi valori pe care ţi le-au insuflat cei care te-au crescut;

✓ vei fi limitat la a trăi o viaţă de tip copy/paste, lipsită de originalitatea şi autenticitatea care există ca potenţial în interiorul tău;

✓ vei repeta „greşelile" părinţilor tăi pentru că, trăind inconştient, vei avea tendinţa să rămâi loial scenariului de viaţă pe care l-ai văzut la ei;

✓ vei prelua comportamentele şi atitudinile celor care te-au crescut, iar ele te vor duce acolo unde i-au dus şi pe ei.

Prin îmbrăţişarea autenticităţii şi asumarea propriului drum în viaţă renunţăm la măştile sociale care ne înăbuşă Eul, nu mai trebuie să pretindem că suntem altcineva pentru a fi acceptaţi, ci ne arătăm aşa cum suntem fără a ne mai teme de judecăţile şi prejudecăţile celor din jur, fără „a le mai cere permisiunea" de a fi ori a ne comporta într-un fel anume. Nu ne acceptăm şi nu ne placem pe noi aşa cum suntem, însă vrem să fim acceptaţi şi plăcuţi de ceilalţi pentru ceea ce nu suntem. Cu ce ne ajută asta? În interiorul nostru ştim că trăim într-o minciună. Şi asta este, de fapt, problema.

Ne putem bucura de viaţă urmându-ne propria cale, trăind aşa cum simţim noi cu adevărat, în acord cu sinele nostru real. Însă, din păcate, nu sunt mulţi cei care reuşesc să privească lucrurile şi viaţa în afara programării la care au fost supuşi, cei care reuşesc să iasă din tiparele în care au trăit atât de mult timp. Dar, totuşi, există şi astfel de oameni, cei care încep să se trezească, cei care nu-şi mai trăiesc viaţa în funcţie de aşteptările celor din jur, de aşteptările societăţii, în funcţie de „aşa se face", „aşa trebuie", „asta e calea tradiţională".

Într-un fel, ai putea spune că aceşti oameni sunt cei care se răzvrătesc împotriva „normalităţii", cei care sunt sinceri atât cu ei cât şi cu ceilalţi, iar acesta poate fi cel mai dificil lucru pe care l-ar putea face. De ce? Pentru a-ţi susţine propriul adevăr în faţa celorlalţi ai nevoie de curaj deoarece este un lucru riscant să fii sincer într-o lume în care cei mai mulţi trăiesc în minciună. Ceilalţi ţi se vor împotrivi pentru că ai părăsit „turma", pentru că ai ales o cale non-tradiţională, te vei confrunta cu credinţele lor limitative şi vei avea de înfruntat multe dificultăţi, însă, pentru a depăşi toate acestea, va trebui să-ţi continui drumul fără a privi înapoi, să ai puterea să nu te laşi influenţat de negativismul din jurul tău.

Trebuie să fii pregătit pentru faptul că atunci, când conştientizezi că ceva nu este în regulă cu felul în care trăieşti, în care trăim cu toţii, şi te hotărăşti să-ţi recapeţi libertatea şi s-o iei pe o altă cale, este foarte posibil să te confrunţi cu nenumărate obstacole. Cei din jur şi mai ales apropiaţii, prietenii şi membrii familiei vor face tot posibilul să-ţi împiedice evoluţia, cu intenţia de a te „ajuta" să devii normal din nou, exact aşa cum sunt ei. În loc să te susţină în drumul tău şi să te încurajeze să-ţi dechizi aripile şi să zbori cât mai sus, te vor descuraja şi te vor trage după ei ca să suferiţi împreună.

Mulţi oameni care au avut curajul de a se răzvrăti împotriva „normalităţii" societăţii noastre bolnave nu au reuşit să facă faţă consecinţelor propriilor decizii şi acţiuni. Când nimeni nu-ţi acceptă unicitatea, când te simţi neînţeles şi când ceilalţi încearcă să te împiedice să-ţi exprimi autenticitatea sau când încearcă să te aducă la „normalitate", poţi cu uşurinţă să-ţi pierzi curajul şi să devii anxios şi nefericit. De aceea unele dintre cele mai mari minţi ale lumii s-au confruntat cu probleme psihice şi emoţionale serioase. Şi chiar dacă acum, după mult timp de la moartea lor, sunt recunoscute ca genii, când trăiau erau consideraţi „nebuni" sau ciudaţi.

Nu le mai permite celor care nu reprezintă un model pentru tine să te influenţeze, să te facă să te îndoieşti de tine sau să te manipuleze. Nu permite ca tu să fii o copie a unei societăţi bolnave care încă nu şi-a găsit calea către armonie. Îndrăzneşte să ieşi din tipare! Undeva în interior ştii şi tu că ai putea să-ţi trăieşti viaţa într-o manieră mult mai frumoasă. Și așa și este. Chiar dacă la început îți va fi greu și ți se va părea cel mai dificil lucru de obținut, este de fapt singurul lucru pentru care merită să depui tot efortul pentru că, altfel, care mai este scopul vieții dacă nu bucuria de a trăi? Ce rost are să-ți irosești întreaga viață doar pentru că alții ți-au spus cum ar trebui să trăiești?

Dacă-ți dorești să trăiești așa cum vrei tu, și nu așa cum se așteaptă ceilalți, trebuie să ai curajul de a fi puțin „nebun", nebun în acord cu standardele societății, să-ți asculți vocea interioară, să-ți urmezi chemarea și să nu te intereseze ce cred alții despre tine, să fii dispus să te confrunți cu greutăți fără a renunța la obiectivele tale și să faci tot posibilul să-ți transformi visurile în realitate. Indiferent cât de greu ți-ar fi, toată suferința îți va fi recompensată odată cu crearea unei vieți noi, o viață trăită în bucurie, împlinire și liniște interioară. În plus, suferința merge mână în mână cu schimbarea, așa că permite-i să te ghideze în transformarea ta!

Este absolut în regulă să trăiești o viață pe care alții n-o înțeleg. Ai dreptul să fii și să faci ceea ce îți dorești. Ai dreptul să nu trăiești după tiparele prestabilite de alții. Ai dreptul să nu te aliniezi scenariilor repetitive ale celor din jur. Ai dreptul să nu te intereseze prejudecățile, stereotipurile și credințele limitative ale oamenilor.

Nu e treaba nimănui cum îți trăiești tu viața și ce te face pe tine fericit. Iar dacă alții emit păreri și încearcă să te influențeze, să ai mereu în minte că o fac din frică, din comoditate și, de multe ori, pentru că au făcut compromisuri și au renunțat la autenticitatea lor, astfel că vor ca și tu să faci la fel.

Tot ceea ce nu este ca noi ne sperie. Rezistăm și ne luptăm cu noul. Este o mentalitate adânc înrădăcinată în mintea umană. Nu te lupta cu ea, dar nici n-o lăsa să te influențeze, ci trăiește-ți viața care te face fericit. Cu cât mai mulți oameni își vor da voie să fie altfel, cu atât mai repede va fi acceptată diversitatea şi va fi considerată noua „normalitate".

Influența grupului de apartenență şi a prietenilor

În capitolul anterior am vorbit despre influența părinților, una dintre cele mai puternice influențe care-şi pune amprenta asupra devenirii unui om, iar acum vorbim despre influența socială pe care poate că nu o simți atât de direct, dar care te afectează cu siguranță, aşa cum am expus mai sus. Prietenii tăi, şcoala, mass-media ş.a.m.d. reprezintă factori care te influențează pentru că ei sunt cei după care te ghidezi, înainte să începi să gândeşti cu mintea ta proprie, cum te invit eu să faci acum.

Undeva în adolescență ne formăm primul nostru grup de apartenență, de referință, primul grup de prieteni, în funcție de interesele noastre sau de personalitatea noastră. În liceu se stabileşte dacă faci parte dintre „dive", dintre „tocilari", dintre cei „cool", dintre cei care au părinți „bogați" etc. În această perioadă cu toții ne afiliem unui grup sau altuia şi ne revoltăm împotriva limitărilor impuse de familia din care provenim. Îți doreşti să fii acceptat şi să fii validat de prietenii tăi, aşa că adopți toate normele şi regulile grupului din care faci parte. Cea mai mare problemă a unui adolescent este să nu fie acceptat, să nu aparțină, să nu primească apreciere şi confirmare din partea grupului din care face parte. Facem ce fac toți prietenii noştri, considerăm că noi, cei din acest grup, „suntem cei mai tari" şi suntem dispuşi la multe compromisuri şi sacrificii doar ca să câştigăm respectul celor din jur. Este foarte greu să-l împiedici pe un adolescent să nu se raporteze la prietenii lui şi cu atât mai dificil dacă nu are părinți pe care să-i respecte şi cu care să aibă o legătură apropiată.

Dacă nu se mândreşte cu familia din care provine, dacă nu se simte acceptat şi iubit necondiționat acasă, dacă doreşte să scape dintr-un mediu pe care îl consideră toxic, un adolescent va fi foarte uşor acaparat şi atras de un mediu care îi oferă toate acestea. Un tânăr aflat la vârsta adolescenţei, când se află sub o presiune interioară (dată de hormoni şi de procesele care se desfăşoară în organismul lui) şi o presiune exterioară uriaşă, va lua decizii impulsive, reactive şi bazate pe o foame de aprobare enormă. În cazurile cele mai nefaste, poate să intre şi într-o „gaşcă" de infractori sau de persoane antisociale pentru că în aceste tipuri de micro-comunităţi el se simte valorizat, apreciat, simte că este important şi că are un loc pe care îl merită. Unele dintre aceste grupuri au anumite ritualuri de iniţiere, diferite „examene" pe care trebuie să le dea un aspirant la apartenenţa de un astfel de grup şi care pot să constea în diferite acte antisociale: furturi, jafuri sau consum de droguri şi de alcool — pentru că este „cool", tatuaje care să arate cât este el de „bărbat" şi aşa mai departe.

Poate chiar să nu mai fie interesat deloc de şcoală, deoarece, nu-i aşa, în mass-media sunt multe modele de „succes" care nu au respectat deloc regulile sociale şi cu toate acestea sunt promovate şi apreciate cumva. Trăim în timpuri şi într-o societate care promovează destul de mult non-valorile, astfel că un tânăr care şi-a simţit personalitatea oprimată toată copilăria lui va visa să ajungă repede „cineva". Nu contează cum. Iar dacă are şi o cantitate mare de agresivitate înmagazinată în interiorul său, din cauza metodelor educative ale părinţilor săi, a umilinţei pe care a suportat-o până în acel moment, dacă vrea să se răzbune (conştient sau inconştient) pe familia sa, un grup în care poate să se afirme este terenul propice pe care el să-şi construiască viitorul, aşa cum îşi imaginează în acel moment. A crescut, începe să-şi simtă forţa fizică şi psihică, i se repetă de către prietenii săi (care au un trecut similar) că nu mai trebuie să asculte de nimeni şi de nimic şi uite-aşa, pas cu pas, adoptă un sistem de valori la fel de nefast ca şi cel al familiei din care provine. Un astfel de adolescent este înghiţit de vârtejul existenţei, iar unii dintre ei sfârşesc în închisori sau cu dosare penale care le vor marca întreaga existenţă.

Un alt tip de grup de apartenență extrem de vizibil în acest moment în peisajul societății noastre este reprezentat de „copiii de bani gata". Majoritatea dintre ei au părinți care și-au făcut averile prin metode mai mult sau mai puțin ilicite și care i-au învățat pe copiii lor că doar banii contează în lumea în care trăim. Ei sunt cei mai aroganți adolescenți, au ultimul model de telefon, haine de firmă și cea mai tare mașină. Sunt pătrunși de propria lor importanță și de complexele de superioritate aferente. Profesorii nu îndrăznesc să le ceară prea mult, când ajung studenți își plătesc examenele, își petrec zilele în baruri și cluburi de „fițe" și îi desconsideră profund pe cei care nu sunt ca ei. Acești tineri au întregul sprijin al părinților ca să trăiască așa cum o fac, chiar li se spune „lasă că am muncit eu destul ca tu să trăiești bine". Sunt copii răsfățați, care nu știu că există limite și granițe, însă care atunci, când părinții lor nu vor mai fi sau nu vor mai avea cum să le susțină stilul de viață, se vor trezi lipsiți de orice abilitate de a munci și de a-și câștiga existența cinstit. Ca paranteză, nu este bine să ne răsfățăm copiii sau să le oferim excesiv de multă afecțiune pentru că îi învățăm să aibă expectanțe nerealiste în ceea ce privește viața. Nimeni nu-i va iubi sau nu-i va trata ca pe niște prinți și prințese, așa cum au făcut-o părinții, iar asta predispune la multe dezamăgiri, depresie și inadaptare relațională și socială.

Nu amintesc acum de acei copii care provin din familii modeste, dar cu valori sănătoase și care muncesc din greu pentru a-și câștiga un loc în societate, deoarece ei reprezintă, din păcate, minoritatea. Din nefericire, peisajul social și monden al societății actuale este prea puțin clădit pe valori și principii sănătoase. Însă trăiesc cu speranța că asta se va schimba în curând.

După ce depășim etapa adolescenței devenim mai selectivi în privința celor ce ne înconjoară și suntem capabili să dăm dovadă de intensitate și stabilitate sentimentală față de anumite persoane și, în același timp, de indiferență și „insensibilitate" față de alții. Cu alte cuvinte, în această perioadă avem deja prieteni „vechi" și prietenii care pot dura încă din copilărie sau adolescenţă şi, în acelaşi timp, ne creăm noi relaţii de prietenie, însă suntem mult mai atenţi atunci când alegem să ne apropiem de cineva.

Într-o relaţie de prietenie se poate întâmpla ca interesele celor două persoane să se schimbe, să evolueze diferit, să se confrunte cu evenimente de viaţă care să modifice dinamica şi natura relaţiei.

Există scenariul în care unul dintre ei „i-o ia înainte" celuilalt şi atunci cel care rămâne „în urmă" poate încerca să-l descurajeze, să-l critice, să-l tragă în jos sau să-l saboteze, inconştient sau conştient, pe celălalt, pentru că, prin comparaţie cu el, se va simţi mic şi „mai puţin bun", inconfortabil şi limitat şi va face tot posibilul să-l oprească pe celălalt din evoluţie. Şi face aceasta pentru că nu este dispus să recunoască şi să accepte la sine punctele slabe şi pentru că nici nu este dornic să facă vreo schimbare sau să depună vreun efort pentru a creşte şi el la rândul său. El îşi doreşte doar să menţină intactă starea de fapt a lucrurilor şi relaţia în sine care, oricum, inevitabil se schimbă atunci când celălalt descoperă interese şi pasiuni noi, se angajează în altfel de activităţi unde cunoaşte alţi oameni şi tot aşa. Pe de altă parte, evoluţia personală sau profesională implică timp dedicat atingerii obiectivelor propuse, energie direcţionată în anumite scopuri şi, drept urmare, mai puţin timp pentru prieteni, distracţii sau întâlniri. În această situaţie, prietenul despre care vorbim nu îţi este, de fapt, prieten. Pentru că un prieten adevărat nu te va descuraja niciodată şi nici nu-ţi va spune că visurile tale sunt imposibil de atins, din contră: se va bucura pentru fiecare pas pe care tu îl faci pe calea visurilor tale. Fereşte-te de oamenii care pretind că sunt „prietenii" tăi, însă te descurajează, te trag în jos, te critică sau doar se prefac că se bucură pentru binele tău.

Prietenii sunt familia pe care ne-o alegem singuri, iar impactul şi influenţa lor în viaţa noastră este majoră. La fel de bine prietenii te pot trage în jos, precum te pot ajuta să-ţi deschizi aripile şi să zbori.

Un prieten adevărat nu va interveni în viața ta să-ți dea sfaturi dacă nu i le ceri și nici nu va încerca să-și impună propria sa realitate și percepție asupra ta. Nu-ți va impune să fii sau să faci anumite lucruri doar pentru că așa consideră el că este bine. Îți va respecta capacitatea de a decide singur și de a te baza, în primul rând, pe forțele tale și va fi alături de tine fără să-ți reproșeze și fără să se aștepte la o recompensă. Te va ajuta pentru că așa va simți și nu te va face să te simți ca o povară pentru el. Va fi sincer cu tine, nu te va bârfi și nu va împărtăși nimănui confidențele tale. Nu va profita de tine, nu va lua de la tine fără să-ți dea înapoi.

Dacă îți dorești să fii prieten cu cineva, însă acea persoană nu simte la fel, nu are niciun rost să încerci să forțezi lucrurile. Dacă te va vrea în viața sa, va găsi și timpul și disponibilitatea necesare pentru asta, dacă nu, oricum nu are sens să cauți să-ți petreci timpul cu o persoană care nu este potrivită pentru tine, care nu te respectă, care încearcă să te manipuleze sau să profite de tine în vreun fel.

Uneori, oricât te străduiești, oamenii nu te vor plăcea. Te vor înțelege greșit deoarece vor interpreta tot ce spui și faci prin prisma propriilor idei preconcepute despre tine. Oamenii au filtre subiective și personale pe care le aplică asupra realității și denumesc ceea ce văd prin aceste filtre „adevăr". Nici nu-și pun problema că realitatea ar putea fi cu totul alta, ci își imaginează că „știu" și „văd" adevărul. Ca să te vadă pe tine așa cum ești, nu cum își imaginează ei că ești, ar fi necesar să-și dea jos filtrele și, fără idei preconcepute, proiecții sau așteptări, să-și dea voie să te cunoască. Dar asta este decizia lor personală, tu nu prea poți să influențezi acest proces dacă ei nu sunt dispuși să-și extindă percepția asupra realității. În consecință, până când ei nu decid că vor să te cunoască fără să te judece prin prisma a ceea ce-și imaginează ei că știu deja despre tine, tu nu poți să faci nimic. Orice demers de-al tău va fi interpretat în funcție de cât de mult corespunzi așteptărilor și ideilor lor preconcepute.

Când vezi că un om interpretează greşit ceea ce spui şi faci, dacă observi că orice demers de-al tău de a crea o relaţie pozitivă duce la neînţelegeri sau conflicte, dacă ceea ce spui este răstălmăcit şi folosit împotriva ta, încetează să te mai străduieşti. Acceptă faptul că oamenii te văd în funcţie de ceea ce-şi imaginează ei despre tine şi lasă-i să rămână cu proiecţiile lor. Alege-ţi relaţiile în funcţie de compatibilitate la nivel de valori şi credinţe, însoţeşte-te cu oamenii cu care îţi este uşor să relaţionezi şi cu care simţi că „vorbeşti aceeaşi limbă" şi nu-ţi mai pierde vremea cu cei care se încăpăţânează să te perceapă greşit. Timpul pe care îl pierzi încercând să demonstrezi cuiva că nu eşti aşa cum îşi imaginează poate fi investit în alte relaţii armonioase, frumoase şi evolutive pentru tine şi viaţa ta.

În plus, sunt mulţi oameni care, din lipsa unei viziuni pozitive sau creative asupra lumii, caută să iasă în evidenţă prin criticile pe care le fac celorlalţi şi prin scepticismul pe care îl au faţă de semenii lor sau faţă de viaţă. Aleg calea negativismului, a căutării de „nod în papură", atrag atenţia asupra acelui poate doar 1% care nu este ok şi neagă sau trec cu vederea restul. Ei îşi folosesc mintea ca să distrugă, ca să argumenteze de ce nu este ok ceva, se focalizează pe defecte, pe lipsuri şi nu sunt niciodată mulţumiţi sau satisfăcuţi. Pe chipul acestor oameni se poate citi această nemulţumire continuă, nu sunt plăcuţi la vedere, de multe ori au ochii îngustaţi şi buzele strânse şi transmit o energie negativă. Unii dintre ei au uitat să zâmbească, sunt mai mereu iritaţi sau supăraţi şi îmi imaginez cât de înnegurat trebuie să fie un astfel de om care ajunge la un moment dat să se înece efectiv cu propria „otravă". Cu timpul aceste persoane vor fi măcinate în interior de gândurile lor agresive, depresive şi „nihiliste" iar întreaga lor existenţă va fi un calvar creat de propria lor percepţie asupra lumii. Bolile sau accidentele nu vor întârzia nici ele să apară, fiind o consecinţă firească a unei astfel de vieţi.

Echilibru înseamnă să poţi să observi atât aspectele pozitive cât şi cele care mai pot fi îmbunătăţite, în niciun caz nu înseamnă să te focalizezi doar pe aspectele pozitive (și să trăiești într-o lume „roz") și nici să vezi întotdeauna doar ceea ce nu este ok la ceea ce te înconjoară. Tu îți creezi realitatea cu propriile tale gânduri, așa că străduiește-te să fii obiectiv, rațional și optimist dacă dorești să trăiești o existență echilibrată și cât mai apropiată de „adevăr".

Compromisurile pe care le facem în viața profesională

Mergem mai departe cu influența societății asupra tânărului care pornește în viață și cu compromisurile pe care este invitat să le facă ca să-și găsească un loc în tabloul general. Un punct important privește relațiile de muncă și compromisurile pe care oamenii le fac deseori în viața profesională. Poate că și tu te regăsești printre ei. Poate că la influența societății și a familiei tale ai ales o facultate sau o specializare pe care nu ți-ai dorit-o, te-ai angajat „temporar" însă acea slujbă temporară s-a dovedit a deveni permanentă. Te-ai lăsat furat de ritmul accelerat al vieții, prins în datorii și responsabilități, în oboseala și rutina care au pus stăpânire pe viața ta și ai uitat de visurile, pasiunile și dorințele tale. Poate că ai vrea să-ți dai demisia de la job-ul pe care ai ajuns să-l urăști atât de mult, poate că ai vrea să o iei pe altă cale, să începi din nou să studiezi, însă frica zilei de mâine și teama de necunoscut nu te lasă.

În interiorul tău știi că poți mai mult de atât, că ești suficient de capabil și talentat să poți să-ți transformi visurile în realitate și să îmbrățișezi acea activitate, meserie sau carieră pe care ți-o dorești, însă accepți ca șeful sau colegii să te trateze cu lipsă de respect, să profite de „bunătatea" și disponibilitatea ta, îți este teamă să spui ce te deranjează și să-ți ceri drepturile. Poate că preiei din sarcinile altor persoane, rămâi peste program, te dedici slujbei tale, însă nu te simți apreciat la adevărata ta valoare. Ești dezamăgit pentru că nu ți se recunosc meritele și îți spui că nu mai are niciun rost să investești atât de mult timp și energie în munca ta, că nu vei mai permite nimănui să-ți încalce limitele și granițele personale, să te tratezi cu lipsă de respect sau să profite de tine. Însă, de fiecare dată, scenariul se repetă. Observi că și data viitoare îți este greu să spui „nu", să renegociezi relația de muncă, să-ți faci vocea auzită. Și iar cedezi. E ca și cum te-ai învârti într-un cerc vicios.

Cu cât pleci mai mult capul și accepți să fii tratat incorect, cu cât permiți mai mult abuzurile și nedreptățile, cu atât mai mult acestea se vor amplifica. Lipsa de asertivitate, teama de a-ți face cunoscut punctul de vedere, acceptarea umilințelor — toate acestea îi determină pe cei care manifestă mai multă putere decât tine să devină și mai agresivi, și mai abuzivi. Atitudinea de victimă stârnește agresivitatea în ceilalți. Sigur, unii dintre oameni pot manifesta compasiune sau, mai bine zis, milă în astfel de situații, poate că vor dori să te protejeze cumva, însă nu aceasta este reacția întâlnită cel mai frecvent, mai ales în medii atât de competitive cum sunt cele din zilele noastre.

Relațiile cu cei din grupul de muncă pot deveni foarte tensionate tocmai din cauza competiției. Într-o societate în continuă mișcare, fiecare dintre noi își dorește să țină pasul cu schimbarea și să evolueze. Apar adesea probleme cu cei din jurul nostru pentru că suntem prea focalizați pe diferențele dintre noi și mai puțin pe asemănări, pe ce avem în comun, pentru că eșuăm în a înțelege ce-și doresc ceilalți și care sunt nevoile lor. Suntem mult prea focalizați pe a obține anumite avantaje personale și, în loc să colaborăm și să folosim în interes comun similitudinile dintre noi, putem ajunge să „călcăm" peste ceilalți, iar tensiunile, conflictele, frustrările — toate pot duce la diferite forme de abuz.

Atunci, când vorbim despre abuz, poate că ne imaginăm un copil care este devalorizat de către părinte sau un partener care-și impune dominarea asupra celuilalt, însă acest tip de abuz poate exista și la locul de muncă mai ales în condițiile în care există un dezechilibru al puterii între angajat și angajator, unde există competitivitate, invidie, gelozie.

Abuzul la locul de muncă poate include:

✓ folosirea de către un superior ierarhic sau un coleg a unui limbaj care are scopul de a te intimida sau umili;

✓ folosirea de remarci defăimătoare;

✓ șantaj, manipulare, control;

✓ favoritism sau tratament incorect — de exemplu, recompensarea altor persoane în detrimentul tău deși tu ai depus cea mai mare cantitate de efort pentru îndeplinirea sarcinilor;

✓ discriminare;

✓ atacul la persoană, atacarea credibilității, integrității sau competenței tale;

✓ acțiuni de sabotare a muncii;

✓ subestimarea muncii depuse sau însușirea nemeritată a rezultatelor muncii tale de către un coleg sau un superior ierarhic;

✓ senzația că ești urmărit sau observat la fiecare pas, fiecare mișcare, căutarea de nod în papură;

✓ criticare constantă și nejustificată;

✓ discreditare, ridiculizare, bârfă, împrăștierea de zvonuri, hărțuire, atac de față cu ceilalți colegi, insulte, țipete;

✓ cereri și pretenții nerezonabile care, dacă nu sunt îndeplinite, sunt urmate de amenințări cu concedierea sau pierderea anumitor beneficii;

✓ impunerea de a face diferite favoruri personale sau acțiuni care nu au legătură cu contextul muncii;

✓ ignorarea pentru lungi perioade de timp sau refuzul de a comunica fără ca măcar să cunoști motivul;

✓ excluderea socială;

✓ teama pentru propria siguranţă;
✓ violenţă fizică.

Primul lucru important de conştientizat este acela că fuga sau plecarea capului nu-ţi vor fi de niciun folos. Trebuie să înveţi să iei atitudine şi să nu le mai permiţi oamenilor să abuzeze de tine, să te trateze cu lipsă de respect; trebuie să-ţi cunoşti drepturile şi să le aperi pentru a te putea proteja de orice formă de abuz.

Pe lângă acest lucru, ţine minte că un abuzator va continua să se comporte în acelaşi fel cu tine dacă tu îi permiţi asta. Va gândi că te poate controla prin frică, că eşti mult prea temător ca să-i răspunzi în vreun fel, va profita de faptul că poate nu eşti dispus să-ţi pierzi locul de muncă, astfel încât va profita de pasivitatea ta, de lipsa ta de acţiune, comportamentele sale abuzive crescând pe zi ce trece. Însă, în momentul în care îşi dă seama că nu eşti genul de persoană care pur şi simplu stă şi acceptă orice „se aruncă" înspre ea, că eşti suficient de puternic să faci faţă atacurilor sale, există mari şanse să se retragă şi să înceteze acest gen de comportamente.

Nu te lăsa pradă fricii tale care îţi creează iluzia că nu ai ce face, că eşti lipsit de putere, că nu există soluţii. Dacă vrei să te poţi bucura de ceea ce faci, să poţi trăi o viaţă cât mai puţin stresantă, să evoluezi, să avansezi ori să-ţi atingi scopurile este necesar să adopţi atitudinea şi comportamentele unui om sigur pe el, încrezător în propriile capacităţi, conştient de abilităţile şi valoarea sa. Să nu mai permiţi nimănui să te trateze cu lipsă de respect, chiar dacă acel cineva ar avea o poziţie superioară ţie din punct de vedere ierarhic, mai ales atunci. Să arăţi că eşti un om capabil, asumat, integru şi pe care te poţi baza, un om căruia nu-i este frică să ia atitudine, care se respectă pe sine, este conştient de abilităţile sale, astfel încât nu permite nimănui să-l trateze altfel decât merită.

Dacă tu nu-ţi aperi drepturile, dacă tu nu te respecţi, dacă tu nu „lupţi" pentru tine şi pentru îndeplinirea obiectivelor şi visurilor tale, cine crezi că va face asta în locul tău? După cum spunea şi Erich Fromm, „problema existenţei nu poate fi rezolvată decât de fiecare pentru sine şi nu prin delegaţie". În orice situaţie te-ai afla, cu orice fel de probleme te-ai confrunta, asumă-ţi responsabilitatea şi caută activ soluţiile care să te ajute să depăşeşti momentele mai puţin luminoase ale vieţii tale. Eu am încredere că poţi şi că vei reuşi!

Influenţa societăţii în privinţa căsătoriei

Mai sus am vorbit despre compromisurile pe care suntem invitaţi deseori să le facem în viaţa profesională şi cum teama şi neîncrederea ne pot împinge chiar să devenim victime ale abuzurilor celor alături de care petrecem atât de mult timp zi de zi la job-ul nostru, iar acum vom continua cu un alt punct important şi anume căsătoria.

Mulţi oameni, înainte să apuce să se maturizeze din punct de vedere psihologic şi să-şi găsească calea în viaţă, se căsătoresc devreme şi deja trebuie să-şi asume niste responsabilităţi care îi împovărează şi le îngreunează dezvoltarea personală.

Dragilor, vă rog să nu cădeţi în capcana aceasta! Găsiţi-vă propria cale în viaţă, dezvoltaţi-vă personal şi profesional cât de mult puteţi, stabiliţi-vă visuri şi obiective personale cât mai înalte, doriţi-vă mult de la voi înşivă, daţi-vă timp să cunoaşteţi şi să relaţionaţi cu cât mai multe persoane de sex opus şi abia apoi, când aţi devenit cu adevărat conştienţi de voi înşivă, când v-aţi maturizat şi aţi găsit echilibrul în interiorul vostru, căutaţi-vă un partener cu care să rezonaţi şi care să vă desăvârşească fericirea. Unde vă grăbiţi? Uitaţi-vă în jurul vostru şi veţi vedea multă nefericire în căsnicii şi la cuplurile care s-au grăbit să se căsătorească şi să facă copii. Sunt trişti, blazaţi, apăsaţi și împovărați, trăiesc în conflicte, nemulțumire și frustrare și, cel mai trist, și-au pierdut bucuria de a trăi!

În timpurile în care trăim medicina a avansat foarte mult, așa că nu mai trebuie să vă fie teamă că nu veți mai putea să aveți urmași, dacă vă veți dori asta cu adevărat și veți dori să aduceți pe lume o ființă pe care să o creșteți ca pe un om echilibrat, independent și de sine stătător. Nu faceți copii cât timp încă voi înșivă sunteți niște copii în căutarea unei direcții în viață. Aduci pe lume un copil ca să-i oferi din preaplinul tău, din înțelepciunea și experiența ta de viață. Ai nevoie de foartă multă răbdare, înțelegere, acceptare și iubire necondiționată ca să poți crește o ființă umană sănătoasă. Cum ai putea să dăruiești toate acestea dacă tu însuți nu ești ok cu tine? Te-ai căsătorit, faci repede un copil la presiunea societății și a familiei și apoi stai la un job pe care-l urăști ca să-ți plătești ratele la bancă și să-ți crești copilul, stai într-o relație în care nu te mai regăsești doar pentru copil și pentru că, la un moment dat, în tinerețea ta, ți-ai asumat o responsabilitate pe care acum o resimți ca pe o povară greu de dus. Dacă nu este prea târziu pentru tine, mai gândește-te la pașii pe care urmează să-i faci. Nu te lăsa influențat de cei din jurul tău, de familia ta care nu a cunoscut cu adevărat fericirea, nu le permite prietenilor tăi să-ți decidă viața, nu mai asculta de niciuna din vocile din jurul tău, ci fii liber! Iar dacă deja trăiești în acel scenariu, nu-i nimic, poți oricând să ieși din el.

Trăiește așa cum îți dorești pentru că nu ai nicio obligație față de nimeni altcineva decât față de tine însuți (și față de copiii pe care i-ai adus pe lume). Nu-ți asuma poveri și nu te lăsa atras în capcanele celor din jurul tău.

Nu ai nicio obligație să urmezi scenariile celor din jurul tău, mai ales că, dacă te uiți bine, nici ei nu sunt fericiți cu ceea ce propovăduiesc. Caută-ți calea ta proprie, croiește-ți propriul tău drum, chiar de vei merge singur pe acel drum. Nu căuta aprobarea turmei și nu te strădui să faci parte din turmă. Nu duce la nimic măreț pentru tine asta. Descoperă-ți autenticitatea și ascultă-i chemarea! Descoperă-te pe tine, evoluează din toate punctele de vedere, descoperă-ți chemarea și valorific-o și abia apoi leagă-ți destinul de altcineva.

În țările mai avansate, căsătoria nici nu se mai întâmplă înainte de vârsta de treizeci și cinci-patruzeci de ani. Aici oamenii își dau voie să experimenteze viața în toate felurile posibile, trăiesc și gustă viața în orice fel își imaginează, investesc mult în ei înșiși și în visurile lor și abia apoi, dacă întâlnesc persoana potrivită și dacă aleg un trai în doi, iau decizia să-și unească destinele. La noi, oamenii se căsătoresc repede, se împovărează cu tot felul de responsabilități, apoi își îngroapă visurile și personalitatea și trăiesc o viață de renun-țări, frustrare și nefericire. Oare nu crezi că este timpul să facem o schimbare? Oare nu crezi că este timpul ca fiecare dintre noi să-și accepte propria sa unicitate, să-și aleagă destinul propriu și să nu se lase influențat de „gura lumii"?

Sunt modele de viață pentru tine cei din jurul tău, cei care-ți dau sfaturi și-ți spun cum ar trebui să-ți trăiești viața? Oh, dacă ai ști de câte ori am auzit ca răspuns la întrebarea „dacă ai putea să alegi altfel, ce ai face diferit cu viața ta?" răspunsul „nu m-aș fi căsătorit atât de devreme și nu aș fi făcut copii atât de repede…". Sunt sute de oameni cu care am lucrat și care se trezesc la un moment dat în viața lor că nu-și trăiesc propria existență, că nimic din ceea ce-i înconjoară nu-i bucură. Sunt căsătoriți, însă nu-și mai iubesc de mult partenerul, au rate împreună la bancă și nu se despart pentru că nu știu cum să procedeze în continuare, au copii care depind de ei dar care, în acest moment, cresc într-o atmosferă de coșmar din cauza faptului că părinții lor își detestă propria lor viață. Poate că tata are o amantă, poate mama are o relație extraconjugală cu colegul de la serviciu și copilul creşte între doi oameni care trăiesc într-un uriaş compromis, însă nu divorţează „de dragul copiilor", de „gura lumii" sau din motive materiale. Evident, fiecare dintre ei are nevoie să se simtă iubit, să-şi exprime sexualitatea într-un fel sau altul, iar dacă mariajul s-a transformat într-un iad, vor face un compromis ca să acopere un alt compromis. Nu există comportamente anormale, ci doar comportamente normale în condiţii anormale. Oare acesta să fie scopul vieţii lor? Să gestioneze un compromis cu alt compromis? Este oare asta o soluţie pentru a trăi? De asta ai venit tu pe lume, ca să te mulţumeşti cu compromisuri şi cu jumătăţi de măsură?

Toată ideea acestei cărţi este să te facă să înţelegi cât de nocive sunt compromisurile pe care tu alegi să le faci cu tine însuţi şi cu viaţa ta. Nu mai renunţa la tine, la ceea ce-ţi doreşti să faci şi să trăieşti, nu mai renunţa la visurile tale pentru nimeni şi pentru nimic. Chiar şi copilul tău va creşte mult mai sănătos din punct de vedere psihic dacă tu vei fi un model de verticalitate, echilibru, fericire şi bucurie de a trăi. Niciodată un compromis nu te va duce către ceva care să-ţi aducă împlinirea şi bucuria de a trăi.

Nu face compromisuri pentru părinţii tăi pentru că nu eşti responsabil de fericirea lor, nu face compromisuri pentru cei din jurul tău pentru că aşa spun valorile societăţii în care trăieşti, deoarece, nu-i aşa, „nu este semn de sănătate mintală să te adaptezi la o societate profund bolnavă", nu face compromisuri pentru oameni care nu reprezintă modele pentru tine şi pentru viaţa ta, ci caută-ţi întotdeauna adevărul tău propriu, calea ta, cea cu care rezonează fiinţa ta, chiar dacă eşti o minoritate reprezentată de o singură persoană. Oamenii care au schimbat istoria au mers întotdeauna pe cărări nebătătorite şi ei sunt acei oameni cărora le datorăm progresul umanităţii. Oare nu eşti şi tu unul dintre ei? Fii un model nou, un model al omului autonom, vertical, evoluat, care nu acceptă jumătăţi de măsură şi nu trăieşte într-o manieră ipocrită, de faţadă sau pentru

„gura lumii"! Vei avea tot respectul meu şi al altor oameni care au îndrăznit să trăiască doar în acord cu ceea ce le dicta conştiinţa lor.

Ridică capul din pământ şi trăieşte în aşa fel încât să fii mândru de tine şi de reflecţia ta din oglindă! Asta-i tot ce contează până la urmă. Imaginează-ţi că mergem mulţi ani înainte, până la momentul în care vei părăsi această lume... ce-ţi doreşti să laşi în urmă? Regrete, un lung şir de renunţări şi de compromisuri, o viaţă trăită de faţadă sau pentru aprobarea unor oameni pe care nici măcar nu i-ai plăcut sau o viaţă în care ţi-ai explorat toate posibilităţile şi ai trăit aşa cum ai vrut tu, în care tot ce a contat a fost să fii tu fericit şi împlinit de existenţa ta?

Fii un model, nu o copie a unei societăţi care încă nu şi-a găsit calea către armonie şi frumuseţea de a trăi! Moartea, destinaţia finală, este privită cu teamă doar de acei oameni care nu au ştiut să-şi trăiască viaţa. Pentru cei care au trăit în acord cu muzica lor interioară, moartea este ca un somn binemeritat după o călătorie minunată!

CAPITOLUL IV

INFLUENŢA PARTENERULUI

„Eu îmi văd de treaba mea şi tu îţi vezi de treaba ta.
Eu nu am venit în această lume ca să-ţi îndeplinesc aşteptările
şi tu nu eşti în această lume ca să mi le îndeplineşti pe ale mele.
Tu eşti tu şi eu sunt eu.
Şi dacă, din întâmplare, ne găsim unul pe celălalt este minunat,
Dacă nu, nu avem ce face.”

(F. Perls)

Ce este şi ce nu este iubirea?

Cum sună aceste cuvinte pentru tine? Sunt nişte sugestii care te eliberează sau le găseşti total contrare bunului simţ? Nu descriu relaţiile aşa cum le ştim noi, nu-i aşa? Unde sunt toate acele cuvinte care caracterizează în mod tradiţional relaţiile noastre, cum ar fi: „angajament”, „obligaţie”, „roluri”, „reguli”, „tu ar trebui să...”, „tu nu ar trebui să...”?

Nu ţi se pare ciudat câte datorii şi obligaţii implică relaţiile noastre apropiate? Câte pretenţii, aşteptări, nevoi şi dorinţe trebuie să satisfacem doar pentru că, la un moment dat, ne-am declarat iubirea? Trăim în vremuri în care fiecare om, dacă ar dori, ar putea să-şi asigure singur supravieţuirea şi nu numai, însă, cu toate acestea, ne comportăm de parcă am fi cu toţii nişte fiinţe neajutorate care abia aşteaptă să-l înlănţuie pe un altul şi să-l împovăreze cu diferite nevoi şi aşteptări. În numele iubirii, bineînţeles.

Este foarte interesant cum iubirea și afecțiunea sunt înțelese ca datorie, obligații, satisfacerea nevoilor celuilalt. Când cineva spune că te iubește, atunci trebuie să facă ce vrei tu. Dacă nu face ce-i ceri, înseamnă că nu te iubește și de aici apar drama, inducerea sentimentelor de vinovăție, amenințările, manipularea, răzbunarea... Mai putem vorbi de iubire aici? Sau este vorba doar despre egoism, egocentrism, nesimțire, pretenții, dorințe, așteptări, nevoi?

Nu, nimic din toate acestea nu este iubire. Iubirea este un sentiment care nu implică obligații, ci doar dorința de a dărui, atât cât simți. Iubirea nu este compatibilă cu dependența și cu îngrădirea libertății, însă unii oameni nu pot înțelege „despre ce libertate e vorba când există o căsnicie". Se comportă ca și cum partenerul le-ar fi o proprietate privată pe care trebuie s-o păzească de „intruși", se transformă în paznici unul pentru celălalt și își imaginează că, odată ce s-au căsătorit, gata cu libertatea de a fi tu însuți, de a-ți urma visurile, de a avea timp și spațiu personal. Astfel, singura responsabilitate este cea față de familie (chiar și când nu există copii), adică de a munci pentru bunul mers al familiei și de a te preocupa de fericirea celuilalt. Dacă soțul nu este fericit când soția are hobby-uri care nu-l includ și pe el, ea trebuie să renunțe la ele. Dacă soției nu-i convine ca soțul să mai aibă și alte interese în afară de serviciu și casă, soțul trebuie să renunțe la ele. Orice hobby, preocupare, interes sau dorință ar avea un partener, dacă nu-l include și pe celălalt, trebuie descurajată și anulată pentru că reprezintă un pericol la adresa familiei. Facem totul împreună sau nu mai facem nimic. Fiecare se simte îndreptățit să-l controleze pe celălalt, să dețină autoritatea absolută, să-și manifeste posesivitatea. Se cronometrează unul pe altul cât timp le ia să ajungă de la serviciu până acasă, iar dacă apar întârzieri, se declanșează scandalul și se acuză reciproc de trădare.

Credem că doar printr-un control strict ne putem asigura că partenerul va rămâne lângă noi. Astfel de relații se construiesc pe neîncredere şi frică şi nu pe iubire. În astfel de relaţii sentimentul de a fi prizonier în închisoare este mai mereu prezent. Astfel de cupluri nu evoluează, iar tristeţea, depresia, anxietatea, suferinţa psihică şi boala fizică apar frecvent. Ca să nu mai vorbim de consum de alcool sau alte dependenţe.

Ne dorim să-l modelăm pe celălalt, astfel încât să ne corespundă pretenţiilor şi aşteptărilor. Există cazuri când, chiar dacă la început, vreo câteva luni, este minunat, cu timpul totul se transformă într-o suferinţă continuă, într-o luptă pentru putere şi dominare în care fiecare încearcă să-l schimbe pe celălalt pentru a simţi ce au simţit la început. Însă, din lupta aceasta, fericirea nu are cum să mai apară. Ci doar victime, înfrângeri, frustrare. Apoi tristeţe, depresie, boală. Cu cât mai mult investeşti, cu atât mai ataşat devii de investiţia ta şi, ca la jocurile de noroc, continui să dai în speranţa că-ţi vei recupera investiţia. Ceea ce se întâmplă este că pierzi din ce în ce mai mult până rămâi cu goluri imense.

Din teama de a pierde se instaurează controlul, posesivitatea, gelozia, în speranţa că poate, cumva, reapare fericirea. Doar nu ai răbdat atât degeaba. Războiul continuă, suferinţa este mereu prezentă, însoţite de autoamăgire, speranţe deşarte, iluzii.

Avem aşteptarea şi pretenţia ca, odată ce un om a declarat la un moment dat că ne iubeşte, să facă orice, chiar şi să renunţe la sine pentru a ne satisface nouă dorinţele. Şi nu, asta nu este egoism, aşa este normal. Îl legăm cu lanţuri, îl posedăm şi-l controlăm, semnăm contracte şi nu cumva să-şi dorească altceva, că trecem la represalii. Nu ne interesează că astăzi îşi doreşte altceva, să termine cu prostiile şi să facă cum vrem noi. Nu, evident asta nu este egoism, ci firescul unei relaţii.

Toate acestea se întâmplă pentru că ne raportăm greşit la ideea de relaţii de orice fel. Uităm că fiecare dintre noi a venit singur pe lume și va pleca tot singur de aici, iar între timp are dreptul să aleagă cât, când și cum interacționează cu oricine. Dacă fiecare dintre noi am înțelege odată pentru totdeauna că suntem singurii responsabili de bunăstarea, împlinirea și fericirea noastră, nu am mai căuta alți oameni pe care să-i legăm cu lanțuri de noi.

Iubirea adevărată înseamnă libertate. Iubirea adevărată înseamnă și încredere în sine că în fiecare zi partenerul tău te va alege tot pe tine ca să-i fii alături. Că vine acasă pentru că-și dorește asta și nu pentru că-l stresezi cu telefoane, mesaje, amenințări și alte forme de manipulare și șantaj emoțional. Fără încredere nu poate fi vorba de iubire, ci de cu totul altceva — dependență, egoism, egocentrism, nevoie de control, nesiguranță de sine, teamă de abandon ș.a.m.d.

Iubirea adevărată înseamnă încredere în celălalt deoarece atunci când ai încredere într-un om demonstrezi două lucruri esențiale:

✓ că orice ar decide să facă cu viața sa și orice alegere va face, tu îl iubești suficient de mult încât să-i oferi libertate și să respecți calea pe care merge;

✓ tu iubești și te bucuri să dăruiești iubire, fără să fii dependent, fără să fii egoist, fără să încerci să-i limitezi libertatea, ființa și viața doar ca să-ți corespundă ție și nevoilor tale.

Nimeni nu are dreptul să-ți ceară ceva în numele „iubirii". Nu trebuie să-ți demonstrezi iubirea prin compromisurile și sacrificiile pe care ți le cere cineva. Dacă există iubire și ea este reciprocă, te simți acceptat așa cum ești. Respecți și îți sunt respectate limitele și granițele. Chiar și când iubești ai dreptul să spui „nu", dacă asta simți să faci, iar celălalt, tocmai pentru că te iubește, acceptă asta.

Când cineva se supără pentru că nu alegi să-ți demonstrezi „iubirea" așa cum îți cere, o face deoarece ai refuzat să-i satisfaci egoismul. Însăşi supărarea sau criza pe care o face este o dovadă că nu eşti iubit pentru ceea ce eşti, ci doar folosit în scopuri personale. Înţelegi despre ce este vorba? Dacă nu faci ceva pentru cineva şi acea persoană se supără, o face pentru că nu te iubeşte, nu te respectă şi te tratează ca pe un obiect al cărui scop este satisfacerea propriilor nevoi. Hai să nu mai confundăm iubirea cu înlănţuirea altei fiinţe. Suntem oameni liberi şi nu sclavii altora. Ne-am născut pentru a ne căuta fericirea şi pentru a ne bucura de viaţă. Dacă am făcut la un moment dat o alegere care s-a transformat într-un calvar, când suntem doar un obiect, un sclav împovărat de datoriile pe care le are faţă de un alt om, avem tot dreptul să ne răzgândim şi să ieşim din acea situaţie. Indiferent ce spun alţii, indiferent de consecinţe.

Din majoritatea relaţiilor de cuplu bazate pe simbioză, dependenţă, teamă, posesivitate lipseşte încrederea. Nici nu poate fi vorba de iubire în aceste cazuri pentru că iubirea are nevoie de libertate ca să poată înflori.

În astfel de situaţii partenerii rămân prinşi în „siguranţa" oferită de o relaţie de care sunt dependenţi, refuzându-şi dorinţa de a-şi urma visurile sau de a experimenta viaţa cu tot ce are ea să ofere. Nu pentru că nu-şi doresc, ci pentru că le este frică de ceea ce ar putea pierde. Îşi dezvoltă o lume interioară bogată, petrec mult timp în visare, dar în viaţa de zi cu zi fac doar ce trebuie. Sunt cuminţi, la locul lor, dar în interiorul lor ard dorinţe nesatisfăcute. În timp devin din ce în ce mai trişti, mai deprimaţi, mai frustraţi, mai labili din punct de vedere emoţional. Dezvoltă chiar resentimente sau sentimente de ură faţă de partenerul de care sunt dependenţi. Îl percep pe acesta ca pe paznicul închisorii în care stau. Însă, cu toate că simt ceea ce simt, nu au curaj să-şi urmeze vocea interioară.

Prinşi între dorinţa de siguranţă şi visurile lor interioare neîmplinite îşi trăiesc viaţa în renunţare, compromis şi blazare. Şi-ar dori să zboare, însă le este teamă de incertitudinea dată de necunoscut, așa că-și leagă aripile și continuă să existe, nu să trăiască cu adevărat.

Oare cum s-ar schimba realitatea din majoritatea relațiilor de cuplu dacă am înțelege că o relație în care nu există libertate este o închisoare în care ne ținem prizonieri unul pe celălalt și pentru care plătim în tot acest timp cu prețul vieții noastre?

Dacă am înțelege că nimeni nu pleacă de lângă un partener care îl respectă, care înțelege că libertatea de a fi tu însuți este cea mai importantă într-o relație, care te încurajează să-ți urmezi visurile și să te simți împlinit pe toate palierele existenței tale.

Dintr-o închisoare, mai devreme sau mai târziu, suntem tentați să evadăm. Iar într-o închisoare iubirea se ofilește și moare sau se transformă în resentimente și ură. Și când omul atinge limita suportabilității, pleacă oricum — divorțează sau pleacă emoțional din relație și se naște acea tristă singurătate în doi.

Intrăm într-o relație pentru că se presupune că-l iubim și-l dorim pe partener. Ne căsătorim pentru că simțim că rezonăm cu un alt om, că ne dăruim reciproc atenție, afecțiune, împlinire sexuală, că evoluăm și creștem împreună pe toate planurile. Asta ar fi normal să căutăm în relațiile noastre, nu închisori care ne limitează, ne îmbolnăvesc și ne distrug viața.

Sunt cazuri în care abuzurile psihice, fizice și sexuale sunt considerate ca fiind „normale", ca făcând parte din ceea ce înseamnă comportament acceptat în familie. Sunt cazuri în care tulburările psihice și de comportament ale unuia dintre soți sunt tolerate și îndurate, fără a se căuta soluții sau depășirea lor. Violul, bătaia, jignirile, consumul de alcool fac parte din ceea ce înseamnă „normalitatea" în familie. Nu ai voie să te plângi, trebuie să înduri — asta îți spun apropiații. Nu ai voie să divorțezi că te faci de rușine. Indiferent cât de rău îți merge, trebuie să pozezi că ai o familie fericită și să menții aparențele. Oricât de rău ar fi, nu ai voie să destrami o familie. Singurătatea este mult mai rea decât să accepți violurile, bătaia și altfel de abuzuri. Dacă vrei să pleci, trebuie să te simți vinovat și rușinat că ai astfel de gânduri. Câte credințe stupide...

Și nu, nu vorbesc despre o realitate rarisimă, care nu mai există decât în cazuri izolate, ci vorbesc despre foarte multe familii în care toată mizeria este ascunsă și îndurată. Vieți distruse, boală fizică și psihică și toate acestea doar pentru a păstra niște aparențe — care folosesc cui mai exact? Le arăți altora că este ok să trăiești așa?

Nu, o familie nu trebuie menținută cu orice preț. Familia ar fi normal să fie un spațiu în care să te simți bine, în siguranță, iubit, apreciat, susținut și acceptat. Partenerul de viață ar fi normal să te prețuiască, să te admire, să-ți dorească binele și să-ți aducă un plus pozitiv. Altfel, ce sens are?

Când simți că nu-ți mai dorești să stai într-o relație, pleacă. Dacă nu-ți mai iubești și nu-ți dorești partenerul, pleacă. Nu te lăsa folosit, abuzat, tratat cu lipsă de considerație și respect. Eliberează-te de povară și caută-ți fericirea. Alege să pui punct acelei relații. Orice are un început, are un cuprins și o încheiere, iar felul în care se încheie ceva depinde de calitatea cuprinsului. Când vorbim de relațiile de cuplu, felul în care se sfârșesc ele este o oglindă a ceea ce s-a întâmplat între cei doi cât timp a durat relația. În cuplurile care se fundamentează pe teama de a nu fi singur, pe dependență, pe anulare de sine, pe manipulare și șantaj emoțional este mai mereu conflict și război care-i secătuiesc pe parteneri, îi îmbolnăvesc și îi fac adeseori să simtă disperare. Pentru că, oricât lasă de la ei, bucuria de a fi împreună nu apare. Pentru că, oricâtă presiune pun pe partener, nu se simt iubiţi.

Foarte puţine cupluri ajung să se despartă într-o manieră civilizată, cele mai multe sfârşindu-se în suferinţă, ameninţări, manipulare şi şantaj emoţional. De ce se ajunge aici? Unul dintre principalele motive este că ne gestionăm relaţiile într-o manieră defectuoasă. Avem aşteptări, pretenţii, dorim să-l schimbăm pe celălalt, credem că deţinem controlul asupra vieţii sale şi, de aceea, consumăm relaţia prin certuri şi conflicte. Uneori ne pierdem într-o spirală a răzbunărilor reciproce, ca pe un teren de luptă. Unul dintre cei doi îşi epuizează primul resursele şi nu mai doreşte să continue relaţia care a devenit de mult toxică şi vrea să plece. Însă pentru celălalt, pentru că între timp s-au acumulat atât de multă ură şi resentimente, s-a investit multă energie în ciclul ceartă-împăcare, despărţirea ar însemna o pierdere. O investiţie care nu mai poate fi recuperată.

Aşa că, pus în faţa unei despărţiri iminente, nu vrea să renunţe, aşadar apelează la diferite metode prin care încearcă să împiedice asta. Face diferite promisiuni spunându-ţi că se va schimba. Aceste promisiuni provin din teamă sau disperare, însă nu sunt autentice. Scopul lor este să te facă să te răzgândeşti, să te întorci din drum, neputând fiind însă susţinute pe termen lung, decât până când persoana respectivă simte că pericolul despărţirii a trecut. Apoi relaţionarea revine la ce a fost înainte ori se înrăutăţeşte. Odată ce un om vede că a reuşit să te facă să te răzgândeşti, va şti că te poate manipula şi şantaja emoţional, deci te poate controla.

Se foloseşte de lacrimi, victimizare, rugăminţi şi afirmaţii de genul „fac orice, doar mai dă-mi o şansă", „acum ştiu unde am greşit, nu mai fac". Acestea sunt, în 99% din cazuri, izvorâte din frica de a nu pierde nişte avantaje. Oamenii spun şi fac orice până când văd că sunt din nou în siguranţă, că au obţinut ce şi-au dorit, iar apoi alunecă înapoi în felul lor obișnuit de a fi. Mai ales dacă istoria se tot repetă și ai dat deja „n" șanse.

Dacă aceste strategii nu funcționează, persoana recurge la amenințare: că își ia viața, că nu-i va permite celuilalt să fie cu altcineva. Dacă este vorba de o căsnicie, apelează la avocați ca să se asigure că-l va lovi cât de mult se poate pe fostul partener.

„Dacă nu ai vrut să mă faci fericit, dacă nu ai vrut să te supui, nu te voi lăsa să fii sau să faci fericit pe altcineva." Cu siguranță este vorba despre foarte mult egoism aici. Și, surprinzător, cu toate că nici partenerul părăsit nu se simțea deloc bine în relație, nu-și dorește să-și dea o altă șansă și să-l elibereze și pe celălalt. Mai bine să fim nefericiți amândoi decât ca, doamne-ferește, să fii tu fericit cu altcineva.

Oamenilor nu le place să renunțe sau să piardă nici măcar ceea ce nu le mai folosește. Preferă să se chinuie decât să treacă printr-o schimbare care le aduce ceva nou în viață. Chiar dacă suferă mai mult decât se bucură, preferă să rămână. Chiar dacă simt că se luptă cu morile de vânt, că orice fac sau spun nu se schimbă nimic, preferă să rămână. Chiar dacă se hrănesc cu iluzii și se amăgesc, preferă să rămână. Chiar dacă le-a dispărut bucuria de a trăi, preferă să rămână. Continuă o relație doar pentru că a fost frumos cândva și, cu toate că nu mai este de mult, ei tot speră să revină la ceea ce a fost atunci, chiar dacă în adâncul lor știu că nu se mai poate.

Multă suferință inutilă ar putea fi evitată dacă în timpul relației nu ne-am simți îndreptățiți să ne purtăm oricum cu partenerul nostru, dacă am fi atenți la semnalele pe care le primim, dacă am învăța să comunicăm și să ne respectăm partenerul. Dacă am înțelege niște chestiuni elementare precum:

✓ nimeni nu ne datorează nimic;

✓ omul are dreptul să stea într-o relație atât cât se simte bine;

✓ dacă ne păstrăm mereu autonomia și nu devenim dependenți de cineva putem să ne despărțim în mod civilizat atunci când relația nu mai are motive pentru a continua;

✓ nu are niciun sens să punem o relație mai presus de noi înșine, mai ales atunci când asta înseamnă să renunțăm la autenticitatea noastră sau să facem compromisuri și sacrificii.

Astfel, dacă relația își consumă resursele și unul sau amândoi partenerii își doresc s-o încheie, o vor face într-o manieră civilizată.

De ce acceptăm compromisurile în loc de a ne elibera?

De ce ajungem atât de frecvent să acceptăm în relațiile noastre diferite tipuri de compromisuri care, pe termen lung, ne duc către pierderea personalității noastre? Deoarece, pe de-o parte, credem încă în iluziile și miturile care planează în jurul „dragostei" și a „iubirii", și care, de fapt, ne cauzează atâta suferință, iar pe de altă parte devenim atât de atașați de investiția noastră în relație, ne este atât de frică de schimbare, de a ne asuma viața pe cont propriu, încât ne autoiluzionăm că totul se va schimba ca prin minune. Nu vrem să acceptăm că alegerea partenerului nostru de viață poate să nu fie o alegere pentru toată viața. Însă noi facem această alegere în funcție de felul în care suntem noi la un moment dat. Ne îndrăgostim fie de o persoană care ne este similară în credințe, valori, viziune asupra vieții, fie de o persoană care „ne completează" — despre care credem că are toate acele calități pe care nu le vedem la noi înșine sau nu le-am dezvoltat încă. Alegerea partenerului de viață este influențată și de modelele din copilărie — părinți, profesori sau alte persoane cu care am avut o relație în perioada în care am crescut; de stilul de atașament pe care ni l-am format. În multe cazuri alegem exact acei parteneri care să ne confirme credințele despre relațiile de atașament și care se comportă după același tipar al mamei sau al tatălui.

Atașamentul se dezvoltă în copilărie atunci când părinții sau persoanele îngrijitoare ar trebui să reprezinte pentru copil o bază sigură la care să se întoarcă în urma explorării mediului, când se simte stresat sau în pericol — când copilul percepe o amenințare internă sau externă caută apropierea de mamă pentru confort și reasigurare. Inițial, apropierea fizică s-a considerat a fi elementul de bază în formarea atașamentului, însă ulterior s-a constatat că și gradul de disponibilitate al figurii de atașament, atât din punct de vedere fizic cât și emoțional, are o importanță majoră. Așadar, în funcție de disponibilitatea, responsivitatea și suportul oferit de părinți, atunci când copilul are nevoie, se formează anumite stiluri de atașament care persistă și la vârsta adultă și care reprezintă tipare referitoare la așteptările față de ceilalți, la felul în care căutăm sau nu căutăm apropierea în relații și gradul în care suntem conștienți atât de nevoile noastre cât și ale celorlalți și credem că suntem capabili să le satisfacem.

Atunci, când persoanele îngrijitoare răspund prompt, sunt suportive și îl ajută pe copil în satisfacerea nevoilor, copilul învață că lumea este un loc sigur, că este în regulă să exploreze această lume, că propriile acțiuni pot îndepărta obstacolele, că poate primi ajutor dacă îl solicită, că poate avea relații bune cu ceilalți. Aceste experiențe duc la creșterea încrederii în sine, dar și în ceilalți.

Atunci, când figurile de atașament nu sunt disponibile și nici suportive, copilul învață să se simtă în nesiguranță, să se îndoiască de propria lui capacitate de a face față existenței și de intențiile altor persoane, învață că lumea este un loc periculos unde, pentru a putea supraviețui, este necesar să-și dezvolte alt tip de strategii.

Așadar, ca adulți, oamenii caută apropierea în acord cu tiparul de atașament pe care și l-au dezvoltat în copilărie. Există patru stiluri de atașament:

1. **Atașamentul sigur** — copiii care au un astfel de atașament au încredere în disponibilitatea mamei de a fi acolo pentru ei. Aceasta reacționează prompt și adecvat la nevoile copilului, fără a-i

provoca frustrări. Copilul se simte în siguranţă, are încredere în el şi în ceilalţi şi are curajul de a explora lumea. La vârsta adultă, persoana cu astfel de ataşament reuşeşte să interacţioneze cu uşurinţă cu alţii, este capabilă să-şi creeze relaţii de calitate, se simte confortabil în intimitate, nu îi este teamă de abandon, are capacitatea de a-şi recunoaşte propriile nevoi şi de a le satisface, înţelege nevoile altor persoane şi este, la rândul ei, disponibilă faţă de aceştia. Adulţii cu acest tip de ataşament se simt în siguranţă în relaţii, au încredere în partenerii lor pe care îi percep, în general, a fi persoane binevoitoare pe care te poţi baza şi se percep pe sine ca fiind oameni valoroşi şi capabili. Nu permit să se lase folosiţi sau abuzaţi, îşi trasează limite şi graniţe clare de interacţiune, respectă libertatea celuilalt şi doresc să le fie respectată libertatea. Au tendinţa de a fi sinceri, deschişi şi independenţi şi îşi mani-festă cu încredere iubirea. Relaţia lor se bazează mai degrabă pe o conexiune autentică şi are mai puţin de-a face cu nevoia de a crea şi menţine o siguranţă iluzorie.

2. **Ataşamentul evitant** — copiii cu ataşament evitant nu sunt siguri de disponibilitatea mamei de a le răspunde nevoilor. Se aşteaptă să fie respinşi, să le fie refuzate dorinţele, nu se pot baza pe ajutor din exterior şi trăiesc cu impresia că este ceva în neregulă cu ei, că nu merită să fie iubiţi ori sprijiniţi. Pentru a scăpa de această situaţie stresantă, încep să evite relaţia în sine, privind-o ca pe sursa propriului disconfort. Dacă figurile de ataşament sunt tot timpul indisponibile, copilul ajunge la concluzia că strategia lui de a căuta apropierea este ineficientă, aşadar caută să găsească noi strategii prin care să facă faţă sentimentelor de insecuritate. Astfel, pentru a se putea adapta lumii, apelează la ceea ce se numeşte inactivare, adică tendinţa de a păstra distanţa faţă de alţii şi de a se baza doar pe sine însuşi, disconfortul resimţit în apropiere de cineva şi suprimarea gândurilor şi amintirilor legate de orice formă de stres şi suferinţă resimţite. În ciuda unei aparente indiferenţe, în interior există o tensiune crescută şi multe emoţii negative. Adulţii care au un astfel de

ataşament se simt inconfortabil să se apropie cu adevărat de cineva, le este greu să aibă încredere în alţii ori să ceară ajutorul şi le este teamă ca nu cumva să ajungă dependenţi de ei. În general, îşi neagă nevoile sau emoţiile care le-ar putea activa ataşamentul deoa-rece nu vor să se bazeze pe alţii pentru sprijin emoţional, însă nici nu sunt dispuşi să ofere acest sprijin, preferând să se distanţeze pentru a-şi păstra autonomia şi independenţa.

Pentru a se proteja de ceea ce percep a fi riscurile unei apropieri relaţionale, pot adopta două strategii de evitare:

a. Se distanţează emoţional de partener, minimalizându-i importanţa şi detaşându-se cu uşurinţă de acesta, căutând izolarea şi centrându-se excesiv pe sine şi pe lumea interioară. Deşi se află într-o relaţie, de multe ori se comportă ca şi cum persoana de lângă ei nu ar conta, n-ar fi acolo. Au capacitatea de a se închide emoţional — chiar şi în situaţii importante şi cu o mare încărcătură emoţională pot să-şi suprime trăirile şi să nu reacţioneze.

b. Deşi caută să se distanţeze de partener deoarece le este teamă de apropiere, din punct de vedere emoţional nu se pot detaşa de acesta. Trăiesc într-o teamă continuă ca nu cumva să se apropie prea mult şi, în acelaşi timp, le este teamă să nu se distanţeze prea mult. Încearcă să-şi ţină emoţiile sub control, însă nu reuşesc — nu-şi pot suprima anxietatea şi, deseori, se simt copleşiţi de propriile trăiri şi reacţii imprevizibile. Îşi doresc să se apropie de partener, însă cred că dacă se vor apropia prea mult, vor fi răniţi. În alte cuvinte, persoana pe care şi-o doresc aproape şi care ar putea să le ofere siguranţă este aceeaşi persoană care i-ar putea răni şi de care le este teamă să se apropie. Astfel, aceşti oameni au deseori relaţii dramatice, cu multe suişuri şi coborâşuri. Le este greu să se apropie de cineva, însă le este şi teamă că vor fi abandonaţi. Dacă simt că partenerul îi respinge, încearcă să se agaţe de el, iar dacă sunt prea apropiaţi, se simt prinşi ca într-o capcană de unde vor să evadeze.

3. *Atașamentul ambivalent (anxios)* – copiii cu acest tip de atașament sunt temători și dependenți de mamă, în care nu pot avea încredere și pe care o percep ca fiind imprevizibilă și greu de înțeles. Mama oscilează între afecțiune și respingere, fapt ce-l determină pe copil să fie în permanență preocupat de a-i ghici gândurile și intențiile, de a putea să-i prevadă comportamentele pentru a se putea adapta în mod adecvat. Copilul se simte în nesiguranță și nu are curajul de a explora mediul pentru că atenția lui este focalizată pe mama care adesea nu este disponibilă, nici măcar atunci când se află în apropiere. Ca și în cazul copiilor cu atașament evitant, și în acest caz, copilul, observând că strategia sa de apropiere față de mamă nu dă rezultate, apelează la o strategie secundară care se numește hiperactivare și care se referă la o căutare compulsivă de a fi în preajma figurilor de atașament, căutând atenția și sprijinul lor. În acest caz vorbim despre o hipersensibilitate la respingere și abandon, persoana focalizându-se excesiv pe potențialele amenințări sau pericole relaționale și pe propriile defecte pentru care se învinovățește, considerându-le responsabile de respingere sau abandon. Persoana cu un astfel de atașament poate simți respingere și furie față de persoana de care este atașată pentru că aceasta nu este disponibilă și, în același timp, poate resimți o nevoie intensă de a fi aproape de ea. În relații, acești adulți nu sunt siguri de disponibilitatea și sprijinul partenerului, se îndoiesc de ei înșiși căutând în permanență să fie acceptați și validați. Au tendința de a se agăța de partener, pe care deseori îl privesc ca pe un salvator ori suflet pereche și pe care se străduiesc să-l controleze pentru că asta le oferă un fals sentiment de siguranță; au multe nevoi și se așteaptă să le fie satisfăcute, iar când acest lucru nu se întâmplă, pot apela la șantaj emoțional sau manipulare. Deseori sunt imprevizibili și au schimbări bruște de dispoziție, mai ales atunci când percep că ceva sau cineva le amenință siguranța relațională. Ceea ce simt este mai degrabă o foame emoțională pe care o confundă cu iubirea. Cu cât mai presantă este această „foame", cu atât devin mai disperați și dispuși să facă orice pentru a-și păstra

partenerul în care, de fapt, nu au încredere și față de care manifestă posesivitate. Acțiunile pe care partenerul le întreprinde independent de ei pot fi percepute ca dovezi ale lipsei de iubire, fapt ce declanșează, din nou, teama de abandon. Agățându-se de partener și comportându-se în acest fel, reușesc să facă exact opusul a ceea ce intenționează: să-l îndepărteze.

4. **Atașamentul dezorganizat (dezorientat)** — copiii care au un astfel de atașament au manifestări neașteptate și comportamente nesigure sau evitante și de împotrivire. Copilul o percepe pe mamă ca fiind adesea neresponsivă și, mai mult decât atât, amenințătoare. Deseori persoanele îngrijitoare au suferit la rândul lor traume severe pe care n-au știut cum să le gestioneze. Teama, durerea, disperarea, disocierea sau dezintegrarea adultului sunt percepute de către copil și îi creează acestuia nesiguranță și incertitudine. De cele mai multe, ori mama nu este capabilă să-i satisfacă copilului nevoile și-l abuzează fizic, psihic sau emoțional. Instinctul copilului îi spune să fugă, dar este prins ca într-o menghină — nu are unde să fugă pentru că supra-viețuirea lui depinde chiar de persoana care îl abuzează și îi face rău. În acest caz, pentru a face față stresului și durerii, copiii de multe ori se disociază, încercând să blocheze experiențele traumatice din conștiin-ță. Comportamentul părinților este imprevizibil, așadar copilul nu poate găsi o strategie prin care să se simtă în siguranță ori să-și satis-facă nevoile, iar ceea ce simte este teroare și frică. Adulții care și-au dezvoltat un astfel de atașament întâmpină dificultăți în autoreglarea emoțională, le este greu să ceară ajutor, au tendința de a ceda în situații stresante ori de a reacționa imprevizibil. De asemenea, întâm-pină dificultăți în relațiile cu ceilalți, care sunt deseori conflictuale și haotice. Le este greu să ofere dragoste și afecțiune și sunt neresponsivi și insensibili față de dorințele și nevoile partenerului. Pot manifesta episoade violente de furie, iar abuzul și neglijența sunt deseori întâl-nite. De asemenea, sunt deseori învinuitori, lipsiți de empatie și compasiune. Le este greu să aibă încredere în ceilalți din cauza eveni-

mentelor din copilărie care i-au făcut să privească lumea ca pe un loc amenințător și, în ciuda unei mari nevoi de siguranță, le este greu să-și creeze relații stabile tocmai din cauza acestei lipse de încredere și a comportamentelor abuzive.

Felul în care persoanele gestionează conflictele în relație depinde, din nou, și de stilul de atașament care are tendința de a se activa în momente stresante sau amenințătoare. Persoanele cu un atașament sigur fac față mult mai bine unui conflict și consecințelor acestuia și își revin mult mai repede. Nu îl percep ca pe o amenințare, ci ca pe o situație ce trebuie rezolvată. Cei care au un atașament de tip evitant, se deschid mult mai greu atunci când apare un conflict, adoptă mai degrabă o atitudine pasivă ori de retragere, chiar dacă în interior se frământă ori se simt furioși, îngreunând astfel soluționarea acestuia. Persoanele cu atașament ambivalent au tendința de a percepe conflictele într-o manieră exacerbată din cauza sensibilității lor legată de respingere. Reacțiile lor sunt furtunoase și puternice și conflictele destul de frecvente. Persoanele cu atașament dezorganizat gestionează cu dificultate stresul aferent conflictelor și au tendința de a deveni ostile și violente.

Stilul de atașament pe care îl dezvoltăm în copilărie ne influențează ulterior relațiile pe care le formăm în perioada adultă. Însă, odată ce conștientizezi care este stilul tău de atașament, poți începe să faci schimbările necesare, astfel încât să nu mai permiți tiparelor disfuncționale să-ți ghideze relațiile actuale. De cele mai multe ori, alegerea partenerului de viață este o decizie mai mult sau mai puțin inconștientă și, de aceea, poate să fie destul de problematică în relaționarea viitoare a partenerilor. De aceea este atât de important să-ți înțelegi povestea și să înțelegi cum ai ajuns să adopți anumite tipare după care te ghidezi în relații. Acestea sunt, de fapt, maniere adaptative pe care le-ai utilizat în copilărie pentru a face față situațiilor pe care le-ai perceput amenințătoare într-un fel sau altul, însă în momentul de faţă cel mai probabil s-au transformat în maniere dezadaptive de a face faţă vieţii deoarece nu mai ai nevoie de ele. Acum situaţia e alta, iar tu nu mai eşti un copil. Acum tu poţi să schimbi acele tipare înţelegând maniera în care experienţele din copilărie te-au afectat în viaţă. Poţi să dai un alt înţeles poveştii tale, iar pe măsură ce faci asta să-ţi oferi siguranţa şi încrederea pe care le cauţi, de fapt, în alţii.

Sunt multe persoane care îşi aleg soţia/soţul după chipul şi asemănarea unuia dintre părinţi, care reprezintă modele validate în inconştientul lor. Mama era autoritară, critică, manipulatoare, însă în acelaşi timp manifesta grijă şi iubire faţă de copilul său. Un astfel de copil poate să aibă tendinţa să creadă, la nivel inconştient, că iubirea este normal să fie însoţită de impunere, critică şi manipulare şi va putea să fie atras de o persoană care are toate aceste caracteristici. În lipsa unei conştiinţe de sine, a unui proces de autocunoaştere şi dezvoltare personală, individul va avea tendinţa să reitereze în viaţa adultă şi acele lucruri care nu sunt bune pentru el.

De exemplu, o persoană căreia i-a fost inhibată personalitatea în copilărie, care a fost crescută cu frică, manipulare, prin inducerea sentimentelor de vinovăţie sau de ruşine, căreia i s-a repetat că nu este suficient de bună şi că trebuie să asculte de alţii, va avea tendinţa să caute un partener de care să devină dependentă. Va căuta o persoană sigură pe sine, puternică, ce-şi manifestă personalitatea chiar şi prin agresivitate şi căreia îi place ca alţii să facă ce spune ea. De exemplu, este cazul acelor femei cărora nu li s-a permis în copilărie să-şi exprime sau să-şi dezvolte personalitatea, care au avut un părinte autoritar şi care îşi aleg un soţ care să le domine, să le inspire siguranţă, care să-şi asume responsabilitatea asupra existenţei lor şi să le direcţioneze viaţa. Ele sunt acele „femei-cenuşărese" (complexul Cenuşăresei a fost descris de Colette Dowling în cartea sa „Complexul Cenuşăresei — Teama femeilor de independenţă",

fiind definit ca frica femeilor de independență, ca o dorință incon-
știentă de a fi luate în grijă de către alții). Vor fi mai mult decât
mulțumite să trăiască pentru și prin soțul/familia lor deoarece asta le
va confirma scenariul de viață pe care și l-au scris în copilărie, la
influența părinților autoritari. Chiar dacă soțul le va abuza psihic sau
fizic, vor accepta asta deoarece este cumva „normalitatea" cu care
sunt obișnuite. Mai mult de-atât, nu-și vor dori un partener care să le
dea prea multă libertate deoarece nu ar ști ce să facă cu ea și s-ar
simți în nesiguranță. Ele nu au avut niciodată timpul necesar (poate
nici măcar nu și-au pus problema) să devină ființe umane autonome
din toate punctele de vedere, conștiente de sine. În familia de origine
nu li s-a permis, iar apoi, când a venit momentul să plece de acasă, s-
au căsătorit repede cu cineva care le dădea acel sentiment de
familiaritate cu care au fost obișnuite, adică cu un bărbat care le
oprima personalitatea și le spune ce și cum să facă. Au fost
dependente de părinții lor și acum sunt depedente de soții lor.
Singurul lor scop în viață este să găsească o formă de putere exterioa-
ră de care să se agațe ca să se simtă în siguranță. Dacă și-ar fi dat
timpul necesar ca să descopere că au toate resursele de care au
nevoie în interiorul lor ca să-și trăiască viața așa cum doresc, nu ar mai
fi acceptat o relație abuzivă cu un partener care le tratează în felul în
care o face.

Din iubire (de fapt mai degrabă din lipsa ei), avem tendința
să acceptăm în relațiile noastre diferite tipuri de compromisuri care,
pe termen lung, ne distrug integritatea, sănătatea, încrederea și stima
de sine. Sunt anumiți bărbați care-și doresc să aibă o soție pe care s-o
țină acasă — adică să depindă în totalitate de el. Fie că este vorba
despre persoane tributare unei mentalități învechite, fie că este vorba
despre persoane nesigure, care nu doresc să riște pierderea parte-
nerului dacă acesta ar avea o viață profesională și ar fi expus la diferiți
stimuli din exterior, ideea este că preferă să fie singurii susținători din
punct de vedere material al familiei. Deoarece starea de dependență

şi de lipsă de responsabilităţi majore este ceva ce am trăit cu toţii în copilărie şi era ceva atât de plăcut, partenerul unui astfel de om va crede, cel puţin în prima fază, că a ajuns în paradis. Nu are nimic de făcut, eventual să fie frumos şi să aibă grijă de casă, poate chiar şi de copii, nu are nicio responsabilitate reală, nu-l interesează cum sunt asigurate cele necesare traiului şi poate să-şi petreacă zilele în „dolce far niente". Însă, mai devreme sau mai târziu, se schimbă ceva: fie persoana care şi-a asumat întreţinerea unui alt adult nu mai face faţă, nu mai doreşte să continue să facă asta, se îmbolnăveşte sau poate chiar moare, fie persoana întreţinută începe să aibă frustrări, nemulţumiri, sentimente de inutilitate sau de inferioritate şi poate chiar dezvoltă diferite tulburări psihice de tipul anxietăţii sau depresiei, ori chiar reacţii de tip psihotic — plictiseala, blazarea, rutina, o viaţă lipsită de stimuli noi sau o minte care nu este direcţionată către un scop constructiv pot duce la destructurare şi dezorganizare psihică.

Astfel că, dintr-un scenariu în care cei doi doreau să le fie hrănite ego-ul (cel care întreţine) şi starea de dependenţă infantilă, se poate ajunge la un adevărat calvar. Cel care a fost singurul susţinător al familiei poate să-şi dezvolte agresivitatea şi să se simtă efectiv ca un stăpân de sclavi.

Îmi doresc ca, din ce în ce mai multe persoane, să înveţe să spună „nu" abuzului, unei vieţi trăite în umbra unui agresor şi să investească în ele ca să nu mai fie niciodată dependente de nimeni. De aceea, consider că fiecare om ar fi necesar ca, înainte să intre într-o relaţie, să se cunoască pe sine şi să se vindece de eventualele traume sau modele disfuncţionale de gândire şi să devină autonom din toate punctele de vedere.

Fiecare persoană are în interiorul său tot ce are nevoie pentru a reuşi în viaţă, iar într-o relaţie cu adevărat împlinită nu este vorba despre cât de multă nevoie ai de partenerul tău, cât de multe sacrificii şi compromisuri faci, cât de multe poţi îndura, ci de cât de mult poţi oferi din preaplinul tău, bucurându-te de viaţă alături de celălalt.

Este vorba despre viaţa ta. Fii demn şi asumă-ţi chiar şi solitudinea ta — fă orice este nevoie, dar nu mai accepta să fii sclavul nimănui!

Iluzia sufletelor pereche

Acceptă şi faptul că poate te-ai lăsat prins în iluzia sufletelor pereche şi rescrie toate aceste credinţe disfuncţionale care te-au făcut să te agăţi de nişte himere — de mici am fost programaţi să credem că ceea ce ar trebui să căutăm neîncetat în această viaţă este sufletul nostru pereche, că fericirea supremă ne este dată atunci când întâlnim partenerul „ideal" — acel prinţ sau prinţesă din basme şi că orice altceva este mai puţin important. De ce?

Dragostea romantică a devenit baza unei adevărate industrii — filmele, romanele, basmele, toate promovează ideea că putem fi cu adevărat fericiţi doar atunci când întâlnim „dragostea adevărată", adică acea persoană de care ne îndrăgostim, care „ne ia minţile" şi datorită căreia în organismul nostru se declanşează un cocktail hormonal.

Cumva, ajungem să ne simţim mai puţin valoroşi, mai puţin demni dacă suntem singuri, iar dacă suntem într-o relaţie, chiar să credem la un moment dat că, dacă nu facem sacrificii şi compromisuri „ca restul lumii", nu suferim, nu suntem măcinaţi de gelozie şi posesivitate, nu iubim cu adevărat. Dacă îi oferim libertate partenerului, nu ne pasă de el şi de relaţie. Dacă ne dorim timp şi pentru noi, dacă dorim să ne ocupăm de proiectele, pasiunile sau hobby-urile noastre, suntem egoişti.

Dragostea romantică devine o capcană în care ne aruncăm entuziasmați cu capul înainte. Întâlnim o persoană care ne face să simțim fluturi în stomac, care ne satisface nevoile și dorințele, care ne schimbă brusc viziunea asupra vieții — dintr-o dată totul capătă sens, culoare, și avem impresia că până acum „am trăit degeaba". Îl vedem pe partenerul nostru altfel decât este în realitate, îi amplificăm punctele pozitive și le diminuăm pe cele negative, iar acest lucru ne întărește iluzia că am găsit acea persoană perfectă care ne completează. La început totul este minunat și suntem dispuși să facem orice pentru a nu pierde acest lucru. Din acest motiv poate chiar ne căsătorim repede, facem și copii, fără însă a ne cunoaște cu adevărat unul pe celălalt. Apoi, încetul cu încetul, pasiunea se stinge și conflictele încep să apară. Suntem dezamăgiți și chiar ne simțim trădați pentru că proiecțiile noastre nu mai pot să ne susțină viziunea ideală pe care ne-am format-o despre partener și relație. Ce s-a întâmplat cu dragostea? Cum de aceasta nu este suficientă pentru a susține o relație pe termen lung?

Dacă nu există compatibilitate la nivel de credințe, valori, stil de viață, „un foc de paie nu va încălzi un cămin". Dacă nu-l acceptăm pe partenerul nostru exact așa cum este, dacă nu-l admirăm și nu-l respectăm, vom încerca să-l schimbăm pentru a corespunde mai bine tiparului din mintea noastră despre ce înseamnă bărbatul sau femeia perfectă. Iar de aici vor începe luptele pentru putere, frustrările, reproșurile și chiar jignirile.

Însă nu există bărbatul sau femeia perfectă, iar dragostea romantică, de una singură, nu poate susține o relație. Nu suntem jumătăți care să aibă nevoie de o altă jumătate, nu suntem goi pentru a căuta cu disperare pe cineva care să ne facă să ne simțim într-un final împliniți. Dacă nu ne oferim nouă ceea ce căutăm să ne ofere alții, dacă nu putem să fim fericiți de unii singuri, vom suferi dezamăgire după dezamăgire pentru că nimeni nu poate și nici nu ar trebui să fie „izvorul" nostru nesecat de fericire. Așteptând acea unică persoană care să ne facă fericiți, vom fi mereu cu un pas în urma fericirii.

Dragostea romantică este ca un drog, mereu tânjim după mai mult. Îndrăgostiții înregistrează activitate neurală într-o zonă a creierului care se activează atunci când oamenii consumă cocaină, iar persoanele care sunt respinse în dragoste au aceeași activitate neurală precum persoanele dependente de jocuri de noroc, care riscă mari pierderi. În astfel de condiții nu este de mirare că, odată ce dragostea dispare și relația ia sfârșit, nivelul de serotonină, dopamină și adrenalină scăzând, persoana va începe să simtă acel gol interior ca și cum ar fi în sevraj și va porni din nou în căutarea unei noi „iubiri", repetând poate greșelile din trecut.

Dragostea poate deveni astfel periculoasă, nu doar pentru că suntem capabili să facem lucruri necugetate și să luăm decizii pripite care ne afectează viitorul pe termen lung, ci și pentru că ne face să alergăm după un ideal și să dăm cu piciorul, astfel, unor șanse reale de a ne clădi o relație cu altcineva cu care am putea fi compatibili, doar pentru că acest altcineva nu corespunde acelui ideal.

Nimeni nu poate să ne completeze, dacă noi ne simțim incompleți. Sufletele pereche sunt o iluzie care nu face altceva decât să ne cauzeze suferința. În realitate, relațiile sănătoase sunt acelea între doi oameni care pot oferi din preaplinul lor, între două persoane autonome și independente care se iubesc în primul rând pe ele însele. Dacă în interior ești „gol", nu ai ce oferi unei alte persoane, dacă partenerul tău e de asemenea „gol", nici el nu-ți va putea oferi ție ceea ce-ți lipsește.

Relațiile sănătoase se bazează pe libertate, pentru ca fiecare să poată fi așa cum își dorește în autenticitatea sa; implică cooperare și colaborare — ai libertatea de a-ți urma calea și a-ți îndeplini visurile, însă în același timp te însoțești la drum cu un om care îți desăvârșește fericirea, și de aceea este atât de importantă compatibilitatea și similaritatea despre care vorbeam mai sus. Altfel, partenerii se vor vedea nevoiți să facă sacrificii și compromisuri pentru a salva o relație în care oricum niciunul dintre ei nu se simte liber și fericit.

Relațiile bazate pe „fluturași" și pasiune se destramă odată ce dragostea dispare și, indiferent câte promisiuni și jurăminte ne-am face, ele vor fi în van, dacă această dragoste de la început nu este susținută de o viziune comună asupra lumii și vieții, de planuri similare de viitor, de comunicare, onestitate și înțelegere.

Dragostea pasională nu este „dragostea adevărată" care durează pentru totdeauna, deoarece, din punct de vedere biologic, acest lucru este imposibil — ceea ce se întâmplă este că activitatea cerebrală în anumite zone ale creierului se modifică. Orice experiență foarte plăcută este însoțită de eliberarea dopaminei, iar acest neurotransmițător are o importanță crucială în privința schimbărilor care se produc în organismul nostru atunci când suntem îndrăgostiți. Orice drog care ridică în mod artificial nivelul dopaminei (precum heroina sau cocaina) creează premise de a dezvolta anumite dependențe. Însă niciun drog nu te poate menține în permanență într-o stare euforică. Creierul reacționează în fața acestui surplus de dopamină contracarându-i efectele, pentru a reveni la starea inițială de echilibru. În acest punct apare toleranța și, când drogul dispare din organism, se întâmplă un alt dezechilibru — apar durerea, letargia, disperarea ca simptome ale sevrajului. Așadar, dacă dragostea pasională este efectiv un drog, efectele acesteia dispar mai devreme sau mai târziu. Cu timpul își pierde din intensitate și vine o zi când dispare cu totul. Magia se pierde. De obicei, unul dintre parteneri își dă seama înaintea celuilalt de acest lucru. Este ca și cum s-ar fi trezit dintr-un vis — observă la celălalt lucruri pe care nu le observase înainte, iar partenerul ideal este coborât de pe piedestal.

În această situație, când pasiunea sau „iubirea" unuia din cuplu se sfârșește înaintea celuilalt, când unul dintre cei doi simte că a trăit și a consumat relația și își dorește să o încheie, apare multă suferință și multă dramă deoarece partenerul nu simte același lucru. El/ea încă nu dorește să plece din acea relație, simte că mai are de dăruit sau de primit sau, poate, că și-a făcut diferite planuri, iluzii, speranțe, idealuri în ceea ce-l privește pe celălalt sau viitorul lor împreună.

Ce se poate face în acest caz? Cel care nu-și mai dorește relația trebuie să mai stea, să facă compromisuri sau sacrificii împotriva voinței sale? N-are nici un sens să te amăgești că, dacă lași de la tine sau te sacrifici, va fi bine. Nu va fi. Atunci, când facem lucruri împotriva voinței noastre, acumulăm frustrări și ne așteptăm ca partenerul nostru să ne răsplătească sacrificiile, iar dacă nu face asta, un nou război e pe cale să înceapă.

Atunci, când pierzi ceva ce încă îți dorești să facă parte din viața ta, este normal să fii trist și poate chiar să suferi pentru un timp. Însă, deja din momentul în care începe o relație, de orice fel, ar fi bine să conștientizăm că nimic nu este pentru totdeauna, că orice are un început are și o încheiere și, ca atare, să ne bucurăm clipă de clipă, în prezent, atât cât durează acea relație și să facem tot ceea ce ține de noi — printr-un comportament pozitiv — pentru ca acea relație să fie durabilă.

Suferința provine din faptul că nu putem accepta sfârșiturile pe care încă nu ni le-am fi dorit. Dar, oare, n-ar fi mai bine să fim recunoscători că s-a întâmplat și că a durat cât a durat, decât să ne agățăm de ceva ce un altul nu-și mai dorește? Singura constantă în Univers este schimbarea, astfel că nu putem să permanentizăm în viața noastră, oricât ne-am dori, clipe, oameni, situații...

Dacă avem mereu în minte că un sfârșit nu este altceva decât prilejul ca altceva nou să apară în viața noastră, vom accepta cu mai multă ușurință și seninătate sfârșiturile. Experiența pe care am trăit-o o vom transforma într-o amintire frumoasă, vom accepta că ea s-a sfârșit, vom învăța ceea ce avem de învățat și, după un timp, vom merge mai departe către noi orizonturi.

Nu are niciun sens să încerci să ții pe cineva, împotriva voinței sale, în viața ta. Șantajul emoțional, amenințările, manipularea, nu fac altceva decât să producă milă, frică sau dezgust. Chiar dacă va sta cu tine o perioadă, o va face din milă sau din frică ca să nu recurgi la un gest necugetat. Dar nu va sta din iubire, ci din obligație, iar atât tu cât și el/ea veți prelungi o agonie inutilă. Păstrează-ți demnitatea și acceptă finalul, chiar dacă nu este ceea ce ți-ai fi dorit.

Agățarea de trecut nu face altceva decât să ne cauzeze o suferință permanentă, pe când atunci când închidem un capitol, putem să ne dăm voie ca, după o perioadă, să deschidem și alte capitole în viața noastră. La fel de frumoase sau poate chiar mai frumoase! Să ne dăm voie să ne bucurăm de o dragoste „adevărată", bazată pe afecțiunea și atașamentul dintre doi oameni ale căror vieți sunt profund interconectate, o dragoste care evoluează în timp, încet, și are la bază intimitatea, angajamentul și prietenia care se formează între cei doi parteneri, o dragoste de tip „companion". O astfel de relație devine din ce în ce mai strânsă cu trecerea timpului și implică încredere și respect reciproc, sprijin, loialitate. Partenerul tău îți este în primul rând un prieten pe care știi că te poți baza.

Dragostea pasională nu se transformă în dragoste de tip companion. Cele două procese evoluează diferit, după cum voi arăta în cele ce urmează. Dragostea pasională apare subit și crește în intensitate cu repeziciune în câteva zile sau luni până într-un punct în care putem spune că ajunge la apogeu. În această perioadă îndrăgostiții pot lua decizia de a se căsători, ceea ce deseori se dovedește a fi o greşeală. Acest moment poate fi considerat primul punct periculos în evoluția dragostei pasionale. Vraja poate începe să se disipeze chiar odată cu pregătirile de nuntă, însă acum este prea târziu pentru a mai da înapoi. Cei doi se căsătoresc plini de îndoieli şi, cel mai probabil, divorțează curând. Sau mirajul încă persistă, însă, la scurt timp după nuntă, iluzia se destramă şi din nou se ajunge la divorț. Această perioadă de cădere, de trezire la realitate când dragostea pasională îşi pierde din ce în ce mai mult din intensitate poate fi considerată un al doilea punct critic în evoluția acestui tip de dragoste. Dacă pe cei doi nu-i mai leagă nimic altceva, cât de curând apare despărțirea.

Dragostea companion la început este mult mai puțin intensă, însă mult mai stabilă, crescând odată cu trecerea timpului — apare, de obicei, mai târziu într-o relație când este deja formată o legătură intimă între cei doi parteneri. Intimitatea care implică apropiere şi ataşament, consolidează relația prin împărtăşirea de experiențe, interes autentic, înțelegere şi compasiune.

Dragostea pasională ne face să trăim poate cea mai variată gamă de emoții şi senzații — anxietate şi eliberare, bucurie, disperare, gelozie, dorință, extaz şi suferință, însă, dacă într-adevăr ar dura pentru totdeauna, oare cum am mai putea să funcționăm în viața noastră de zi cu zi? Cum am mai putea să ne ocupăm de carieră ori să creştem copii? Am fi tot timpul într-un carusel emoțional, gândindune obsesiv la „obiectul" dragostei noastre.

Dragostea pasională se stinge cu timpul şi este firesc să fie aşa. Partenerii care reuşesc să treacă cu bine de acest hop relațional, care au suficient de multe lucruri în comun şi sunt suficient de compatibili, care sunt dispuşi să investească în relația lor din toate punctele de vedere, pot ajunge să trăiască o dragoste de tip companion, o dragoste în care devin parteneri de viață şi prieteni de încredere. În acest caz putem spune că dragostea companion apare în continuarea dragostei pasionale.

Pasiunea nu garantează succesul unei relaţii, însă nici lipsa acesteia nu înseamnă că relaţia este destinată eşecului. Până la urmă, relaţiile care au cele mai multe şanse să reziste în timp sunt tocmai acelea în care nu pasiunea este factorul principal care-i leagă pe cei doi.

Relaţia perfectă nu există. Partenerul ideal nu există, de aceea se şi numeşte ideal. Însă există relaţii frumoase şi sănătoase pe care le putem crea în viaţa noastră, relaţii care se bazează pe prietenie, respect reciproc, acceptare, sprijin, admiraţie şi preţuire; dacă suntem dispuşi să renunţăm la iluziile romantice cu care am fost bombardaţi încă din copilărie şi dacă ne asumăm responsabilitatea fericirii noastre. Dacă nu ne asumăm responsabilitatea fericirii noastre, există toate şansele să intrăm în relaţii de compromis şi să cădem pradă jocurilor psihologice, jocurilor de putere, abuzurilor, toxicităţii.

Jocurile de putere în cuplu

În orice relaţie de cuplu există o luptă pentru putere care se poartă necontenit între cei doi protagonişti. Cine domină, cine conduce, în jurul cui se centrează relaţia — a ei sau a lui. Fie că sunt conştientizate, fie că partenerii acţionează inconştient, aceste jocuri de putere există în orice relaţionare interumană şi, mai ales, în relaţiile de cuplu. Atunci, când vorbim de tehnici şi metode de dominare, de obicei sexul feminin apelează cu precădere la şantaj emoţional, lacrimi şi manipulare, iar în anumite situaţii la crize de isterie sau de furie, iar bărbaţii îşi manifestă dorinţa de dominare prin agresivitate verbală sau chiar fizică.

La cuplurile din jurul nostru putem întâlni cu precădere câteva tipuri de relaţionare între parteneri, în funcţie de temperamentul și personalitatea celor doi. În cazul relațiilor de cuplu pe care le au bărbații „alfa" (acei bărbați al căror singur scop este să domine femeia și să și-o supună) vorbim despre nevoia acestora de a-și manifesta această nevoie de dominare și de a fi considerați superiori în toate ariile vieții lor — atât la nivel personal cât și profesional. De obicei este vorba despre bărbați care dețin puterea și pe plan social, investesc mult în statutul lor profesional și material, au funcții și poziții cheie și nu se mulțumesc niciodată cu locul doi. Există și bărbați care-și doresc să fie percepuți că fiind alfa, dar pentru că nu au cu adevărat determinarea, ambiția sau inteligența necesară ca să ajungă unde și-ar dori, compensează la nivel de atitudine (adică devin „macho man" sau „bad boys"), merg la sală frecvent ca să aibă o masă musculară de invidiat și își investesc toate veniturile în simboluri de status și rol copiate de la cei cu adevărat „alfa"- mașini, ceasuri, haine ș.a.m.d.

Ce fel de relații de cuplu au bărbații alfa sau cei care vor să pară alfa? Tipul de femeie pe care-l caută acești bărbați este femeia „trofeu" — frumoasă, dorită de alți bărbați și greu de cucerit. Așa cum se mândresc cu realizările lor profesionale sau materiale, așa își doresc și să se împăuneze cu femeia care stă la brațul lor. De multe ori, depun o cantitate considerabilă de efort ca s-o cucerească, îi oferă multă atenție, cadouri și fac orice ca să „pună mâna pe vânat". Este vorba despre prelungirea orgoliului lor masculin, așa că dau tot doar ca să se asigure că acea femeie va fi a lor. Ce se întâmplă însă după ce o cuceresc? În general, tendința principală este să o transforme într-o femeie dependentă de el. Un astfel de bărbat va avea tendința să-i scadă stima de sine femeii de lângă el tocmai pentru a o putea domina, folosindu-se de pretextul „este datoria mea să te ocrotesc și să te protejez"; îi limitează libertatea, o ține în casă, îi interzice din ce în ce mai multe lucruri (să lucreze, să fie independentă, să se întâlnească cu prietenele etc.) și, astfel, el devine singurul furnizor de atenție sau de orice altceva pentru acea femeie.

Atunci, când prin acţiuni conştiente şi repetate, îi diminuezi încrederea în sine unui om şi îi limitezi libertatea, iar apoi tu eşti singurul care-i mai aruncă din când în când câte o firimitură de atenţie sau de afecţiune, acel om devine dependent de tine, ţi se va supune ca să-ţi intre în graţii şi să continui să-i oferi ceea ce are nevoie, chiar dacă este extrem de puţin — practic îl transformi într-un sclav.

Dacă reuşeşte să-şi domine complet femeia şi s-o facă să devină dependentă de el (şi poate să facă asta doar dacă ea nu are o personalitate suficient de puternică), în scurt timp îşi va pierde interesul şi, mai ales, respectul pentru acea femeie. În funcţie de structura lui de personalitate va avea diferite modalităţi de comportament. Fie o va ignora sau neglija, fie se va comporta din ce în ce mai agresiv şi fără consideraţie, ea va fi tot mai nefericită şi mai deprimată, însă va continua acea relaţie deoarece se va simţi lipsită de putere ca să lupte, să iasă din relaţie. Viaţa ei este în mâinile lui, iar dacă între timp au apărut şi copii, soarta acestei femei va deveni efectiv o închisoare mai mult sau mai puţin aurită. Iar la un moment dat, el îşi va căuta o altă victimă cu care să joace acelaşi joc patologic sau, pur şi simplu, îşi va trăi viaţă după cum consideră de cuviinţă, având credinţa că el are voie orice şi că totul i se cuvine, într-o manieră lipsită de bun-simţ şi fair-play.

Există şi un al doilea scenariu, în care un bărbat alfa întâl-neşte o femeie alfa, adică o femeie care are, la rândul său, o perso-nalitate puternică, este independentă şi sigură pe ea. În funcţie de cât de sigur este, de fapt, pe sine însuşi — cât de „alfa" este cu adevărat — bărbatul fie va renunţa după câteva încercări de a cuceri o astfel de femeie, ca nu cumva să iasă cu orgoliul şifonat, fie îi va părea şi mai interesantă vânătoarea şi trofeul pe care-l urmăreşte. Scopul lui este, oricum, să ajungă s-o domine pe acea femeie, s-o supună şi s-o facă să fie „a lui". Uneori, lupta pentru putere dintre o femeie alfa şi un bărbat alfa, duce la o relaţie pasională: jocuri psihologice, sexualitate efervescentă, scandaluri şi adevărate drame sau „telenovele". Nici ea, nici el nu lasă garda jos şi asta îi face pe amândoi să investească foartă multă energie în această relaţionare, iar ambii devin dependenţi unul de celălalt. O astfel de relaţie consumă fiinţa umană din toate punctele de vedere şi devine punctul central al vieţii celor doi protagonişti, deoarece nimic altceva nu le poate oferi o stimulare atât de intensă şi de periculoasă. Dacă nu ajung să se distrugă psihic reciproc şi, astfel, să se epuizeze şi iau decizia să se despartă, după un timp, unul dintre cei doi cedează, de obicei femeia, şi atunci intrăm în scenariul de mai sus. Dacă cedează bărbatul (deşi dacă este cu adevărat alfa nu va face asta niciodată), femeia îşi va pierde complet interesul pentru el, se va simţi dezamăgită şi îl va aservi intereselor şi scopurilor ei, în timp ce-şi va căuta stimularea în altă parte sau îl va părăsi, pur şi simplu.

Mai există şi o a treia variantă în ceea ce priveşte relaţionarea dintre un bărbat cu adevărat puternic şi o femeie puternică: cei doi au suficientă inteligenţă încât să-şi unească forţele, devin o echipă în care fiecare îl respectă şi-l admiră pe celălalt şi îşi construiesc o viaţă minunată împreună. Fiecare are o carieră, este independent sau cei doi îşi creează o afacere împreună şi aceştia sunt cei care devin cupluri de invidiat, cu poziţie socială şi materială, deoarece îşi investesc energia în creaţie, în obiective şi scopuri măreţe. Aceşti oameni devin cu adevărat o echipă, parteneri de viaţă, se inspiră unul pe celălalt şi învaţă să folosească jocul de putere într-o manieră constructivă şi ecologică şi nu distructivă şi toxică.

Atunci, când ştii că ai lângă tine un partener pe care te poţi baza, poţi să-ţi iei avânt să zbori oricât de sus, ştiind că cel de lângă tine îţi va fi mereu alături. Pentru ca o femeie puternică să fie fericită şi împlinită, ea trebuie să respecte, să preţuiască şi mai ales să admire bărbatul de lângă ea, el să-i fie mereu sursă de inspiraţie şi de putere. Pentru ca un bărbat cu adevărat puternic să fie fericit şi împlinit în relație, trebuie ca femeia de lângă el să știe să fie femeie și, în același timp, să fie independentă și dornică să evolueze pe toate planurile vieții sale. Cei doi se susțin reciproc pentru ca fiecare să devină tot ceea ce pot să fie și chiar să-și depășească potențialul. Într-o astfel de relație, întregul este într-adevăr mult mai mult decât suma părților.

În rândurile anterioare am vorbit despre jocurile de putere în cuplu, despre tipurile de relații pe care le au bărbații „alfa" și despre cei care doresc să fie „alfa", iar acum vom discuta despre bărbații care nu-și asumă puterea pe care o reprezintă ideea de „masculinitate" și consecințele acestui fapt pe plan relațional. Să lămurim însă un aspect foarte important care ține de dinamica relațiilor dintre un bărbat și o femeie. Orice femeie, oricât de puternică sau de independentă este ea, precum și cea care caută să devină dependentă de un bărbat — fie că a fost influențată în copilărie de basme și povești, fie că nu vrea să se maturizeze și să trăiască pe propriile ei picioare — își dorește (conștient sau inconștient) să aibă alături un bărbat care să manifeste cât mai multe dintre atribuțiile masculinității: să fie vertical, demn, hotărât, ferm, înțelept, proactiv, de încredere, puternic ș.a.m.d. Fiecare femeie își dorește să poată să se simtă în siguranță și protejată de bărbatul de lângă ea. Doar alături de un BĂRBAT poate o femeie să se simtă cu adevărat FEMEIE, cu tot ce presupune acest lucru. Dorința sexuală (atunci când vorbim despre o dinamică sexuală normală) se bazează pe atracția dintre energia feminină și cea masculină. Pentru ca o femeie să se simtă atrasă sexual de un bărbat, este necesar că acesta să o domine cu energia lui sexuală masculină și ea să-și doreas-că să se supună acestei energii. Din punct de vedere sexual și redu-când totul la termeni de instinct și de biologie, bărbatul este proactiv și femeia pasivă, iar metaforic vorbind, bărbatul este „sabia", iar femeia este „teaca". Însă ce se întâmplă atunci când un bărbat nu manifestă atribuțiile masculinității? Poate din cauza faptului că au avut mame dominatoare ori din cauza influenței factorilor genetici sau de altă natură care i-au marcat în dezvoltarea personalității lor, unii bărbați nu-şi asumă sau nu manifestă caracteristicile masculinităţii. Sunt mai degrabă pasivi, lipsiţi de vigoare, blânzi, poate excesiv de sensibili sau de fragili din punct de vedere emoţional. Unii dintre ei vor căuta în femeia de lângă ei compensarea lipsei lor de putere şi vor fi acei bărbaţi despre care se spune că „sunt sub papuc", ori vor căuta o femeie care este ca şi ei şi vor trăi ajutându-se reciproc şi compensându-şi unul altuia „golurile" interioare. Acest ultim tip de relaţie poate să fie chiar o relaţie funcţională, deoarece cei doi se aseamănă la nivel de personalitate, credinţe, valori şi viziune asupra vieţii.

Relaţia în care bărbatul este dominat de femeia sa, „castrat" la nivel psihologic, este o relaţie în care pot să apară multiple disfuncţionalităţi. În primul rând, un bărbat care nu este respectat şi preţuit de femeia de lângă el sau care este constant criticat, devalorizat, jignit, umilit, va avea tendinţa să eşueze pe toate planurile vieţii sale, poate chiar să se refugieze în alcool sau să dezvolte diferite tulburări psihice şi somatice — boli fizice. Dacă nu se simte bărbat, nu-şi poate asuma acest rol nici pe plan sexual, fapt ce va spori şi mai mult frustrarea femeii de lângă el. Femeia unui astfel de bărbat va avea tendinţa să devină o fiinţă isterică, furioasă, frustrată din mai multe puncte de vedere, se va neglija pe plan fizic, iar dacă au împreună copii, se va alia cu copiii împotriva tatălui lor, care la rândul lor îl vor dispreţui. Această femeie îşi va desconsidera profund bărbatul şi nu va rata nicio ocazie ca să-l facă să se simtă vinovat sau ruşinat de ceea ce este. O femeie care este nevoită să-şi asume rolul masculinităţii într-un cuplu, se va simţi copleşită de acest lucru, chiar dacă la început i-a plăcut blândeţea şi delicateţea acelui bărbat (metoda de cucerire a unui astfel de bărbat este foarte romantică şi caldă).

Conştient sau inconştient, orice femeie îşi doreşte să fie dominată, într-un fel sau altul, pe un plan sau altul, de bărbatul de lângă ea. De multe ori, crizele unei femei sunt doar o manieră prin care dorește să atragă atenția bărbatului și să trezească în el acea energie masculină cu care el „să o pună la locul ei". Îmi aduc aminte de un caz în care dinamica relațională dintre cei doi parteneri era ca și în scenariul de mai sus, iar ea mi-a povestit o întâmplare din care reiese clar ceea ce urmărea, de fapt, inconștient. Ea îl certa pe el (ca de obicei), îl critica și îl umilea, iar el s-a săturat și a avut o reacție necontrolată: i-a tras o palmă. În acel moment, femeia s-a calmat și i-a apărut un zâmbet pe buze deoarece, chiar dacă s-a manifestat într-o manieră nesalutară, în mintea ei el s-a comportat ca un bărbat. Palma aceea a reprezentat pentru ea un simbol al masculinității lui mult așteptate, al faptului că nu-i mai permite să se comporte cu el într-o manieră lipsită de respect.

Aducem în relațiile noastre traumele din trecut, golurile interioare, neîmplinire și insatisfacțiile, căutăm la un partener ceea ce credem că ne lipsește nouă înșene sau ceea ce nu am avut în relația anterioară și, din toate aceste cauze, avem relații mai mult sau mai puțin disfuncționale. Evident, cea mai bună variantă ar fi să ne vindecăm întâi pe noi înșine, să devenim conștienți de personalitatea noastră și să o șlefuim până suntem așa cum ne dorim, să știm ce vrem de la viață și de la partenerul de alături cu care dorim să trăim și abia apoi să intrăm într-o relație. Atunci, când suntem echilibrați la nivel emoțional, independenți și de sine stătători din toate punctele de vedere, putem să intrăm în relații în care să ne respectăm reciproc, să ne stabilim limite și granițe clare de interacțiune cu celălalt, să ne asumăm în mod firesc rolurile naturale și să avem relațiile împlinite și fericite.

Însă, din păcate, nu acesta este cazul celor mai mulți dintre oameni, deoarece după cum am tot spus până acum, nu toți sunt dispuși să-și asume acest proces de autocunoaștere și dezvoltare personală. Astfel că, niște simple jocuri psihologice în care se lasă atrași pot degenera în abuzuri în toată regula, iar relațiile pot deveni extrem de conflictuale și toxice.

Relațiile conflictuale: motive des întâlnite

Unul dintre motivele de ceartă și conflict care apare frecvent în cadrul cuplului este reprezentat de amestecul socrilor în viața celor doi parteneri. Acest lucru, pe cât de mult este tolerat, pe atât este de nefiresc, pentru că nu este normal ca părinții să se amestece în problemele, deciziile, alegerile și felul în care trăiesc cei doi. Din acest motiv atât de multe cupluri ajung să trăiască în tensiune, să se certe, să se destrame. Se poate ajunge în situația în care unul dintre parteneri se întoarce împotriva celuilalt, când sentimentele frumoase se transformă în resentimente și frustrări care se acumulează și se tot acumulează până la un punct când efectiv se dezlănțuie iadul. Aparent, nici unul dintre ei nu-și poate explica cum s-a ajuns aici, dar cert este că se învinovățesc reciproc pentru niște probleme survenite „de nicăieri". Și este ușor să te agăți de minusurile partenerului pentru a te elibera emoțional și a găsi o explicație pentru nefericirea din cuplu, alegând în schimb să nu vezi „elefantul din cameră".

Părinții se consideră îndreptățiți să se amestece în viața copiilor pentru că:

✓ au impresia că ei „știu mai bine" — aici vorbim despre o mentalitate ce are la bază credința că, indiferent de ce vârstă ar avea „copilul" (treizeci, patruzeci sau cincizeci de ani), acesta tot copil rămâne; vorbim despre o infantilizare a adultului prin faptul că părintele nu îi permite sau nu vrea să accepte că acel copil al său este perfect capabil să-și ia singur deciziile, indiferent care ar fi acelea, indiferent dacă sunt sau nu sunt pe placul părintelui. Această atitudine trădează, de fapt, nevoia părintelui ca progenitura lui să depindă la un anumit nivel de el, ce arată mai departe egoismul părintelui prin aceea că, ce caută să obțină prin acțiunile sale, este satisfacerea propriilor nevoi și interese egoiste și nicidecum nu vizează binele sau nevoile „copilului". De exemplu, dacă cei doi parteneri decid să se mute în străinătate, un părinte egoist va încerca să îi convingă cât de greşită este această decizie a lor, doar pentru că această plecare nu ar fi pe placul său.

✓ pentru a-şi satisface ego-ul — dacă îşi consideră copiii extensii ale propriei persoane sau dacă vor să-şi valideze felul de a fi şi de a trăi, vor încerca să-şi transforme copiii în „clonele" lor sau, în alte cuvinte, să-i influenţeze şi să-i manipuelze în aşa fel, încât aceştia să gândească, să se comporte şi să trăiască ca ei. De exemplu, dacă cei doi parteneri vor să-şi cumpere o anumită casă, părintele va spune „casa aceasta nu este bună" doar pentru că nu e pe placul său. Va încerca să găsească toate motivele din lume pentru care acea casă nu este potrivită pentru ei. Dacă cei doi preferă să cineze la restaurant, părintele va spune „veniţi mai bine să mâncaţi la noi, ce daţi banii aiurea?", „ar trebui să puneţi mâna să gătiţi, nu aşa se ţine o casă".

✓ pentru că nu au o viaţă proprie — există părinţi care toată viaţa nu au făcut altceva decât să trăiască prin şi pentru copiii lor, şi-au pus toate speranţele şi aştepările în ei, astfel încât, în momentul în care copilul îşi întemeiază propria familie, părintele se simte exclus şi nu acceptă să fie pe locul doi. Tendinţa este să îşi şantajeze şi să îşi manipuleze copilul pentru ca starea de fapt a lucrurilor să nu se schimbe, pentru ca tot el, părintele, să rămână pe primul loc. Apar criticile la adresa ginerelui/nurorii, subestimarea şi desconsiderarea făţişă sau voalată, plângerile sau nemulţumirile. Intenţia ce stă la baza acestui comportament este următoarea: „dacă îi detronez partenerul, eu voi ocupa primul loc".

✓ din gelozie — în special mamele de băieţi sunt mult mai protective şi mai posesive din cauza faptului că îşi privesc băiatul ca pe un „bărbat ideal" şi nicio femeie nu se poate ridica la standardele pe care aceasta le are (standarde absurde care, de cele mai multe ori, semnifi-că de fapt motive inventate pentru care partenera nu este suficient de bună pentru copilul său). Indiferent dacă nora/ginerele corespun-de sau nu standardelor, gelozia este cauzată de dificultatea de a accepta că o altă persoană este acum mai importantă decât părintele.

Nu este normal să existe o competiţie între noră şi soacră, între ginere şi socru. Pentru că rolurile ce îi definesc sunt complet diferite şi pentru că nu vorbim despre aceeaşi felie de tort. Eşti egoist, ca părinte, dacă îi impui sau îi induci copilului tău să renunţe la viaţa sa, la relaţia sa ori la planurile sale pentru bunăstarea ta personală. Dai dovadă de imaturitate şi de lipsă de respect (faţă de copilul tău, în primul rând) dacă îi vorbeşti de rău partenerul, dacă încerci să-l denigrezi ori dacă pur şi simplu alegi să fii împotriva lui. Nu poţi impune nimănui şi nu poţi pretinde să deţii un „monopol al iubirii".

✓ nu vor să îşi asume responsabilitatea pentru propriile alegeri sau decizii, pentru viaţa lor — dacă un părinte alege „să se sacrifice" pentru copilul său, nu ar trebui niciodată să-i reproşeze acest lucru şi, mai mult decât atât, nu ar trebui să-l împovăreze pe acesta cu responsabilitatea alegerilor pe care el însuşi le-a făcut. În general vorbim despre acele situaţii în care părintele îi impune copilului şi partenerei/partenerului acestuia să facă anumite lucruri de dragul său, apelând frecvent la manipulare şi şantaj emoţional „pentru biata ta mamă nu poţi să faci măcar atâta lucru?", „după câte am făcut pentru tine, mă laşi singură... / mă laşi să mor singură în casa asta amărâtă etc." Bineînţeles că toate acestea sunt exagerări şi victimizări menite să-l facă pe copil să se simtă vinovat şi să renunţe la planurile şi dorinţele sale pentru a face pe plac unui părinte care îşi tratează copilul ca pe un servitor, şi nu ca pe un adult care este liber să facă ce vrea cu viaţa sa.

Mila şi vinovăţia sunt sentimentele care funcţionează cel mai bine, iar un părinte egoist şi egocentric tocmai la acestea apelează. Copilul se va simţi constrâns „să-şi ajute" părintele, adică să facă ce vrea acesta, când vrea acesta. Există atâtea cazuri în care mama, rămasă singură, ori tatăl, rămas singur, spune „of, săraca/săracul de mine, că am ajuns singur/ă la bătrâneţe şi eu numai pe voi vă mai am, dacă nu mă ajutaţi nici voi, ce se alege de mine? Că eu nu mai pot şi mi-e greu şi mie şi nu mai ştiu ce să fac".

Am mai spus acest lucru și o să-l repet — nu copilul este responsabil de alegerile și de viața părintelui său. Nu trebuie să preia asupra sa nefericirea, neputința (autoindusă), trăirile sau problemele părintelui.

Dragi „copii", nu vă lăsați manipulați și nu vă învinovățiți pentru felul în care părinții voștri au ales să-și construiască viața. Datoria voastră în această lume nu este să vă sacrificați viața pentru mulțumirea și fericirea lor, sau pentru simplul fapt că și ei s-au „sacrificat" pentru voi, ci să vă urmați propriul drum.

Eu nu spun să nu ne ajutăm părinții, ci doar să facem clar distincția între „ajutor" și „abuz". Este un abuz ca părintele să se amestece în viața copilului său și să îi dicteze sau să îi impună ce să facă, cu cine să-și petreacă timpul sau pe cine să iubească. Este un abuz ca părintele să-și critice în permanență copilul și alegerile sale, partenerul său și stilul de viață al celor doi. Este un abuz ca părintele să-și manipuleze și să-și șantajeze emoțional copilul.

Normalitatea este (sau ar fi frumos să fie) ca părintele, din momentul în care copilul său și-a luat viața în propriile mâini, să nu-l mai privească ca pe un copil căruia să-i impună ce și cum să facă. Să-l privească ca pe un adult responsabil de propriile alegeri și să aibă încredere în el și în deciziile sale. Un adult care are dreptul la intimitate, la viață proprie, la a-și construi o relație de cuplu așa cum dorește, cu cine dorește.

Normal este să ai curajul să spui „nu" părinților tăi fără ca acest lucru să declanșeze după sine o întreagă dramă. Să nu le mai permiți să se amestece în viața ta în niciun fel. Să le spui că dacă vei avea nevoie vreodată de sfatul lor, îl vei cere. Să îți aperi partenera/partenerul de viață în fața lor și să nu le mai permiți vreodată să se comporte cu lipsă de respect față de ea/el. Cu atât mai mult cu cât ți-e părinte, ar trebui ca acțiunile sale să arate iubirea și respectul – dacă un necunoscut ți-ar vorbi de rău partenerul ori s-ar comporta urât cu el, cu siguranță nu ai închide ochii și nu ai permite acest lucru.

Dacă partenera/partenerul tău acceptă ca părinții săi se amestece în viața voastră, să ia decizii în locul vostru, să danseze cum i se cântă fără să țină cont de nevoile și dorințele tale, fără să acorde importanță sentimentelor și nemulțumirilor tale, gândește-te cât de matur este el, de fapt, din punct de vedere emoțional și dacă mai ești dispus/ă să accepți căsătoria cu întreaga sa familie. Pentru că, da, în aceste situații este ca și cum nu te-ai fi căsătorit cu un singur om, ci cu întreaga lui familie. E ca și cum noaptea, când ai stinge lumina, ai fi tu cu partenerul tău în pat, și părinții voștri la mijloc, între voi. E ca și cum te-ai apuca să faci o salată și ai întinde mâna după roșii, însă o persoană ți-ar da peste mână, ți-ar întinde o pungă de carne congelată și ți-ar spune – mai bine fă tocană. Din punct de vedere psihologic la nivelul acesta se ajunge. Ajungi să te simți invadat și controlat. Continuând metafora, fără limite și granițe clare de interacțiune, vei ajunge să visezi la salate de roșii, dar te vei vedea nevoit să mănânci numai tocană de carne, deși tu ești vegetarian. Vei vrea să dormi pe partea stângă a patului, dar vei fi nevoit să dormi pe partea dreaptă, deoarece acela este locul preferat al soacrei tale.

Atunci, când se întemeiază o familie sau se formează un cuplu, nu mai vorbim de interesul unei singure persoane. În momentul în care ești împotriva partenerului de viață al copilului tău, ești, de fapt, împotriva interesului propriului copil. Chiar dacă declari că ce faci este pentru binele său, de fapt, acționezi împotriva acestui bine. Și mai mult decât atât, te invit să te gândești la faptul că binele tău poate să nu fie binele lui.

Un cuplu este format din doi parteneri care au ales să fie împreună pentru că au avut motivele lor proprii și personale. Bucuriile lor sunt ale lor, la fel cum și problemele, alegerile și deciziile le aparțin în totalitate. Nu are nimeni dreptul să se amestece și să încerce să schimbe, „să salveze" ori „să ajute" în vreun fel dacă acea intervenție nu îi este solicitată.

Nu mai permite nimănui să-ți spună ce și cum ar trebui să gândești și să simți ori ce ar trebui să faci. Tu știi cel mai bine! Iar în momentul în care simți că e prea mult, reîntărește-ți ferm și clar limitele și granițele și adu-ți aminte de faptul că fiecare om este sută la sută responsabil de propria-i fericire!

Cu siguranță, cunoști și tu relații în care cei doi se ceartă frecvent, se abuzează psihic sau fizic unul pe celălalt (jigniri, acuze, manipulare, șantaj emoțional, lovituri etc.) se despart, se reîmpacă, doar pentru a o lua de la început. Aceste relații sunt un adevărat roller-coaster emoțional pentru cei doi parteneri, îi epuizează din punct de vedere energetic, însă cu toate acestea continuă până în momentul în care fie ajung la un acord (asta se întâmplă mai rar), fie se despart definitiv pentru că-și fac mult prea mult rău.

Există relații unde majoritatea conflictelor apar din cauza problemelor de comunicare și atunci, dacă ambii parteneri sunt dispuși să depună efort pentru a rezolva aceste probleme și își asumă partea lor de responsabilitate, le pot depăși cu succes. De cele mai multe ori, aceste conflicte sunt o consecință a faptului că nu ne exprimăm dorințele și nevoile, că nu ne exprimăm nemulțumirile și permitem să se acumuleze frustrări până când izbucnim, la un moment dat, că nu ne simțim ascultați sau înțeleși, că încercăm să ne impunem în fața celuilalt cu orice preț într-o luptă pentru putere, că avem tot felul de așteptări și de pretenții de la celălalt care nu ne sunt îndeplinite ș.a.m.d.

Cu toții trecem prin astfel de momente, ele sunt inevitabile pentru oricare două persoane care au o viață în comun. Însă, felul în care ne raportăm la aceste conflicte face ca relația noastră să devină mai sudată sau să începem încet-încet să ne dușmănim.

Când apare un conflict, tentația este să-l învinovățim pe celălalt, să ne demonstrăm punctul de vedere, să câștigăm lupta sau să-i impunem celuilalt perspectiva noastră. În aceste momente nu mai suntem dispuși să ascultăm, să înțelegem de ce s-a ajuns aici și ce se poate face pentru a rezolva problema. Ne supărăm, ne înfuriem și dăm vina pe celălalt: „Cum ai putut să faci asta?", „Tu niciodată nu ții cont de ce spun eu", „Tu întotdeauna faci așa..." etc. De la o problemă specifică cu care ne confruntăm ajungem să generalizăm, să exagerăm, să blamăm, ne aducem aminte de alte lucruri din trecut care ne-au deranjat la partener și îi facem reproșuri, izbucnim în lacrimi, refuzăm orice altceva decât ceea ce ne dorim să auzim, amenințăm, facem o criză de isterie sau de furie — recurgem la orice mijloc prin care am putea să câștigăm această luptă. Pentru că, da, până la urmă este vorba despre o luptă pentru putere și nu despre cum să fim mai fericiți amândoi în cuplu — ci doar unul dintre noi. Ne dorim să aducem argumente atât de clare, încât partenerul să fie nevoit să se așeze în genunchi în fața noastră și să-și ceară iertare, din tot sufletul. Sau, în dialogul nostru interior, punem la „dosar" probele care s-au adunat de-a lungul timpului și care ne fac să ne simțim victime în fața partenerului care este agresorul și de la care așteptăm acum salvarea.

Atunci, când un conflict escaladează, cel mai bine este să te retragi câteva minute și să te calmezi pentru ca, mai apoi, să puteți purta o conversație care, într-adevăr, să vă ajute să rezolvați problema. Reproșurile, învinovățirea celuilalt sau victimizarea sunt parte din problemă, nu din soluție. Într-un conflict nu există un singur vinovat, ci amândoi sunt responsabili de situația creată. Așadar, înainte de a da vina pe celălalt, gândește-te care este contribuția ta.

Asumă-ți trăirile, conștientizează ce anume declanșează în tine reacțiile pe care le ai — poate că asociezi ceva din ce spune sau face partenerul tău cu altceva din trecutul tău. Poate ai traume (din copilărie sau din alte relații) și ești foarte sensibil la anumite subiecte, atitudini sau comportamente de-ale partenerului tău. Poate ai așteptări nerealiste de la cel de lângă tine, pe care nici măcar nu i le comunici. Poate ești dependent de el și-ți dorești să-l determini să-și asume responsabilitatea pentru fericirea ta. Poate ești, pur și simplu, egoist și egocentric și nu accepți ca partenerul tău să fie altfel decât vrei tu. Poate îi ceri să facă compromisuri, sacrificii, să renunțe la sine ca să te mulțumească pe tine...

Dacă acestea sunt cauzele pentru care se declanșează conflictele în relația voastră, problema este la tine și nu la partenerul tău. Conștientizează-le și caută să le rezolvi, fără să mai pui povara asupra relației tale. Pe termen scurt, s-ar putea să ai sorți de izbândă (deoarece, din păcate, oamenii sunt reactivi la vină și la rușine, la manipulare și șantaj emotional), însă pe termen lung relația voastră se îndreaptă către un dezastru.

Atunci, când învățăm să comunicăm unul cu celălalt cu adevărat, rareori vom mai ajunge la certuri, conflicte ori chiar scandaluri. Dacă există probleme în relația voastră, cel mai bine este ca acestea să fie discutate cu calm, fiecare spunându-și punctul de vedere și fiecare ascultându-l pe celălalt.

Atunci, când îți spui punctul de vedere, asumă-ți responsabilitatea pentru ceea ce simți și nu mai da vina pe celălalt pentru trăirile tale. În loc să spui „Din cauza ta m-am supărat", „Mi-ai stricat ziua", mai degrabă formulează „Atunci când tu faci/spui asta... eu mă simt..." Spune ce anume te deranjează și cum altfel ai dori să stea lucrurile. Dacă celălalt își dorește cu adevărat să schimbe ceva, va schimba acel ceva, fără șantaj emotional, fără supărări și resentimente. Comunicarea înseamnă să știi să asculți, în primul rând — să nu-ți întrerupi partenerul, să-i respecți punctul de vedere, chiar dacă nu ești de acord cu el, să-i oferi șansa de a se exprima. Înseamnă a spune ceea ce gândești și simți într-o manieră autentică și sinceră care implică un respect ridicat atât față de tine, cât și față de celălalt. Înseamnă a respecta și a fi dispus să înțelegi punctul de vedere al celuilalt, chiar dacă nu ești de acord cu el. Înseamnă a-ți asuma responsabilitatea pentru ceea ce gândești și simți, fără a-l învinovăți pe celălalt pentru asta. Înseamnă, în primul rând, să identifici problema la tine și mai apoi la celălalt, să vii cu soluții, să-l întrebi dacă este de acord cu acele soluții, să-l întrebi cum vede el situația, care este punctul său de vedere, care dintre soluțiile expuse de tine sunt dezirabile pentru el și ce alte soluții vede pentru ca, mai apoi, să decideți dacă puteți sau nu să ajungeți la un consens. Înseamnă să poți cere orice, însă fără a pretinde nimic. Când pretinzi în loc să ceri cu simplitate și ești refuzat, vei fi trist sau furios deoarece considerai că ești îndreptățit să primești. Înseamnă să fii dispus să accepți un refuz la fel de bine cum poți accepta un răspuns pozitiv. Înseamnă să expui într-o manieră obiectivă faptele, evitând judecățile și interpretările.

Atunci, când simțim că nu suntem înțeleși, ascultați, importanți pentru partener, când nu ne acordă interes sau când nu există comunicare, ci conflicte, critici, acuze, așteptări, pretenții, manipulare, șantaj emoțional, ne închidem în noi înșine și refuzăm contactul. O relație în care nu suntem validați, apreciați, respectați, admirați, în care nu putem să spunem ce simțim de teama reacțiilor partenerului duce la răceală și distanțare. Dacă aceste probleme nu se rezolvă din timp se ajunge fie la despărțire, pentru că resentimentele se vor tot acumula în timp, fie la acea „singurătate în doi", în care cei doi rămân împreună fizic, însă fiecare va avea propria sa lume interioară. În acest cuplu comunicarea este legată doar de chestiunile administrative, timpul petrecut împreună este tot în tăcere — se uită la TV sau fiecare în telefonul lui, caută mereu compania altor oameni pentru nevoia de stimulare. Unul sau ambii parteneri sunt profund nefericiți, se pot instala tulburările psihice — depresie, anxietate, atacuri de panică sau chiar bolile psihosomatice.

O relație de cuplu, pentru a rămâne vie în timp, are nevoie de implicarea activă a ambilor parteneri. Faptul că ați format un cuplu nu garantează că veți rămâne împreună dacă nu luați mereu pulsul relației, nu vă implicați, nu vă dați interesul și nu încercați să rezolvați problemele care apar inerent între două persoane.

Multe conflicte escaladează pentru că ne dorim mai mult să fim ascultați decât să ascultăm, să ne impunem părerile în loc să ne punem, măcar pentru o clipă și în locul celuilalt pentru a înțelege problema și din punctul lui de vedere. Cu siguranță nu numai noi avem dreptate, iar dacă avem răbdare să îl ascultăm pe celălalt, vom reuși să înțelegem mai bine ce crede și simte el și ne vom face o imagine de ansamblu asupra situației care poate fi destul de diferită de cea pe care o aveam noi inițial în mintea noastră.

Odată ce amândoi v-ați spus punctul de vedere, focalizați-vă pe a găsi soluții care să vă fie benefice amândurora, adică să ajungeți la un consens. Negociați și renegociați, testați soluțiile și observați care dintre ele vi se potrivește cel mai bine.

O relație armonioasă nu este un câmp de luptă între două persoane care suferă, ci un spațiu unde ne desăvârșim și ne împărtășim fericirea și iubirea.

Relațiile abuzive
Dar există, din păcate, relații care sunt atât de disfuncționale și toxice, încât singura soluție este despărțirea, iar încercarea de a rezolva problemele prin comunicare se dovedește a fi inutilă deoarece problemele sunt mult mai adânci și mai grave.

Care sunt motivele şi trăsăturile de personalitate ale persoanelor implicate în astfel de relaţii?

✓ Partenerul care acceptă abuzul are, de obicei, o stimă de sine scăzută, o lipsă de încredere în sine, astfel că inconştient crede că doar atât merită. De cele mai multe ori în istoria de viaţă a unei astfel de persoane, găsim părinţi ale căror metode educative au impus copilului supunerea, i-au îngrădit iniţiativa şi dezvoltarea sănătoasă a Eului sau, în cazul persoanelor de sex feminin, o educaţie care implică docilitatea era de la sine înţeleasă datorită preceptelor religioase, morale sau sociale. Atunci, când un om nu simte că este suficient de puternic ca să se bazeze pe propria persoană în călătoria vieţii, va avea tendinţa să se agaţe şi să devină dependent de orice formă de putere exterioară, fie ea reală sau nu.

✓ În astfel de relaţii există şi o componentă sado-masochistă, în sensul că partenerul cu tendinţe sadice (agresive, dominatoare) are nevoie de o victimă care să i se supună, căreia să-i ia constant puterea, să se hrănească cu ea şi, astfel, să aibă un fals sentiment de putere. Îi face plăcere să caute greşelile partenerului, să-l umilească, să-l facă să se simtă vinovat şi ruşinat deoarece toate acestea îl fac să se simtă puternic, în control. Şi la partenerul cu tendinţe dominatoare vorbim despre un dezechilibru la nivel emoţional şi chiar psihic — el are nevoie să-şi exercite puterea asupra cuiva ca să se simtă bine. Iar, după cum spuneam mai sus, „victima" perfectă este o persoană care nu are o părere prea bună despre sine şi acceptă acest tip de comportament, deoarece îl consideră cumva „normal". O persoană sadică este la fel de vulnerabilă şi de labilă în forul său interior ca şi o persoană care acceptă abuzul, însă diferenţa este dată de faptul că abuzatorul îşi sporeşte puterea prin asuprirea celuilalt, iar abuzatul, datorită slăbiciunii interioare pe care o are, se simte cumva în siguranţă alături de o persoană care are o aparenţă de om puternic.

Ce anume declanşează tendinţele sadice într-o fiinţă umană? De ce are nevoie cineva să umilească sau să asuprească pe un altul? Karen Horney spunea că „nimeni nu dezvoltă tendinţe sadice pronunţate dacă nu are un profund sentiment de inutilitate referitor la propria-i viaţă. De aceea începe să urască viaţa şi tot ce este pozitiv în ea. Fericirea celorlalţi şi naivele lor speranţe de plăcere şi bucurie îl enervează. Dacă el nu poate fi fericit şi liber, de ce ar fi ei altfel? La sadic, tendinţa de a-i frustra şi de a zdrobi sufletul celorlalţi este o regulă inconştientă, dar scopul este sinistru: să împartă celorlalţi suferinţa sa; dacă ceilalţi sunt la fel de învinşi şi de degradaţi ca şi el, propria-i mizerie este atenuată prin faptul că nu se mai simte singurul care suferă."

O astfel de persoană îşi poate sacrifica şi propria libertate, va renunţa la carieră, la plăcerea de a întâlni alte persoane decât să-i permită partenerului vreo manifestare de independenţă. Persoana abuzată nu are încredere în ea şi se agaţă de abuzator. Cu cât mai mult durează o astfel de relaţie, cu atât mai greu îi va fi să se desprindă deoarece simte că puterea ei se află la celălalt şi fără el ar fi pierdută. Abuzatorul are nevoie de o persoană pe care o oprimă ca să poată să-şi exteriorizeze tendinţele sadice. Pentru eliberarea ei, o persoană abuzată are nevoie să-şi construiască un Eu puternic, să dobândească încredere în sine şi, abia apoi, se poate elibera din această relaţie profund disfuncţională. De obicei, va apela la ajutor doar atunci când abuzul fizic va deveni de nesuportat sau când va interveni cineva din afară.

Amândoi partenerii din relaţia de acest tip sado-masochist suferă de tulburări de personalitate şi au un fond nevrotic pronunţat, astfel că psihoterapia poate să-i ajute să se elibereze de tarele psihologice şi de personalitate care au permis să se ajungă în acest punct. Suferinţa ambilor poate să înceteze cu un efort de voinţa din partea lor.

✓ *Dependența de suferință* — da, oamenii devin dependenți de suferință, de trăirile negative, la fel cum devin dependenți de orice altceva.

✓ *Adrenalina* — o relație furtunoasă, cu diferite suișuri și coborâșuri, poate să le dea partenerilor sentimentul că se simt vii, că trăiesc viața din plin. Partea mai puțin plăcută este faptul că, atunci când accesăm frecvent trăiri emoționale negative, de tipul furiei, tristeții, suferinței psihice, sănătatea noastră fizică și psihică are mult de suferit.

✓ *Atașamentul de propria investiție* — „am investit atât de mult în relația aceasta, am suferit atât de mult, astfel că nu pot să renunț acum"... și continuă să investească, iluzionându-se că poate va fi mai bine în viitor, speranță care, în majoritatea cazurilor, este complet lipsită de temei.

✓ *Imaturitatea și instabilitatea emoțională și psihică a partenerilor*, precum și diferitele tulburări de personalitate: tulburarea borderline, tulburarea narcisică, tulburarea de tip histrionic (isteric), tulburarea antisocială, tulburarea paranoidă, tulburarea de tip dependent. Aceste tipuri de tulburări de personalitate nu sunt diagnosticate și tratate ca atare (din păcate), iar unele persoane prezintă multiple trăsături care fac parte din tabloul clinic al acestor tulburări, însă cei din jur le tolerează, considerându-le ca făcând parte din normalitate. Relația cu o persoană care are o tulburare de personalitate va fi întotdeauna dificilă și, mai mult sau mai puțin, conflictuală.

✓ *Dorința de a obține aprobarea și validarea partenerului*: „dacă încerc suficient de mult, poate într-o zi își va da seama că nu sunt așa cum mă vede acum (prost, idiot, lipsit de valoare etc.)". Însă, odată ce o persoană și-a format o părere despre cineva, este foarte greu să și-o schimbe, mai ales după o perioadă în care interacțiunea dintre ei s-a bazat pe o anumită dinamică.

Dacă ești într-o astfel de relație, este foarte posibil să te regăsești (sau să-l încadrezi pe partenerul tău) în explicațiile pe care le-am scris mai sus. Ce se poate face? Apelează la un ajutor de specialitate — psihoterapeut centrat pe psihoterapie individuală sau psihoterapeut de cuplu, pentru a înțelege și a lucra asupra tuturor aspectelor care necesită intervenție. O problemă de acest gen nu prea are șanse să se rezolve de la sine, așa că renunță să te mai amăgești și dă-ți voie să ai relații de calitate, care să te împlinească.

O relație toxică sau disfuncțională îți ia din bucuria de a trăi, te împovărează, te face să te pierzi în spirala compromisurilor neîncetate și te îmbolnăvește la propriu. Există atât de mulți oameni care trăiesc în astfel de relații și mulți dintre ei, din păcate, nici măcar nu realizează cât de disfuncțional este acest gen de relaționare. Astfel de relații implică limitarea libertății partenerului, amenințări, inducerea fricii sau adoptarea unei poziții de victimă prin care plasezi responsabilitatea bunăstării tale asupra sa, reproșuri și critici constante, dependența de partener, compromisuri reciproce și sacrificii „ca să fie bine", devalorizare, umilire, jignire — într-un cuvânt — abuz; control, posesivitate și gelozie, manipulare și șantaj emoțional și așa mai departe.

În cele ce urmează vom discuta mai detaliat despre trei dintre aceste elemente și anume: manipularea psihologică, sindromul stockholm ca și efect al abuzurilor relaționale, gelozia.

Manipularea psihologică

Manipularea psihologică este un subiect pe care l-am tot adus în discuție deoarece reprezintă, din păcate, o unealtă atât de frecvent folosită în cadrul relațiilor și este important s-o recunoaștem pentru a ne putea apăra și a nu pica în această capcană. Manipularea psihologică presupune influențarea gândirii, emoțiilor și comportamentului cuiva prin anumite metode ascunse și chiar abuzive cu scopul de a servi intereselor manipulatorului. Desigur că, trăind în interdependență, cu toții suntem supuși influențelor celorlalți, însă acum nu voi discuta despre influențarea reciprocă pozitivă ca parte componentă a oricărei relații constructive, ci despre o anumită formă de manipulare în care realitatea persoanei devine atât de distorsionată, încât începe să-și pună la îndoială amintirile, percepțiile, judecata și chiar propria sănătate mentală. Denumirea originală cunoscută în limba engleză este „gaslighting" și este inspirată dintr-un film „Gaslight" din 1944 în care un soț își manipulează soția pentru a o face să creadă că și-a pierdut mințile.

Manipulatorul îi induce victimei în mod sistematic un sentiment de confuzie și anxietate, încercând s-o determine să nu mai poată funcționa independent, să-și piardă echilibrul psihic și emoțional precum și încrederea în sine cu scopul de a dobândi control și putere deplină asupra acesteia.

Această formă extremă de manipulare este poate mai des întâlnită decât ne-am fi așteptat, mai ales în cadrul relațiilor de cuplu. Este, de fapt, un abuz psihologic și emoțional. De ce-ar face cineva așa ceva? Întrebarea este retorică, bineînțeles. Așa cum există relații frumoase și armonioase, dar și oameni conștienți de sine care caută în permanență să evolueze și să-și depășească punctele slabe, tot așa există relații toxice și disfuncționale și oameni care înțeleg prin relaționare impunerea dominației asupra celuilalt prin orice mijloace posibile, cu scopul de a le servi intereselor egoiste.

Un astfel de exemplu este acela când ea se dedică numai familiei și copiilor, însă, la un moment dat, decide că vrea să-și urmeze un vis mai vechi. Să-și continue studiile și să înceapă o carieră. El, la aflarea acestei vești, se enervează și îi reproșează că este o soție și o mamă denaturată. Că își abandonează familia, că este o egoistă și că, oricum, el le oferă tot ce au nevoie. Într-o discuție ulterioară, când ea încearcă să clarifice lucrurile și îi spune că nu se simte susținută, ci dimpotrivă, el îi desconsideră trăirile și îi spune pe un ton împăciuitor că exagerează, că el tot timpul a susținut-o, că i-a oferit tot ce a avut nevoie, însă că se gândește la binele ei, la faptul că va fi tot timpul obosită și că nu va mai avea timp de ce este cu adevărat important pentru ea, plus că în societatea actuală sunt atâția oameni care se ocupă cu ce-ar vrea ea să se ocupe și s-ar supune la multe riscuri inutile care i-ar prejudicia sănătatea.

Vorbim așadar despre o manipulare prin care el încearcă s-o facă pe ea să se îndoiască de propriile alegeri și dorințe, cu scopul de a nu pierde avantajele situației prezente.

Cum îți dai seama că ești manipulat? Această formă de manipulare începe cu anumite jocuri psihologice prin care abuzatorul te induce în eroare, scopul fiind acela de te determina să nu mai ai încredere în capacitatea ta de a percepe realitatea așa cum este. Te simți deseori confuz și începi să te îndoiești de adevărul pe care îl cunoști — tu știi că lucrurile s-au întâmplat într-un fel anume, însă cel care încearcă să te manipuleze vine și-ți spune „ți se pare", „nu a fost așa", „exagerezi". De fapt, încearcă să întoarcă lucrurile în favoarea sa, în așa fel încât tu să pari cel irațional sau „nebun". Când este confruntat, adoptă deseori o atitudine falsă de bunăvoință, vrea să pară rațional și asertiv pentru a-ți transmite ideea că este în control, stăpân pe situație, că el este cel care are dreptate și tu cel care greșești. Vrea să-ți arate că îi pasă, și tocmai pentru că îți vrea binele încearcă să te aducă „pe calea cea bună". Ceea ce face, de fapt, este că îți desconsideră sentimentele și se joacă cu punctele tale slabe.

Atunci, când tu știi că ai dreptate, însă cealaltă persoană începe și-ți spune de fiecare dată că „nu este așa", „nu am spus asta", „nu știu despre ce vorbești", „te înșeli", „îți imaginezi", când te acuză că ești prea sensibil sau emoțional, că faci din țânțar armăsar, că te enervezi și te superi fără motiv, începi să te îndoiești și mai mult de tine. Chiar începi să crezi că ești prea sensibil, că nu ești îndreptățit să simți ceea ce simți. Scopul este ca tu să-ți pierzi încrederea în tine, să gândești că ești cel care greșește pentru a nu mai avea curajul să te împotrivești abuzurilor și, mai mult decât atât, să nu le mai percepi drept abuzuri. Să ajungi să ai încredere în el și în ceea ce spune și să te îndoiești de tine și ceea ce gândești tu. Poate chiar ți-a indus ideea că el are întotdeauna dreptate ori că știe mai bine și că ceilalți greșesc tocmai pentru a fi acea persoana la care să te întorci atunci când ai nevoie de confirmări, când ai îndoieli. Astfel, să devii ușor de controlat și redus la tăcere.

Cu timpul, ajungi să te simți din ce în ce mai nesigur și temător, că ceva este greșit cu tine și-ți este din ce în ce mai frică să spui ce gândești sau să-ți exprimi emoțiile. Simți că nu mai știi cine ești, ca și cum ți-ai pierde identitatea. Nu mai poți să ai încredere în judecata ta. Începi să crezi ceea ce ți se spune că ar fi bine să crezi și să te comporți cum ți se spune că ar fi bine să te comporți. Te simți mai slab și mai puțin încrezător decât erai în trecut și îți e greu să iei decizii, fie ele și minore. Astfel, cauți mereu aprobarea celuilalt și trăiești mereu cu teama de a nu greși din nou. Pentru că ți s-a reproșat de prea multe ori că greșești, că nu faci lucrurile cum trebuie, că nu ai dreptate. Ajungi să-ți ceri scuze pentru aproape orice — pentru a evita un alt conflict, pentru a evita reproșurile, pentru că te simți vinovat.

Ești măcinat de incertitudini pentru că, deși simți că ceva este în neregulă, nu poți să-ți dai seama ce. Te gândești că tu ai o problemă. Începi și analizezi din nou faptele, însă nu ajungi la nicio concluzie. Într-un fel, știi că ai dreptate, însă îți amintești de toți acei „exagerezi", „te înșeli", „ești prea sensibil", „ți se pare". Nu mai știi care e realitatea pentru că abuzatorul ți-a diminuat atât de mult încrederea în tine, încât chiar ai ajuns să crezi că tu ești cel nebun, exagerat, „defect".

Începi să simți că nu poți să faci nimic cum trebuie, că nu ești suficient de bun. Te simți din ce în ce mai trist și deprimat, neînţeles şi lipsit de speranţă. Chiar te învinovăţeşti că nu poţi să te mai bucuri de lucrurile de care te bucurai înainte, că nu mai eşti cum erai înainte pentru că ceva cu siguranţă s-a schimbat. Eşti confuz, agitat, te simţi pierdut, ruşinat şi vinovat şi din acest motiv apare tendinţa de a te izola. Eviţi să mai vorbeşti cu alţii despre aceste lucruri pe care nici măcar tu nu le mai poţi înţelege.

În preajma abuzatorului ai un sentiment aparent inexplicabil de teamă, cumva te simţi ameninţat şi în pericol fără să-ţi dai seama de ce. Nu poţi să ai încredere în tine, dar nu poţi să ai încredere nici în el. Eşti sfâşiat de un conflict intrapsihic.

Simţi că ceva nu este în regulă, însă îţi vine greu să crezi că, într-adevăr, aşa stau lucrurile pentru că nici măcar nu poţi să-ţi dai seama exact despre ce e vorba. Simţindu-te în pericol, recurgi la anumite strategii de apărare, cum ar fi ataşarea de agresor — atunci, când suntem abuzaţi în mod repetat, pentru a putea să facem faţă traumei, ne întoarcem din punct de vedere psihologic în copilărie (regresăm), atunci când ne apăram de pericolele resimţite prin ataşamentul faţă de mamă, numai că de data aceasta persoana de ataşament este agresorul. Iar faptul că tu eşti ataşat de cel care îţi face rău, îţi face imposibilă plecarea. În acest caz, trebuie să te supui dorinţelor abuzatorului, negându-te pe tine, văzându-te nevoit să faci compromisuri. Devii inautentic, nu mai ştii cine eşti, treptat începi să renunţi la valorile tale, la credinţele tale, la nevoile tale. Eşti tratat cu lipsă de respect şi desconsiderat, însă, din când în când, lăudat şi apreciat, tocmai pentru a te gândi că situaţia nu e chiar aşa de rea. Şi exact în acele momente apar vinovăţia şi îndoielile „Cum am putut să gândesc că nu mă iubeşte/nu ţine la mine/nu mă apreciază/este un om rău?". De fapt, aceste aprecieri, dacă stai să te gândeşti, îţi sunt adresate tocmai atunci când îi faci pe plac, când renunţi la tine pentru el/ea, când faci ceva în interesul lui chiar dacă acest lucru este în detrimentul tău. Rămâi prins ca într-o pânză de păianjen.

Ce poți face? Ia în considerare faptele mai presus de vorbe. Atunci, când te confrunți cu o persoană care încearcă să te manipuleze, care încearcă să te convingă de niște lucruri care tu știi că nu sunt așa cum le susține ea, ai încredere în uzul rațiunii tale și confruntă acele vorbe cu evidențele din realitate. Oricât ar încerca să distorsioneze realitatea, adu-ți aminte că faptele sunt cele care vorbesc, mai presus de orice altceva — orice emoții de moment care-ți pot fi induse prin exploatarea punctelor tale sensibile.

Observă acele momente când începi să te simți confuz, când începi să-ți chestionezi propria realitate, să te îndoiești de adevărul tău interior. Ce vorbe, acțiuni și situații îți declanșează asta? Observi cumva un tipar? Care este acela? De ce anume încearcă să te convingă celălalt? Care crezi că este scopul? Cum crezi că ar beneficia el/ea din asta? Chiar crezi că te înșeli sau doar persoana respectivă încearcă să te convingă de un adevăr care nu-ți aparține pentru a-i servi mai bine intereselor proprii?

Găsește modalități prin care poți să te ancorezi din ce în ce mai mult în tine. Pare puțin lucru, însă încrederea în sine se redobândește prin fapte mărunte, atunci când începi să faci lucruri pe care ți le dorești, care îți aduc bucurie, care te fac să te simți util și mândru că le-ai făcut — lucruri prin care îți demonstrezi ție că te respecți. De ce este asta atât de important? Pentru că atunci, când nu ai încredere în capacitățile și judecata ta, nu ai curajul să te aperi în fața celorlalți, să stabilești limite și granițe, ești precum o frunză în vânt, gata oricând să fie sfărâmată de orice adiere. Te lași influențat și îi urmezi pe alții, asculți de nevoile și pretențiile lor până în acel punct în care te pierzi pe tine.

Dacă îți dai seama că ești manipulat și folosit, gândește-te dacă are rost să mai continui. Da, știu că ți-e frică. Da, știu că nu ai încredere că vei lua cea mai bună decizie. Însă, ceea ce trăiești în prezent, merită investiția ta? Și înspre ce investești? Înspre mai multă suferință?

Nu te mai închide în tine, găsește-ți curajul să vorbești cu persoane de încredere, care știi că te-ar putea ajuta, caută ajutor specializat, orice e nevoie pentru a te susține să ieși din acest cerc vicios.

Nu te mai percepe o victimă, în tine există puterea, poate încă neconștientizată, de a-ți lua viața în propriile mâini. Crede-mă, poți să treci și peste asta. Oamenii au o putere incredibilă de a face față și a depăși cele mai fatidice experiențe de viață!

Gândește realist, alege înțelept, ai încredere în tine și în deciziile tale așa cum știu că aveai odată și amintește-ți că tot ceea ce te leagă de acest prezent, de această relație abuzivă, de altfel, deși știu că-ți este greu să accepți asta, sunt doar niște emoții trecătoare ori atașamente distructive. Poți și meriți mai mult de-atât!

Manifestarea sindromului Stockholm în relații

În cazul relațiilor toxice, victima, deși este abuzată fizic, emoțional, psihic ori sexual, nu reușește să se rupă de abuzator și chiar îl apără în fața persoanelor din exterior, ori are ea însăși reacții agresive față de cei care încearcă s-o salveze de abuzuri și din mijlocul abuzurilor. În acest caz vorbim despre apariția sindromului Stockholm.

Acest sindrom se referă la o serie de răspunsuri atitudinale și comportamentale care apar în situația în care o persoană este ținută în captivitate, precum în cazul răpirilor ori luării de ostatici, și începe să dezvolte sentimente pozitive față de agresorul său, în condițiile în care dobândește credința că o evadare ar fi imposibilă și trăiește izolată de restul lumii. De ce se întâmplă asta?

Viaţa victimei este pusă în pericol, apare conştientizarea unei morţi iminente şi a faptului că supravieţuirea şi integritatea sa fizică depind de agresor. În asemenea condiţii terifiante, atunci când agresorul cruţă victima, când strecoară printre abuzuri comportamente mai puţin abuzive, pe care victima ajunge să le perceapă ca fiind „miloase", începe să dezvolte anumite sentimente de recunoştinţă faţă de acesta. Oricât de ciudat ar părea, într-un asemenea context, când persoana depinde în totalitate de agresor şi trăieşte în teroare, când nu mai poate deţine controlul asupra propriei vieţi, foloseşte ca strategie de supravieţuire crearea unei legături emoţionale cu agresorul unde nu-l percepe pe acesta ca pe cel care a creat toată această situaţie periculoasă, ci mai degrabă ca pe acela care-i oferă şansa la viaţă.

După cum spuneam mai sus, sindromul Stockholm nu apare numai în astfel de situaţii, ci şi în cazul relaţiilor interpersonale, de cuplu şi familiale, în cazul copiilor abuzaţi ori victimelor incestului.

În cazul relaţiilor de cuplu, în majoritatea cazurilor este vorba despre femei care se ataşează de partenerul abuziv, căruia îi găsesc scuze şi justificări pentru comportamentele sale, pe care îl susţin şi-l apără şi de care nu se pot despărţi. Unele dintre ele nici măcar nu-şi dau seama că sunt abuzate, deoarece încă există credinţa că abuz este doar cel fizic sau pentru că, din cauza influenţelor sociale, au ajuns să creadă că este normal.

Dacă cei apropiaţi încearcă să intervină, abuzatorul va face tot posibilul să limiteze interacţiunea cu ei şi să izoleze victima. Va spune că aceştia încearcă să-i despartă, că se bagă în relaţia lor, că sunt rău intenţionaţi. Va reacţiona cu furie, va reproşa, va şantaja emoţional, va face scandal. Pentru a evita asemenea reacţii şi alte conflicte, victima se va distanţa de prieteni şi de familie.

Izolarea victimei este una dintre strategiile abuzatorului pentru a putea deţine control absolut asupra ei. Victima, oricum, simte că nu are cum să iasă din acea relaţie, că nu există posibilitatea unei despărţiri. Pentru a-i îngreuna şi mai mult situaţia, abuzatorul poate să-i restricţioneze accesul la bani, la bunurile comune; dacă există copii, va ameninţa că-i va lua copiii şi nu-i va mai vedea niciodată; va ameninţa, de asemenea, că va avea grijă să-i distrugă viaţa, că va divulga secrete ori că se va sinucide dacă-l va părăsi.

Chiar dacă la început există „doar" nişte cuvinte urâte, mici crize de gelozie ori interdicţii pe care persoana în cauză le poate trece cu vederea considerându-le scăpări, cu timpul, abuzurile devin din ce în ce mai grave şi mai frecvente. După fiecare abuz urmează scuzele, regretele, promisiunile că nu se va mai întâmpla sau bombardarea cu „dovezi de iubire" (cadouri, gesturi atente, vorbe dulci) menite să inducă victimei confuzie şi ideea că totuşi situaţia nu este chiar atât de gravă. Dar este.

Există aceleaşi certuri ca de fiecare dată, în ciuda promisiunilor nimic nu se schimbă, chiar dacă în perioadele mai liniştite eşti convins că, în sfârşit, schimbarea s-a produs numai pentru a o lua de la capăt în scurt timp, există strădania de „a nu greşi" (adică o hipervigilenţă şi calcularea cu atenţie a acţiunilor din teama de a nu provoca o altă reacţie agresivă ori un nou scandal). Există senzaţia că n-ai putea trăi fără partenerul tău şi reîntoarcerea la acesta, ori de câte ori se produc despărţiri sau conflicte majore. Există un blocaj care te împiedică să te detaşezi în ciuda suferinţelor tale.

În cazul sindromului Stockholm, legătura de ataşament se formează în urma abuzurilor, însă de cele mai multe ori un partener începe să se ataşeze de un altul la începutul relaţiei, atunci când totul pare a fi numai lapte şi miere. Atunci când Făt-Frumos se transformă în Zmeul cel rău, există o fază de şoc şi de negare din partea victimei.

Pot apărea:

✓ sentimentele de vinovăție și rușine — victima crede că din vina ei a avut loc această transformare, că dacă-și va da seama unde a greșit, se va putea îndrepta și, astfel, partenerul său se va schimba la loc;

✓ găsirea de scuze și justificări partenerului — persoana nu poate accepta că relația ei s-a transformat într-una toxică. Pentru că realitatea se află în contradicție cu viziunea sa asupra propriei relații, persoana caută strategii prin care să elimine acest disconfort cauzat de contradicția dintre ce gândește și ce experimentează;

✓ considerarea abuzurilor drept scăpări de moment puse pe seama stresului cu care partenerul se confruntă — în aceeași categorie de scuze intră și viața grea sau copilăria nefericită pe care abuzatorul spune că a avut-o. Astfel, victima începe să simtă milă față de el, să-i justifice comportamentele susținând că și el a fost o victimă, la rândul său, și că nu e vina lui că a ajuns așa sau că face ceea ce face;

✓ apare ulterior confuzia cauzată de succedarea momentelor de teroare cu cele de afecțiune demonstrativă, speranța că totul va reveni la cum era înainte, iar stima de sine, încrederea în sine și în propriile capacități cognitive și decizionale scad, pe măsură ce frica și abuzurile cresc. În acest moment vulnerabilitatea victimei și stresul incredibil în care ajunge să trăiască o determină să privească gesturile „de bunătate" ale partenerului precum dovezi de iubire (în perioadele de acalmie), iar eliberarea resimțită în aceste momente întărește legătura afectivă bolnăvicioasă deja formată: „Ce bine că s-a potolit și nu-mi mai face rău. Parcă simt nevoia să-l/o recompensez".

Astfel, ce a început ca fiind o relație normală, s-a transformat într-una abuzivă în care persoana abuzată încearcă să găsească fel și fel de strategii prin care să facă față situației în care se află. Atitudinile, gândurile și comportamentele sale sunt direcționate înspre a-și asigura supraviețuirea și a reduce riscurile emoționale și fizice la care este supusă. Multe dintre comportamentele victimei nu semnifică ceea ce credem noi că ar semnifica (de exemplu, îndepărtarea de familie şi de prieteni sau chiar certurile cu aceştia nu înseamnă că sentimentele pozitive faţă de ei au fost înlocuite cu unele negative, ci reprezintă o strategie prin care victima reuşeşte să evite scandalurile sau agresiunile partenerului deranjat de aceste interacţiuni, prote-jându-se, astfel, pe sine).

Dacă o persoană apropiată ţie trăieşte într-o astfel de relaţie, reacţia imediată pe care poţi s-o ai este să încerci s-o convingi să se despartă, să pui presiune pe ea, să te enervezi când îţi dai seama că vorbele tale rămân fără ecou, s-o critici pentru deciziile sale, să-i vorbeşti de rău partenerul. Problema este că, făcând în mod repetat toate aceste lucruri, persoana se va îndepărta şi mai mult de tine şi se va înverşuna şi mai tare să-şi găsească justificări. Fii alături de ea, păstrează căile de comunicare deschise pentru a şti că are suport din exterior, însă realizează că nu poţi să-i schimbi gândirea şi viziunea peste noapte.

Dacă te regăseşti într-o astfel de relaţie, ţine minte că, oricât de greu sau imposibil ţi s-ar părea acum, există soluţii prin care poţi să te rupi de toxicitatea în care trăieşti. Ia în calcul varianta de a cere ajutor, pentru că, uneori, un singur pas este suficient pentru a-ţi schimba calea.

Gelozia

De-a lungul timpului, oamenii au privit gelozia ca pe o dovadă de iubire. Însă acest sentiment are prea puţin de-a face cu iubirea, ci mai degrabă cu propriile insecurităţi, cu frica de abandon, de respingere, lipsa de încredere în sine, tendinţa de a fi anxios, insta-bilitatea emoţională, o stimă de sine scăzută, dependenţa de partener, posesivitatea precum şi un stil de ataşament ambivalent.

Gelozia apare sub diferite forme atunci când simţim o ameninţare reală sau imaginară la adresa unei relaţii pe care o valorizăm. O a treia persoană este posibil să ne priveze de „obiectul" iubirii noastre. Atunci putem deveni furioşi, agitaţi, trişti şi ne simţim trădaţi, singuri, neputincioşi, excluşi, înduraţi.

Deşi acest sentiment este unul negativ, din punct de vedere evoluţionist, gelozia este un mecanism de adaptare în faţa acelor factori care ameninţă integritatea unei relaţii cu scopul de a împiedica pierderile emoţionale sau materiale. Pentru femeie, infidelitatea bărbatului reprezenta privarea de resurse pentru ea şi copiii ei, ceea ce era o ameninţare la propria supravieţuire. Pentru bărbat, infidelitatea femeii reprezenta o incertitudine a paternităţii care putea să aibă ca şi consecinţă alocarea de resurse unor progenituri care nu-i aparţin. Aşadar, fiind strâns legată de interesul de reproducere, gelozia manifestată de femei are legătură mai degrabă cu infidelitatea emoţională, temându-se că bărbatul le va părăsi ori va aloca resursele altei femei, iar gelozia manifestată de bărbaţi are legătură mai degrabă cu infidelitatea sexuală, temându-se de faptul că vor creşte copiii altui bărbat.

Indiferent de acest aspect, gelozia înseamnă frică pentru ambele sexe. Frica de a nu pierde controlul asupra persoanei care ne satisface nevoile, frica de singurătate, frica de schimbare. Conştientizarea şi recunoaşterea acestor temeri reprezintă un prim pas în schimbarea viziunii pe care o avem despre gelozie. Gelozia se transformă, aşadar, dintr-o dovadă de iubire într-o reflecţie a propriei nesiguranţe care trădează sentimentele noastre de inadecvare. Nu ne simţim suficient de buni, ne îndoim de propria dezirabilitate. În loc de a ne recunoaşte insecurităţile, care sunt adevăratele cauze ale geloziei, dăm vina pe celălalt. Dacă se poate, ne-am dori ca partenerul nostru să fie închis într-un glob de sticlă la care numai noi să avem acces, pentru a-i urmări şi controla fiecare mişcare. Căci pentru persoana geloasă mai important este să fie iubită în forma imaginată de ea decât să iubească, chiar dacă acest lucru poate însemna o subjugare a partenerului, o nevoie de a-i fi satisfăcute toate dorințele, control și încercarea de a-l transforma într-o persoană dependentă și nesigură.

Există persoane care fac tot posibilul să-și izoleze partenerii de restul lumii tocmai pentru că se tem că, dacă vor fi liberi, îi vor pierde. Persoane care manipulează, șantajează emoțional, abuzează, apelează la agresivitate și violență, interzic, controlează. Pentru că au un ego fragil și sunt nesigure. Pentru că devin geloase cu ușurință și își justifică comportamentele susținând că gelozia este o dovadă de iubire ori că le pasă. Nu, dacă iubești un om și-ți pasă de el, îl încurajezi să facă ceea ce îl face pe el fericit, chiar dacă acest lucru nu coincide cu interesele tale egoiste.

Când suntem geloși, avem tendința de a reacționa din instinct, de a ne pierde uzul rațiunii ca și cum ne-am întoarce în vremuri ancestrale când însăși supraviețuirea noastră era amenințată. Pentru a depăși aceste momente mai ușor, trebuie să ne dăm seama de ce anume ne este frică și ce putem face pentru a depăși situația. Avem noi dreptul să înlănțuim o altă ființă din cauza propriilor insecurități? Care este scopul unei relații în care simțim nevoia de a-l controla pe celălalt, de a-l spiona? Și mai mult decât atât, ce spune asta despre noi?

Nu ar fi mai înțelept să evităm situațiile care ne-ar putea crea false suspiciuni? De ce simțim nevoia de a-i umbla în telefon sau a-i verifica e-mail-ul? De ce vrem să-i aflăm parola de facebook? Când ne punem în minte că ceva nu este în regulă, cu siguranță vom găsi acele dovezi care să ne confirme asta pentru că atenția noastră va fi focalizată tocmai pe acele aspecte. Vom ajunge să interpretăm situații banale ca pe dovezi ale faptului că avem dreptate. Vom căuta nod în papură pentru a ne confirma suspiciunile. Vom găsi noi și noi motive de îngrijorare care ne vor determina să ne monitorizăm partenerul din ce în ce mai mult, rămânând blocați în acest cerc vicios al geloziei.

De ce nu am putea, în schimb, să ne focalizăm atenția pe dezvoltarea noastră personală, să facem tot posibilul să devenim noi mai încrezători? Să învățăm să ne recunoaștem adevăratele probleme și să încercăm să le rezolvăm? Să devenim acele persoane care nu depind de aprobarea și afecțiunea celor din jur? Să ajungem în acel punct în care ne dorim o relație, însă nu avem nevoie de ea. Să putem spune „aleg să fiu cu tine, nu pentru că nu pot trăi fără tine, nu pentru că viața mea nu ar mai avea niciun sens fără tine, ci pentru că te respect și te apreciez, ești un plus de valoare în viața mea și-mi doresc să-mi fii tovarăș de drum, atât timp cât îți dorești și tu."

Și oare de ce, atunci când simțim gelozie, nu putem să vorbim cu partenerul nostru despre asta? Să nu ne autoiluzionăm că nu-și dă seama. Poate că sarcasmul, furia, ostilitatea sau dorința de a-i face în ciudă ne dă de gol. Oare chiar nu putem să-i explicăm cu calm ceea ce simțim și să încercăm să găsim o soluție? Este important să putem comunica deschis și sincer cu partenerul nostru, chiar dacă ne simțim nesiguri și geloși și să fim dispuși să-l ascultăm fără a ne grăbi să judecăm sau să devenim defensivi. Altfel, sentimentele noastre reprimate mai devreme sau mai târziu, vor ieși la suprafață.

Gelozia este ca un cuțit cu două tăișuri. Devenim suficient de furioși, astfel încât să ne dorim răzbunare, însă prin tot ceea ce facem, ne facem rău nouă înșine. Urmăriri, telefoane ascultate, amenințări, șantaj, nopți nedormite, certuri și scandaluri, resentimente doar pentru a concluziona că „nu a fost demn de iubirea mea", sau „nu a meritat nimic din ce i-am oferit". Oricât de mult se pot schimba lucrurile într-o relație de-a lungul timpului, această schimbare se datorează ambilor parteneri. Da, este mai ușor să dăm vina pe celălalt, sau chiar pe o a treia persoană, însă nu partenerul nostru este responsabil pentru ceea ce simțim noi. Gelozia reprezintă, de fapt, un mijloc de atragere a atenţiei înspre adevăratele probleme din interiorul nostru — ce temeri şi nevoi nu suntem dispuşi să înfruntăm?

Iar, dacă gelozia noastră este „justificată" şi partenerul într-adevăr ne înşală, de ce ne-am dori să facem tot posibilul, cu preţul sănătăţii şi integrităţii noastre, să-l aducem înapoi? De ce ne-am dori să trăim alături de un om pe care, mai nou, îl dispreţuim? Căci marea noastră iubire s-a transformat într-un cocktail de emoţii negative. Doar ca să „îi arătăm noi lui", să-l pedepsim? Pe cine pedepsim, de fapt? Iar cu sentimentele de inadecvare şi vinovăţie ce facem? Pentru că, da, într-un fel credem că, dacă am fi fost „perfecţi", nimic din toate astea nu s-ar fi întâmplat. Şi ne simţim vinovaţi deoarece nu suntem aşa cum ne închipuim noi că ar fi trebuit să fim. Dacă partenerul se simte atras de o altă persoană, este vina noastră că nu suntem „perfecţi", iar relaţia trebuie să fie un eşec. Iar dacă credem că partenerul se simte atras de altcineva pentru că noi nu corespundem, cu siguranţă vom simţi gelozie.

Încetează să te mai învinovăţeşti pentru asta ori să mai cauţi vinovaţi. Uneori lucrurile se schimbă şi cel mai înţelept ar fi să acceptăm că se poate întâmpla şi ceea ce nu dorim să se întâmple. Din orice experienţă dureroasă avem de învăţat, iar însăşi împotrivirea este prima sursă a suferinţei noastre. Nu putem accepta ceea ce nu putem realmente schimba. De aici toate frământările, insomniile, eforturile zadarnice şi planurile minuţioase de a reveni la o stare de fapt care, oricum, nu mai există şi pe care nu o mai putem reclădi doar pentru că „aşa vrem noi" sau pentru că aşa ar fi corect. Dacă tu îţi doreşti o relaţie monogamă, însă partenerul tău nu, poate că este momentul să te gândeşti că ai fi mai compatibil cu cineva care are aceeaşi viziune despre relaţii ca şi a ta.

Iar dacă noi credem că relaţia noastră se bazează pe respect, încredere şi dragoste, însă partenerul ne minte în permanenţă, poate că ar trebui să mai aruncăm încă o dată o privire asupra realităţii.

Dacă ne simţim mereu în nesiguranţă, dacă faptele partenerului nostru nu coincid cu vorbele sale, orice lucru minor ne poate declanşa sentimente de gelozie.

Gelozia normală şi gelozia patologică

Aşa cum există o gelozie normală, care se referă la teama de a nu pierde persoana iubită, există şi o gelozie patologică caracterizată de permanenţa sentimentului că eşti înşelat.

Gelozia patologică se diferenţiază de cea normală prin intensitatea acesteia şi prin răspunsurile emoţionale şi comportamentale exagerate, nejustificate şi iraţionale. În cazul delirului de gelozie vorbim despre o primă fază de bănuială în care persoana geloasă poate interpreta anumite aspecte minore ca dovezi ale infidelităţii, un fapt banal putându-se transforma într-o adevărată catastrofă. Cu timpul, aceste bănuieli devin convingeri ferme de infidelitate. Persoana geloasă caută aceste dovezi, invadând spaţiul personal al partenerului şi trăgându-l la răspundere pentru ceea ce-şi imaginează că s-a întâmplat. Comportamentele sunt deseori violente, iar scandalurile la ordinea zilei. Gândurile sale sunt dominate de incertitudini, teamă şi paranoia, îşi creează scenarii în minte privind aşa-zisa infidelitate şi îşi imaginează cum s-ar putea răzbuna. Partenerul este deseori nevoit să-l asigure pe cel gelos că se înşală, însă nimic nu pare să-l liniştească, rezistând cu mare dificultate impulsului de a spiona şi interoga. Cu timpul, starea de nelinişte creşte în intensitate, devenind incontrolabilă şi obsedantă. Persoane din trecut sau foşti iubiţi devin de asemenea motive nejustificate de gelozie.

În cazul geloziei normale, când o persoană crede că ar putea exista o ameninţare la adresa relaţiei, devine suspicioasă, iar anxietatea şi nesiguranţa, dificultatea de concentrare asupra altor aspecte, preocuparea faţă de o posibilă relaţie a partenerului şi imaginarea sa în această ipostază reprezintă principalele manifestări ale acestei forme de gelozie. Dacă, într-adevăr, amenințarea este reală și „răul deja s-a întâmplat", persoana simte predominant tristețe, furie și durere.

Există, de asemenea, ceea ce se numește gelozie preventivă, atunci când nu există o amenințare la adresa relației, însă persoana adoptă anumite comportamente tocmai pentru a preveni apariția acesteia. Sunt făcute eforturi considerabile pentru a controla și influența comportamentul partenerului, de exemplu a-l împiedica să aibă contact cu anumite persoane.

În cazul geloziei autocreate, persoana se gândește obsesiv la posibilitatea de a fi înșelată și începe să-și imagineze evenimente și situații în care partenerul îi este infidel, devenind astfel extrem de îngrijorată și anxioasă.

Există și situații în care persoana devine geloasă „din ciudă", chiar dacă nu mai este interesată de partenerul său și nu mai există intimitate și afecțiune între cei doi, precum există și situații în care persoana se simte geloasă, furioasă ori supărată gândindu-se la fostele relații ale partenerului său.

Este important să avem încredere în partenerul nostru dacă ne dorim ca relația să funcționeze. Până la urmă ce altă opțiune avem? Dacă încercăm să controlăm lucruri asupra cărora în mod real nu avem niciun control, devenim ca niște paznici de închisoare, iar atunci care mai este bucuria de a trăi unul alături de celălalt? Trebuie să învățăm să avem încredere și în noi înșine, să ne respectăm și să ne valorizăm. Să ne vindecăm rănile din relațiile anterioare și să conștientizăm că poate, uneori, devenim geloși pentru că ne-a fost înșelată încrederea în trecut și, într-un fel, ne așteptăm ca acest lucru să se întâmple din nou. Să ne dăm seama dacă nu cumva temerile noastre actuale sunt proiecții ale trecutului.

Şi nu în ultimul rând, ceea ce mai putem face este să dobândim un mai bun autocontrol emoţional. Dacă ne lăsăm pradă emoţiilor negative fără a înţelege care este adevărata lor cauză şi fără a face nimic să ne temperăm, vom acţiona din impuls şi, de multe ori, acţiunile noastre vor fi însoţite de regrete. Cum am spus şi mai sus, chiar dacă ne-ar fi mai simplu să dăm vina pe alţii pentru ceea ce simţim şi trăim, să nu uităm că întotdeauna responsabilitatea ne aparţine.

Până la urmă, fie că vorbim despre gelozie, fie că vorbim despre alte trăiri pe care le avem, acestea provin din interiorul nostru, sunt create de mintea noastră, şi tot de noi depinde maniera de a le înţelege şi gestiona. Întotdeauna cheia se află la noi.

Când vine timpul să ieşi din relaţie...

Cu siguranţă ceea ce am expus mai sus reprezintă motive temeinice să încetezi o relaţie care te distruge din toate punctele de vedere. Pe lângă asta, sunt relaţii care se consumă, iar când nu mai rămâne nimic pozitiv, începe o lungă perioadă de agonie care ne distruge psihic şi fizic. Cu cât mai repede recunoaştem că menţinem o relaţie doar de dragul amintirilor sau al iluziilor deşarte, cu atât mai repede ne putem elibera de o povară care ne ţine pe loc şi ne îmbolnăveşte.

Este important pentru sănătatea noastră psihică să fim mereu conştienţi de felul în care ne face o relaţie să ne simţim. Atunci, când prin prisma unei relaţii şi pentru perioade lungi de timp ne simţim trişti, apăsaţi, secaţi de puteri, furioşi, este timpul să ne punem nişte semne de întrebare. Continuând acea relaţie, dăm dovadă de respect şi preţuire de sine sau, de fapt, purtăm o povară inutilă după noi?

Cum ştim că este timpul să ieşim dintr-o relaţie?

✓ când ai lângă tine un adult care are mereu nevoie de tine, de grija ta, de favoruri de la tine, care îți cere să-i rezolvi problemele pe care și le creează poate doar pentru a obține atenție sau pentru că refuză să-și asume responsabilitatea vieții sale. Aceste persoane nu caută să se maturizeze, ci le este foarte convenabil să fie dependente, să se agațe de alții și să se folosească de ei. Continuând o astfel de relație, tu, prin ajutorul constant pe care îl oferi, ești parte din problemă: îi răpești șansa acelui om de a deveni un adult asumat;

✓ când partenerul tău creează mereu drame, se plânge, se victimizează, dă vina pe toți și pe toate și, chiar și când îi merge bine, găsește câte o problemă care să-l nemulțumească. Nu este interesat de nimic pozitiv, nu dorește să-și schimbe viziunea asupra lucrurilor, ci vrea doar să fie validat în statutul său de victimă;

✓ când partenerul tău se hrănește cu emoțiile tale. Cum face asta? Caută motive de ceartă, te manipulează și te șantajează emoțional ca, mai apoi, să fie foarte drăgăstos, iar apoi o ia de la început. Acest roller-coaster emoțional te seacă de energie și nu duce niciunde;

✓ când nu poți să fii autentic lângă un om pentru că ești mereu criticat, blamat, pus la zid. Astfel, ai învățat să porți o mască, să devii ipocrit și să te porți cu mănuși doar pentru a menține acea relație. Merită?

✓ când nu arată niciun interes vis-a-vis de tine, de preocupările tale, de gândurile tale. Nu te ascultă cu adevărat, ci te întrerupe pentru a vorbi mereu despre sine;

✓ când emană constant negativitate, furie, ură, frustrare. Indiferent ce-ai spune sau ce-ai face, găsește mereu câte o problemă la orice soluție. Se detestă pe sine, pe alții și lumea. Nu poți să salvezi de sine însuși un astfel de om ci, cel mai probabil, va reuși să te molipsească și pe tine cu negativitatea sa;

✓ când încearcă să te controleze, când te simți prins într-o capcană și tot ceea ce faci este să-i satisfaci nevoia de a deține puterea asupra ta, de a-ți dicta ce ai voie și ce n-ai voie să faci — când, cum, cu cine.

Eliberează-te din închisoare pentru că nu ai venit pe lume să trăiești în lanțuri!;

✓ când, în mod intenționat, se străduiește să te descurajeze la orice pas ai dori să faci în afara relației, din frica de a nu te pierde. Întrebarea este — tu trăiești pentru tine sau pentru acel om?

✓ când te abuzează psihic prin jigniri, umilințe, cuvinte urâte și, cu atât mai mult, când te abuzează fizic.

În ciuda tuturor elementelor negative descrise mai sus, unii oameni refuză să iasă din relații toxice, spunând că stau și îndură de dragul copiilor. În aceste familii, noțiuni precum iubirea, respectul, înțelegerea, acceptarea sunt înlocuite cu dispreț, abuzuri, jigniri, lipsă de respect, conflicte, scandaluri, indiferență etc. Cu toate acestea, partenerii continuă să retrăiască în fiecare zi același calvar, cu atât mai mult cu cât există și copii la mijloc, spunând că rămân împreună de dragul lor. Însă acest lucru aduce după sine și mai multă dramă, iar efectele sunt devastatoare, în principal, pentru copii.

Sunt persoane care consideră că a ieși dintr-o relație toxică este un semn de lașitate, că ar trebui să continue să trăiască acel calvar în speranța că într-o zi își vor salva căsnicia, dovedind astfel că sunt puternici și luptători. Însă acest lucru nu este adevărat. După cum am mai spus, într-adevăr există relații de cuplu care mai pot fi salvate — se poate în acest caz să fie vorba despre anumite probleme de comunicare, o raportare sau poziționare greșită față de partener, neînțelegeri bazate pe insuficienta cunoaștere a celuilalt și așa mai departe și există relații care nu mai pot fi salvate — acolo unde de ani de zile există abuzuri, resentimente, lipsă de compatibilitate și unde umilințele, lipsa de respect, încălcarea demnității și libertății celuilalt au devenit deja tipare relaționale. În acest caz, vorbim despre strategii de supraviețuire într-o relație disfuncțională și greu de schimbat, nu despre bucuria de a ne trăi viața alături de celălalt și a evolua împreună. Așadar, a rămâne în acea relație și a îndura suferințe nu este dovadă de putere și curaj, ci dimpotrivă, însă multe persoane aleg această cale, unul dintre motivele invocate fiind binele copiilor.

Dar sunt părinți care folosesc copiii ca scuză — spun că nu se despart din cauza lor, însă adevărul este că această decizie are mult mai mult de-a face cu propriile insecurități, temeri și nevoi, decât cu binele copiilor. Și, până la urmă, despre ce bine vorbim, de fapt? Calitatea vieții de cuplu a părinților afectează în mod inevitabil interacțiunea cu copiii și îngrijirea lor. Un mediu familial dominat de conflicte, răceală afectivă, abuz verbal și fizic, își pune amprenta asupra dezvoltării ulterioare a copilului și asupra sănătății și integrității lui fizice, psihice și emoționale.

Un copil care trăiește într-o familie unde există violență trăiește într-o stare de teroare permanentă și este un copil maltratat din cauza conflictelor si a certurilor dintre părinți. În plus, agresiunea îndreptată asupra partenerului ajunge să fie direcționată asupra copilului. Fie că acest lucru se petrece în mod conștient sau incon-știent, părintele ajunge să-și elibereze asupra copilului furia pe care o simte față de partenerul său — în fond, copilul este motivul (cel pe care plasează vina la nivel inconștient) pentru care acesta rămâne în acea căsnicie.

Deseori copiii se simt responsabili de certurile și conflictele dintre părinții lor, au impresia că este vina lor, că ei au făcut ceva greșit. Acest lucru îi face să se îndoiască de valoarea propriei persoane, devin temători și anxioși, furioși, depresivi, rușinați, neajutorați, con-fuzi și încearcă să găsească diferite strategii prin care să-și împace părinții. Ei sunt cei care sunt prinși la mijloc și simt că trebuie să facă ceva pentru a soluționa conflictele, însă confuzia lor crește în mo-mentul în care atât mama cât și tatăl le induc senzația că trebuie să țină partea unuia dintre ei, pentru că acest lucru deseori se întâmplă.

Un alt aspect negativ este cel referitor la modelul pe care copiii îl învață de la părinții lor. Ei învață că este normal să jignești, să lovești, să subminezi o persoană, că o relație înseamnă conflict, lipsă de respect, teamă și neîncredere, că este în regulă să fii agresiv și că este în regulă să accepți abuzuri. Copilul va trebui, ulterior, ajutat să asimileze noi modele de relaționare între un bărbat și o femeie, mult mai sănătoase și funcționale deoarece deja și-a format o viziune distorsionată legată de felul în care este normal să se comporte oamenii unii cu ceilalți.

Într-un mediu familial afectat de violență, copilul resimte insecuritate emoțională pentru că totul este imprevizibil, se teme pentru el, pentru frații lui și pentru părintele abuzat. Sunt afectate, de asemenea, capacitatea de învățare, rezultatele școlare, inteligența generală și cea emoțională, încrederea și stima de sine, capacitatea de a gestiona stresul. Pot apărea durerile fizice — de cap, de stomac; tulburările de somn — insomnie, coșmaruri; probleme de comportament — agresivitate, fuga de acasă, probleme de adaptare la situații noi; probleme de relaționare.

Cercetările demonstrează că acești factori familiali negativi pot afecta dezvoltarea creierului unui copil și-l predispun pe acesta la apariția unor probleme psihiatrice mai târziu în viață. Un studiu realizat în 2014 de Walsh, N.D.&Co. arată că cei care au trăit într-un mediu familial dominat de conflicte, fiind expuși în copilărie tensiunilor existente între părinți și lipsei de afecțiune, aveau un cerebel mai mic. Această parte a creierului, printre alte funcții, are un rol important în controlul mișcărilor, păstrarea echilibrului static și dinamic și este implicată în reglarea fricii și a stresului. Autorul coordonator al studiului spune că expunerea copiilor și adolescenților la diverse forme de abuz, neglijență și maltratare, dar și a altor probleme de intensitate moderată poate afecta dezvoltarea creierului și că un cerebel mai mic poate indica apariția unor tulburări mentale mai târziu în viață. O expunere redusă în copilărie la medii sociale și familiale nefavorabile ajută la o dezvoltare normală a creierului și reduce semnificativ riscurile apariției tulburărilor mentale.

Mulți părinți se întreabă dacă nu cumva divorțul o să le dăuneze mai mult copiilor decât dacă ar rămâne împreună sub același acoperiș. Adevărul este că nu divorțul în sine îl afectează pe copil, ci toate conflictele și dramele la care a fost nevoit să asiste de-a lungul timpului. Cel mai bine pentru copii este să trăiască într-un mediu liniștit pentru a se putea simți în siguranță, pentru a putea să se dezvolte optim, dobândind mecanismele și abilitățile atât de necesare vieții de adult precum gestionarea stresului și a frustrării sau autoreglarea emoțională. Copiii sunt rezilienți și este important pentru ei să aibă relații bune cu ambii părinți, însă acei părinți nu trebuie neapărat să fie căsătoriți sau să locuiască împreună. Copiii au nevoie de stabilitate, previzibilitate și predictibilitate, disciplină, iubire și ca părinții lor să fie disponibili din punct de vedere emoțional și să le răspundă nevoilor. Atunci când părinții sunt angajați într-o căsnicie distructivă, conflictuală, disponibilitatea lor de a oferi copiilor ceea ce au nevoie scade dramatic. Și cu cât vor continua în felul acesta, cu atât situația se va înrăutăți. Așadar, nevoile copiilor pot fi mult mai bine satisfăcute atunci când părinții se despart și mediul familial se transformă dintr-unul toxic într-unul armonios. Să nu uităm că violențele conjugale reprezintă abuzuri emoționale asupra copiilor.

Orice copil care a crescut într-un astfel de mediu familial, odată ajuns adult, spune că ar fi preferat cu siguranță ca părinții lui să fi divorțat decât să fi rămas împreună, fiind nevoiți, astfel, să suporte zi de zi acea teroare psihică.

Însă, odată cu divorțul se petrece o schimbare în dinamica familială, iar relațiile sunt renegociate. Părinții pot coopera în vederea creșterii și educației copiilor. Ei nu mai au o legătură directă, ci acea legătură se poate rezuma la chestiuni ce-i privesc strict pe copii. Astfel, se poate ajunge la colaborare, iar conflictul se diminuează. Însă este foarte important ca părinţii să încerce să-şi rezolve, fiecare pentru sine, problemele care au contribuit la escaladarea conflictelor, să-şi ia timp pentru conştientizare, asumare, acceptare, vindecare, detaşare. A-i vorbi copilului despre celălalt părinte în termeni peiorativi, denigrându-l, nu este o soluţie viabilă deoarece responsabilitatea unei relaţii aparţine celor doi parteneri, şi nu unuia singur. În plus, copilul are nevoie în continuare de ambii părinţi. Dacă conştientizăm toate aceste lucruri, „a rămâne împreună de dragul copiilor" se transformă în „a divorţa de dragul lor".

În loc de concluzie...

În acest capitol am încercat să-ţi prezint realitatea din spatele măştilor pe care le poartă oamenii, din spatele „pozelor" frumoase pe care unele persoane le folosesc ca scut de apărare în faţa propriilor frământări pe care încă nu au curajul să şi le asume. Realitatea, de cele mai multe ori, nu este nici ca în basme, nici ca în filme, ea este aşa cum tu alegi să ţi-o construieşti. Poţi alege să faci din viaţa ta expresia cea mai înaltă a Sinelui tău real, să-ţi transformi existenţa într-o operă de artă, să ai relaţii frumoase care să-ţi onoreze fiinţa, deoarece relaţiile sunt, de asemenea, alegeri personale, conştiente sau mai puţin conştiente, după cum ai văzut şi tu.

Am încercat să-ţi arăt că iubirea nu înseamnă suferinţă, iar dacă este aşa, aceea nu este iubire. Că a iubi presupune a fi conştient de faptul că iubirea nu este condiţionată de cineva din exterior, ci de ceea ce se află în interiorul nostru. Dacă iubim pe cineva pentru că... şi, dintr-o dată, nu-l mai iubim pentru că... înseamnă că nu iubim, ci doar avem nevoie de acel cineva sau de ceea ce el ar putea să ne ofere.

Iubirea este o energie care vibrează în interiorul nostru la intensităţi mai reduse ori mai ridicate în funcţie de cât de în contact suntem cu noi înşine, în funcţie de cât de mult ne pasă de propria persoană. Iubirea faţă de un altul nu are cum să depăşească iubirea de sine deoarece iubirea pe care le-o oferim altora izvorăşte din iubirea pe care o conţinem în interior. Pentru a putea oferi ceva altcuiva trebuie, în primul rând, ca noi să conţinem/să avem acel ceva. În momentul în care intri în contact cu iubirea din interior, când te iubeşti tu pe tine, nu ai cum să te mai simţi singur. Eşti „plin de tine" în cel mai bun sens al cuvântului şi, astfel, poţi oferi din preaplinul tău altora. Atunci când nu te simţi bine în propria piele şi aştepţi o salvare din exterior (prin compania altor persoane), îţi creezi o frumoasă iluzie cum că ceilalţi ar fi responsabili de liniştea, fericirea şi „umplerea" golurilor tale şi poţi foarte uşor să cazi în capcana relaţiilor toxice.

Am încercat să-ţi arăt că în iubire creşti, te dezvolţi, eşti mai bun decât ieri. În iubire te simţi liber să fii tot ceea ce simţi să fii. De aceea iubirea nu constrânge şi nu creează închisori. Dacă te simţi ca un prizonier în relaţia ta, mă întreb oare dacă nu cumva acea închisoare a fost construită cu acordul tău, fie pentru că te simţeai lipsit de putere să alegi o altă cale ori să te opui, fie pentru că te-ai iluzionat că ceea ce construieşti nu este o închisoare, ci un palat. Închisoarea în care trăieşti nu este nici o dovadă a iubirii de sine, nici o dovadă a iubirii celuilalt, pusă pe seama protecţiei „idealului familial" sau a ideii că „eu ştiu mai bine ce e bine pentru tine", ci este o dovadă a nesiguranţei de sine, atât din partea paznicului devenit agresor, cât şi a prizonierului devenit victimă. „Prizonierul", pentru că se simte lipsit de libertate de expresie şi acţiune, ajunge să se îndoiască de sine, să se simtă neputincios şi neîncrezător în propriile forţe şi îşi predă puterea, în exterior, agresorului său. Iar atunci când simte că viaţa sa nu mai depinde de el, este la mila altora. Constrâns de situaţie, ajunge să se simtă o victimă neajutorată şi să se mulţumească cu ceea ce agresorul lui este dispus să-i ofere. Ajunge să se ataşeze de el. Dacă îl ţine flămând cinci zile la rând, în a şasea zi, când o să-i aducă o farfurie de mâncare, o să-i mulţumească şi o să-l iubească pentru asta.

„Paznicul", de ce ar simți nevoia să fie mereu în gardă? Pentru că ceva din el depinde de prada pe care a cucerit-o și înlănțuit-o. Lanțurile acelea îi conferă lui sentimentul omnipotenței, a unei puteri iluzorii, căci cine ar mai fi el fără prada sa? În această situație, este inutil ca prizonierul să învinovățească paznicul. El poartă o cheie, însă dublura este la sine.

Am încercat să-ți arăt că a accepta în viața ta oameni toxici este ca și cum ți-ai construi casa lângă un cuib de vipere și te-ai plânge că nu poți trăi în liniște din cauza lor. Degeaba te revolți și dai vina pe ele pentru deranjul cauzat, soluția nu este să te plângi, ci să îndepărtezi răul de la rădăcină ori să-ți construiești casa în altă parte. Oamenii toxici sunt cei care, prin prezența lor în viața ta, contribuie la diminuarea bunăstării personale. Cei alături de care ajungi să te simți mai puțin decât ești. Dacă pentru tine prezența unui om nu este nici neutră, nici pozitivă, ci dimpotrivă, negativă, indiferent de felul prin care se întâmplă asta, de ce îi mai permiți să facă parte din viața ta? Care este scopul mai exact? Și oare acest scop își merită cheltuielile si investitiile?

Am încercat să-ți arăt că scopul unei relații nu este ca celălalt să te salveze și să-ți liniștească demonii, ci să creeze un context în interiorul căruia tu să te exprimi pe tine în totalitate. Un context în care să iei contact cu cele mai profunde trăiri și aspecte ale tale, unde descoperi încontinuu cine ești și ce-ți dorești, unde poți să mergi pe drumul tău, oricare ar fi acela. Un context în care experimentezi plenitudinea ființei tale, unde îți reamintești că iubirea se află întotdeauna în interiorul tău și nimeni nu-ți poate lua asta.

Am încercat să-ți arăt că solitudinea ne este cel mai bun aliat, chiar dacă ni se pare un dușman. În singurătate ai ocazia să te cureți, să te vindeci, să te cunoști. Să faci ordine în interiorul tău. Teama de singurătate ne este un inamic desăvârșit pentru că ne face să ne aruncăm cu capul înainte fără să știm dacă vom cădea într-o „mlaștină" sau într-o apă limpede. Teama ne este inamic, nu singurătatea. De la început și până la final, suntem singuri. Dar avem posibilitatea de a ne alege parteneri de drum, adică acei oameni care merg în aceeași direcție ca noi, care au valori și scopuri asemănătoare. Dacă „luăm cu autostopul" oameni rătăciți în speranța că noi îi vom aduce pe drumul cel bun, fie ei vor fi nefericiți, fie noi. Pentru că fiecare are drumul lui.

Am încercat să-ți arăt că nu ai cum să te simți liber atunci când exprimarea de sine și acțiunile tale sunt condiționate de așteptările și pretențiile celuilalt pe care te vezi nevoit să i le satisfaci pentru că, altfel, ce s-ar alege de tine și de viața ta? Dependența emoțională sau materială de alți oameni este cea mai toxică deoarece ne face să ne simțim slabi, incompleți și, poate, „greșiți" ca și cum ar fi ceva în neregulă cu noi, ne face să acceptăm comportamente și atitudini pe care, dacă ne-am simți cu adevărat liberi și stăpâni pe viața noastră, nu le-am accepta sub nicio formă, pentru că poate duce la cea mai înaltă formă de trădare — trădarea Sinelui.

Am încercat să-ți arăt că nu există „închisoare" din care să nu poți evada atunci când tu singur ai conceput planurile de construcție.

Am încercat să-ți arăt că, în momentul în care faci compromisuri, de fapt renunți la tine însuți, treci peste propria verticalitate și integritate, te mulțumești cu jumătăți de măsură, iar încrederea și stima de sine au mult de suferit. De mici am fost învățați că este bine „să lăsăm de la noi", iar uneori lăsăm atât de mult încât ne pierdem pe noi înșine și ajungem să nu ne mai regăsim în propria viață. Oamenilor le este greu să-și imagineze o relație în care nu ești nevoit să faci compromisuri, li se pare normal să se sacrifice „ca să fie bine", să evite conflictele ori din teama că ar putea rămâne singuri. „Compromisul" sănătos este de fapt reprezentat de consens, care provine întotdeauna din autenticitatea noastră, dintr-o parte a noastră care ne reprezintă, iar atunci nu simțim că renunțăm la ceva, ci acceptăm ceea ce oricum ne dorim și noi sau ceva ce ne dăm seama că ne-ar plăcea. Consensul implică un câștig de ambele părți — ambii au de câștigat (nu unul câștigă și altul pierde), fapt ce duce la întărirea relației. Orice altceva mai devreme sau mai târziu va duce la acumularea de frustrări și resentimente, distrugerea relației și transformarea ta într-o ființă care și-a pierdut autenticitatea, originalitatea și bucuria de a trăi. Cel mai frecvent compromis întâlnit este acela când tu te schimbi ca să-i faci pe plac partenerului tău, chiar dacă tu nu îți dorești acea schimbare. El/ea îți cere să te schimbi pentru a corespunde mai bine unui ideal din mintea sa, pretențiilor și așteptărilor sale, însă acest lucru din start implică faptul că nu te acceptă așa cum ești și că nu te iubește pentru ceea ce ești tu, în autenticitatea ta. Cu timpul ajungi să nu mai știi cine ești, ce îți dorești și încotro se îndreaptă viața ta. Îți poate cere, de exemplu, să renunți la anumite visuri de-ale tale pentru că nu coincid cu ale lui, să renunți la anumite interese sau plăceri pentru că îl deranjează pe el/ea, să fii și să te comporți într-un alt fel decât ești, să faci compromisuri în privința valorilor și principiilor tale, să întrerupi legătura cu prietenii tăi și așa mai departe. Într-o relație partenerii se influențează reciproc și este normal ca pe parcurs să apară schimbări în privința fiecăruia dintre ei. Atunci, când acele schimbări sunt înspre binele lor, când îi ajută să evolueze, să depășească anumite probleme, să devină mai fericiți cu propria persoană și cu viața lor, chiar dacă pe moment procesul schimbării este dificil, nu vorbim despre un compromis — de exemplu, partenerul tău te poate încuraja să te înscrii la un anumit curs pe care ți-l doreai de mult însă nu ai avut curaj, să ai mai multă grijă de sănătatea ta, să mergi la sală, să cauți ajutor pentru a-ți învinge o dependență. În momentul în care faci un compromis gândește-te dacă acel lucru rezonează într-adevăr cu tine sau doar reprezintă un mijloc prin care partenerul tău dobândește mai mult control sau mai multă putere asupra ta, fiindu-i de folos numai lui. De altfel, nu ar trebui să faci compromisuri în privința felului în care te aștepți să fii tratat într-o relație. Dacă partenerul tău nu te respectă, nu ar trebui să lași de la tine și să accepți să fii tratat cu lipsă de respect. Iubirea nu înseamnă să îți compromiți încrederea în sine, stima de sine, integritatea doar pentru a nu pierde acea „iubire".

Am încercat să-ți arăt că puterea este întotdeauna în mâinile tale și că o viață în care nu mai accepți compromisurile reprezintă fundația sănătoasă a unei ființe care evoluează în permanență pentru a-și împlini adevăratul său potențial și a trăi în acord cu Sinele său cel mai înalt.

Urmează-ți calea pe care te cheamă vocea ta interioară și fii fericit! Pentru că poți și pentru că meriți!

PARTEA A DOUA
POVEȘTI TERAPEUTICE

DUMNEZEU LA TERAPIE

— Spune-mi, cu ce problemă ai venit azi la mine?

— Cu toate problemele din lume.

— Ce te face să spui asta? Toate problemele din lume sună a treabă serioasă.

— În ultimele milioane de ani m-am găsit în postura nefastă de a mi se pune pe umeri toate problemele din Univers. Sunt blamat şi învinovăţit frecvent şi toată lumea vrea ceva de la mine. Un partener de eternitate nu am, copii nu mai am, dar asta nu înseamnă că nu am şi eu nevoie de timp pentru mine.

— Timp pentru tine?

— Da, timp pentru mine.

— Cum vine asta? Ai tot timpul din lume şi de dincolo de ea.

— Păi degeaba îl am dacă trebuie să-mi bat capul cu toate prostiile. Parcă nici timp să respir nu mai am.

— Dumnezeu, iartă-mă, dar dacă mai respiri o dată, tare mi-e teamă că lumea pe care o ştim noi acum, nu va mai fi.

— Ha, ha, eşti amuzant, doctore!

— Spune-mi Sara, te rog.

— Şi tu spune-mi Ommm. Am ajuns să mă suspectez de tulburare de stres postraumatic. De când am făcut lumea, îmi tot apar flash-uri... ba cu Big-Bangul, ba cu dinozaurii, ba cu oameni şi şerpi... Alteori mă suspectez de tulburare disociativă deoarece eu nu-mi amintesc să fi făcut lumea. Cred, de asemenea, că sunt şi puţin borderline. Am o relaţie de iubire/ură cu oamenii. Ba îi iubesc ca pe copiii mei, ba mă apucă dracii şi dau potoape şi molime când mi se pare mie că nu-mi mai demonstrează afecţiunea cuvenită.

— Gândeşti prea mult. Hai să le luăm pe rând.

— Da, da. Şi sunt şi anxios. Nu mai pot cu gândurile astea. Nu mai ştiu care e realitatea reală.

— Realitatea e cea pe care tu o creezi, Ommm.

— Da, ştiu. Însă nu mai vreau să mi se pună în cârcă faptul că eu le-aş face pe toate, că eu leg şi dezleg. E frustrant, ştii, să vezi că oamenii nu înţeleg că ei îşi creează propria realitate. Adică, da, eu o creez pe-a mea, dar nu şi pe-a lor. Nu mi-a plăcut niciodată rolul ăsta de Tată, de Mamă. Adică, da, sunt şi tată şi mamă, şi pozitiv şi negativ, şi sus şi jos, şi masculin şi feminin ca şi tine, de altfel.

— Da, ştiu.

— Păi şi atunci eu ce să mai fac?

— Cred că ar trebui să-ţi dai seama tu de asta. Dar tu ce-ţi doreşti?

— Aş vrea ca oamenii, într-adevăr, să mă înţeleagă şi să nu-mi mai răstălmăcească cuvintele. Sunt toţi fiii mei, nu am avut doar unul. Le vreau binele, orice ar reprezenta asta pentru ei. Şi, iarăşi, povestea asta cu fiul meu mă cam macină.

— De ce?

— Păi pentru că nu l-am trimis eu pe Pământ ca să moară pentru ei şi să le şteargă păcatele. Nu sunt genul de părinte care să-şi oblige copiii să facă ce vrea el, doar pentru că aşa vrea el. Alegerile lui nu mi-au aparţinut, însă nu pot să nu le admir. Cred doar că oamenii au interpretat gestul lui cum le-a convenit mai bine. S-a sacrificat el pentru alţii? Nu cred. Eu cred că a luptat pentru valorile lui, şi-a apărat credinţele. Că alţii trag foloase de pe urma acestui fapt, e partea a doua. Şi nu pot să nu admir un luptător. Eu cred că el a crezut în oameni, însă oamenii nu au crezut în el. Şi a plătit preţul. Poate că oamenii nu erau pregătiţi pentru el. Poate că a avut nişte lecţii de învăţat, nu ştiu. Poate că alţii au avut nişte lecţii de învăţat, iar el a fost cartea deschisă. El a reprezentat, de fapt, un exemplu. Un exemplu de credinţă în latura sa divină, un exemplu de încredere că se poate să înfăptuieşti. Că există, undeva în interiorul tău, capacitatea de a te înălţa. Că aşa cum poţi alege să faci rău, poţi alege să faci bine. Că, de multe ori, în spatele fariseilor se ascunde nimicul şi că oamenii, aparent de nimic, pot fi de mii de ori mai valoroşi decât cei care îşi asumă lauri nemunciţi şi se încoronează de unii singuri regi. În fine... îţi spuneam că sunt toţi fiii mei şi că le vreau binele, orice ar reprezenta asta pentru ei. Dar, dacă stau să mă gândesc, mie nu mi-a plăcut niciodată rolul ăsta de tată. Să-i șterg pe toți la nas și să am grijă să nu pice din pom. Suntem unul și același lucru, plămădiți din același praf de stele. Că eu am fost înaintea lor, da, se poate spune că am un avantaj. Dar cine îi împiedică să se înalțe? Le-am dat instrumentele, am vrut să-i ajut și au ajuns să-și dea în cap cu ele. Frumos așa? Și după aia tot la mine vin și se plâng: „aoleu, Doamne, pedepsește-l pe Cutărescu că ia uite ce mi-a făcut!", „aoleu, Doamne, dar de ce mă oropsești?", „aoleu, Doamne, dă și mie să-mi treacă!". Păi e vina mea că le dau cheia, dar ei o îngroapă de frică să nu le-o fure alții, în loc să o bage-n broască? Hai că m-am enervat! Că, da, și Dumnezeu se enervează.

— Ha, ha, ha, hai că ești tare!

— Apoi cu Sfântul Duh altă problemă. Se simte luat „for granted", de-a gata, așa. Îmi tot spune că el se întrupează în oameni sub formă de viață și inspirație, însă oamenii își cam bat joc de viața lor. Și se simte direct vizat. Că renunță mult prea ușor, că nu au încredere în ei înșiși, că nu mai vor să viseze, că nu mai vor să facă nimic. Și asta mă afectează în mod direct, pentru că apoi tot la mine vin să mi se plângă și să-i salvez de propria viață. Se încolonează în marșuri ale plângerii și se târăsc în genunchi. Oameni buni, ridicați-vă! Ridicați-vă odată! Luați exemplul omizilor, creați-vă aripi! Am început să obosesc văzând femei care se luptă cu bărbați, bărbați care se luptă cu femei într-o luptă de putere care îi secătuiesc pe toți de vlagă. Nu trebuie să fie unul mai sus și altul mai jos. Se poate și altfel. Și care este scopul până la urmă? De unde războiul ăsta în care nu câștigă nimeni niciodată? Am obosit să văd copii abandonați, maltratați, abuzați, folosiți pe post de sclavi. Vă rog, nu mai faceți copii dacă nu le puteți fi părinți, dacă nu le puteți insufla bucuria de a trăi. În mod real, nu vă obligă nimeni. Chiar nu trebuie. Iar, dacă lumea se va sfârși din acest motiv, vă promit că voi crea eu alta. De data asta chiar o voi face. Numai încetați cu toată nebunia asta! Am obosit să fiu părtaș la războaiele voastre. Nu le mai puneți pe umerii mei. Nu mi le mai închinați. Nu asta îmi doresc. Niciodată nu mi-am dorit asta. Asumaţi-vă setea de sânge, asumaţi-vă tenebrele, nevoia de putere, frustrările, rănile, nebunia, însă nu le mai puneţi pe umerii mei! Nu vă mai sclavagiţi reciproc. Nu este unul mai bun ca altul. Voi stabiliţi standardele. Schimbaţi standardele şi întreaga ierarhie se va schimba. Renunţaţi la standarde şi ierarhia va dispărea. Ce veţi mai face atunci? Cum vă veţi mai trăi viaţa? Care va mai fi reperul? Dar dacă reperele voastre sunt greşite? Dincolo de culoarea pielii, orientarea sexuală, aparenţe şi ierarhii, suntem toţi plămădiţi din acelaşi praf de stele. Unul şi acelaşi spirit în acţiune, în creaţie. Creăm colectiv. Nu mai daţi vina pe alţii pentru rezultatul final, sunteţi toţi co-creatori în viaţă şi dincolo de ea.

— Cum adică dincolo de ea? Adică în moarte?

— Impropriu spus moarte, dar, da. La întâlnirile noastre vorbim deseori despre această moarte simbolică, de fapt, despre impactul ei asupra celor vii.

— Ce întâlniri?

— Doar nu crezi că sunt singurul Dumnezeu din toate aceste Universuri. Asta mi-ar mai lipsi! Ei bine, pe parcela noastră, moartea poate fi o încetare a vieţii, pur şi simplu, dincolo de care nu se mai află nimic, o trecere, o reîncarnare, o continuare a vieţii sub formă celestă. În fine, nu vreau să intru acum în detalii. Ideea e că există mai multe forme şi, ca să fie clar, aceasta nu depinde de mine. Fiecare îşi alege moartea, ca să zic aşa. Şi nu moartea în sine e problema, sub orice formă a ei, ci frica de moarte. Frica de viaţă este, de fapt, frica de moarte. Cu cât îţi este mai frică de a-ţi trăi viaţa, cu atât îţi va fi mai frică de moarte. Nu frica de moarte e problema, ci frica de viaţă. Frica de a îmbrăţişa viaţa cu tot ce are ea să-ţi ofere. Oamenii se împotmolesc în nedreptăţi, în neiertare, în neacceptare, în resentimente, în regrete, în frici de tot felul şi uită să mai trăiască. Îşi zidesc armuri grele în jurul inimii, în jurul lor, îşi zidesc copiii, părinţii şi soţii de vii în zidurile lor. Îi folosesc pe post de carne de tun, pe post de fortificaţii ale celulelor în care s-au închis de unii singuri. Au ascuns cheia pentru ca nu cumva s-o găsească alţii şi au rămas captivi, alături de ei. Captivitatea este mai uşor de suportat în doi, trei sau cinci. Nu ar mai fi prea multe de spus... presupun că oricum ne apropiem de final.

— Da, aşa este. Vom continua data viitoare.

— Iată, bine-ai revenit, Ommm! Spune-mi cum mai eşti? Ce-ai mai făcut?

— Eu sunt bine, în general, aşa. Oamenii nu prea sunt bine. De fapt, sunt, dar ei n-o ştiu pentru că tot timpul găsesc motive de a fi nemulţumiţi, în loc să fie recunoscători. Nu e mare filozofie aici. E vorba doar de focusul atenţiei, despre conştientizare, despre direcţia în care îşi îndreaptă energia. Adevărul este că m-am agitat puţin înainte de şedinţa asta pentru că aş vrea să vorbesc despre un subiect mai sensibil, dar nu ştiu cum să încep.

— Despre ce ai vrea să vorbim?

— Am înţeles, de prin alte părţi, că este foarte important să vorbim despre copilăria şi părinţii noştri. Data trecută nu am apucat să spun nimic despre asta, pentru că m-am luat cu altele, însă nu ştiu... oare ar trebui să vorbim despre asta? Pare curativ aşa.

— Ce-ai vrea să-mi spui despre părinţii tăi?

— Nu ştiu... într-un fel mi se pare aberant să vorbim despre acest subiect. Ţara arde şi baba se piaptănă!

— Adică?

— Adică...

— Ommm, ai cumva un complex al Salvatorului? Iartă-mă, nu ştiu cum s-o împachetez frumos, sunt începătoare.

— Apreciez sinceritatea, dar de ce mă întrebi?

— Pentru că ai spus că „ţara arde şi baba se piaptănă". Adică oamenii au nevoie de tine, dar tu eşti preocupat de alte lucruri pe care, aparent, le şi minimalizezi. Cum este povestea cu părinţii tăi.

— Păi da, sunt.

— Şi este ceva greşit sau ruşinos în faptul că te preocupi şi de tine?

— Nu, dar uneori mă simt vinovat că nu pot să fiu acolo pentru ei.

— Dar eşti acolo pentru ei, poate te simţi vinovat pentru că nu reuşeşti întotdeauna să-i salvezi. Dar ştii, această responsabilitate nu-ţi aparţine.

— Da, cred că încă funcţionez după vechi tipare.

— Stai liniştit, le vom desluşi până la urmă. Avem o eternitate în faţă.

— Cum adică? Şi tu eşti nemuritoare?

— Da, sunt.

— Perfect, de când aşteptam...

— Vezi, acum nu trebuie să vorbim despre nimic din ce nu-ţi doreşti tu, dar, totuşi, sunt curioasă de ce ai adus în discuţie povestea cu părinţii.

— Mi se părea că trebuie să vorbim despre asta. Adică, nu aşa se face?

— Se face, dacă este un subiect care te afectează, dacă te frământă, dacă a rămas ceva neîncheiat acolo.

— Mmm, nu cred că ar fi vorba despre asta. Vezi, m-am gândit recent la mame şi la copiii lor, la taţi şi la copiii lor şi, poate, de aceea mi-a venit asta în minte. Până la urmă eu am în interior o mamă şi un tată celest. Mie nu mi-au lipsit niciodată, adică nu am simţit că mă privează de ceva, că am nevoie de ceva de la ei ori că mi-ar fi greşit cu ceva. Eu sunt propriul meu tată şi propria mea mamă. Însă, chiar şi aşa, mi-e greu să spun ce am de spus.

— De ce?

— Deoarece cuvântul meu se întrupează în realitate, ca şi al tău, de altfel.

— Ha, ha! Dincolo de cadrul terapeutic, trebuie să-ţi spun că-mi plac discuţiile noastre.

— Nu ştiu, Sara, mă simt obosit în ultimul timp. Crezi că sunt deprimat? Nu mai pot să dorm cum se cuvine. Nu mă mai lasă oamenii să dorm. Pun aşa o presiune pe mine... „Dumnezeu nu doarme niciodată". Dar ce sunt eu, paznicul lor? În fine... Uite, povestea cu părinţii e aşa. După cum spuneam, nu mi-au lipsit niciodată. Vocea lor a fost vocea mea. Însă unii oameni nu-şi dau seama că vocea părinţilor nu este vocea lor. Adică se ghidează, de cele mai multe ori fără să-şi dea seama, după poruncile lor. Li s-a insuflat de mici că trebuie să facă anumite lucruri, că trebuie să fie într-un anumit fel, pentru că altfel îi vor dezamăgi. Însă ei nu trebuie să facă nimic din ce nu-şi doresc. Nimeni nu trebuie să facă asta. Aşteptările părinţilor sunt ale părinţilor, nu trebuie să se transforme în porunci şi condiţionări. Aşa-zisele poliţe de sânge nu trebuie neapărat să fie plătite prin sânge. Pentru că nu vorbim despre o relaţie de egalitate. Nu copilul alege să vină pe lume, ci părintele. Dacă nu poate să-şi asume asta, de ce o mai face? Pentru că trebuie? Pentru că simte că viaţa lui nu are sens şi trebuie să-i dea o semnificaţie? Pentru că aşa se face sau că apoi ar fi prea târziu? Păi... nu le impune nimeni cum să-şi trăiască viaţa. Se condiţionează singuri. Şi să nu mai aud de povestea aia cu „ce zice lumea", că fac urticarie. Pentru că sunt oameni care fac copii de gura lumii şi apoi apar suferinţa şi războiul de ambele părţi. Apar sacrificiul părintelui şi reproşurile aferente. Apare şantajul emoţional şi cresc pretenţiile. Pentru că se simt îndreptăţiţi ca acel copil să le răsplătească sacrificiul ales de ei înşişi. Unii copii devin sclavii propriilor părinţi. Şi nu mi se pare drept. Desigur, şi viceversa e valabil, însă nu acesta este subiectul nostru de astăzi. Dar cum poţi tu, ca părinte, să-ţi sclavageşti copilul, impunându-i ce să facă, cum să trăiască, cu cine să se căsătorească, pe cine să iubească, unde să locuiască, dacă să aleagă ori nu o anumită meserie? Cum poţi să te erijezi într-un Dumnezeu şi să baţi cu pumnul în masă, când nici măcar eu nu fac asta? Mi se pare strigător la cer. Şi cred că şi de aceea nu pot să dorm, că prea mulţi copii, mulţi dintre ei deveniţi deja adulţi în toată firea, urlă spre cer. Şi eu ce să le spun? Cum să împac şi capra şi varza? Aş vrea ca oamenii să înţeleagă că, dacă devin creatori în acest fel, nu înseamnă că ceea ce au creat le aparţine. Sună ciudat aşa când o spun cu voce tare, dar chiar aşa e. Drumurile lor nu trebuie să fie la fel. Destinul copilului nu aparţine părintelui, cum nici destinul vostru nu-mi aparţine mie. Sunteţi cu toţii fiinţe de sine stătătoare. Şi cel mai sfâşietor mi se pare să văd că cei care susţin că te iubesc, nu ştiu cum să te facă mai mic pentru ca nu cumva, prin creşterea ta, să rupi gratiile coliviei în care te-au pus. Sau lanţurile cu care te-au legat. Principiul, din start, e greşit pentru că mulţi oameni fac copii doar ca să aibă cine să le aducă un pahar cu apă la bătrâneţe. Dar dacă nu ţi-e sete la bătrâneţe, vorba 'ceea? Dar dacă, din nefericire, îţi pierzi copilul? Dar dacă rolul acelui copil nu este neapărat acesta? Mie mi se pare sinistru. Iar, dacă aş zice asta în gura mare, ar arunca toţi cu pietre-n mine, răstălmăcindu-mi din nou cuvintele. Pentru că eu nu spun să nu-şi ajute părinţii, să-i abandoneze în cine ştie ce azil de la capătul Universului. Nu spun asta. Spun doar că gestul în sine de a face un copil pentru a-l împovăra apoi cu propria ta existenţă, mi se pare egoist. Mai bine zis, cu capriciile tale. „Dacă nu faci asta, mămică, te dezmoştenesc", „dacă nu faci asta, tăticule, o să mă bagi în mormânt". Şantaj emoţional ieftin. Şi cică nu-i şantaj, e iubire şi faptul că-i vrei binele. Evident că binele tău îl vrei, de fapt. Că dacă i-ai dori binele lui, nu l-ai mai condiţiona şi nu l-ai mai face să se simtă vinovat. Ai vrea să-şi urmeze calea, chiar dacă acea cale a lui nu este imaginată de tine. Pentru că aia e, mai degrabă, iubirea. Să-l susţii în alegerile sale, chiar dacă ele nu coincid intereselor tale. Şi, până la urmă, indiferent de aşa-zisele datorii morale, se aplică şi aici principiul „după faptă şi răsplată". Un părinte care îşi abuzează copilul, care îi pune în cârcă „sacrificiile" făcute, care îl neglijează, care îl abandonează într-un fel sau altul, care îi frânge aripile, care îl loveşte unde îl doare mai tare, care îl condiţionează, care îl leagă de propriile dureri, nu poate avea pretenţia ca acel copil să-l respecte, să-i demonstreze înalte sentimente de afecţiune, să i se facă preş ori să-i fie slujitor devotat. Nu-i poate cere şi impune nimic. Şi, în general, asta nu se face. Aduci pe lume un copil pentru că tu îţi doreşti asta, însă nu poţi face din el un pansament, un colac de salvare, un alter-ego care să facă ce nu ai reuşit tu să faci, care să-ţi îndeplinească ţie visurile. Părinţii se simt îndreptăţiţi să-şi considere copiii proprietăţi private, extensii ale propriei persoane, cu drept de viaţă şi de moarte asupra lor, cum se întâmpla în vremuri de mult apuse. Că ţi-e sclav, că ţi-e copil, că ţi-o fi fost nevastă, ai acelaşi drept de viaţă şi de moarte asupra lor. Când o să înceteze asta?

— Nu ştiu...

— Adică, pe de-o parte, avem proaspăta fiinţă plină de viaţă care vine pe lume şi care abia aşteaptă să-şi deschidă aripile, să exploreze, să înveţe, să greşească, să cadă, să se ridice. Pe de altă parte, avem femei care aleg să fie mame pentru a pune mâna pe bărbaţi şi bărbaţi care nu dau doi bani pe asta. Prin urmare, avem copii care... îşi iau ţeapă. Avem mame-copii care fac copii şi taţi care nu-şi asumă responsabilitatea. Pentru că este ruşinos să le vorbim copiilor noştri despre sex, despre acest lucru absolut firesc şi normal care face parte din viaţa fiecărui om, preferând, în schimb, să-i lăsăm să viseze la prinţi pe cai albi şi prinţese adormite, moarte, leşinate, neasumate care nu mai ştiu de ele, care nu fac sex decât din obligaţie. Să-i lăsăm să creadă că sexul este o monedă de schimb, o datorie ori să-i lăsăm să se simtă vinovaţi şi ruşinaţi pentru asta. Pentru că e păcat să facem sex, deşi toată lumea face asta. Deşi există sclavi sexuali, fetişuri de tot felul, filme porno, prostituţie, pedofilie, violuri. Dar acest gen de realităţi alegem să le băgăm sub covor. Pentru că suntem nişte creştini cu frică de Dumnezeu, cu înalte valori morale şi familiale. Mi se întoarce Universul cu susu-n jos. Nu e nimic greşit în sex, însă e ceva greşit în a folosi sexul ca pe o armă sau ca pe un instrument de tortură prin care profiţi de alţii pentru îndeplinirea propriilor nevoi şi interese egoiste. Este ceva profund greşit în a reduce oamenii la obiecte sexuale. Pentru că sexul, până la urmă, ar trebui să reprezinte o comuniune, o înălţare. Nu ceva ruşinos. Nu ceva ce trebuie ascuns sub covor, ceva care te face să te simţi mai puţin decât eşti, ceva ce te goleşte de sine. Nu ar trebui să fie o fugă de sine doar pentru că nu te poţi opri să te priveşti lăuntric, pentru că urmăreşti adrenalină şi senzaţii tari care să-ţi redea suflul vital pe care nu-l mai poţi regăsi altfel. Pe deasupra, am auzit că aş fi spus eu că rolul femeii în povestea asta ar fi să procreeze şi-atât. Că ea n-ar avea dreptul să-şi asume sexualitatea şi feminitatea. Că e păcat. Că valoarea ei stă într-un himen. Că ar trebui să stea ca moarta şi să fie devotată unui singur bărbat, chiar dacă acel bărbat îi este cel mai aprig călău. Cât de misogin sunt! Vreau să clarific că eu niciodată n-am spus asta. Or fi spus alţii care se dau drept trimişii mei pe Pământ. Nu vreau să mă întorc la ce am auzit, că iar mă enervez. Am primit şi nişte Scrieri, unele mai Vechi, altele mai Noi, aparent, de acolo ar fi pornit zvonurile şi încă nu mi-am revenit după ce le-am citit. Nu-mi dau seama cât de clar am fost, dar sper să mă fi înţeles.

— Da, Ommm, am înţeles. Vom continua data viitoare. Îţi mulţumesc pentru deschidere şi sinceritate.

— Sara, trebuie să-ţi fac o mărturisire. Am fost şi eu odată om.

— Dar, Ommm... cum... ce vrei să spui cu asta?

— Eu nu am vârstă, dar am avut odată, pentru că m-am întrupat în 3d. Dacă şi tu eşti nemuritoare fiind om, şi eu pot fi om deşi sunt nemuritor. Pari puţin bulversată. Te-am luat prin suprindere?

— Păi...ştii...

— Uite, simţeam nevoia să mă confesez cuiva. Nu mai voiam să ţin secretul ăsta, deşi nu e neapărat un secret. Într-una din întrupările mele am fost un preot al dragostei. Un mediator.

— Mediator? Cum adică? Un fel de Cupidon? Ha, ha!

— A, nu... nici pe departe. În Galateea, una dintre planetele de dincolo de soarele violet, „oamenii", şi le spun oameni pentru ca, astfel, să mă poţi înţelege mai bine, se nasc cu anumite roluri prestabilite. De fapt, se nasc din ei înşişi. Nu au părinţi în sens tradiţional. Iar rolurile sunt misiuni personale. Eu eram un preot al iubirii, adică misiunea mea era să creez iubire, în mine şi, implicit, în jurul meu. Alţii erau Visătorii sau Artiştii, alţii erau Muncitorii...

— Dar ce făceau Visătorii? Sună puţin redundant, dar cum poţi fi de folos dacă stai şi visezi?

— Sara, Visătorii, când visează, ei creează, de fapt, matricea realităţii. Pentru ca acea matrice să prindă formă, este nevoie de energia Muncitorilor şi de cea a Preoţilor iubirii, cum eram eu.

— Sună ciudat să te aud că ai fost preot. Ştii ce se spune despre preoţi? Că sunt trimişii lui Dumnezeu. Ha, ha!

— Da, dar nu te gândi la sensul clasic al cuvântului. Pentru că eu, acolo, în calitate de preot, nu promiteam nimănui salvarea contra a ceva anume. Să fim serioşi, nici eu, ca Dumnezeu, nu pot să fac asta. Haide, mai bine, să înlocuim sintagma „preot al iubirii" cu „cel care iubeşte". Aşadar, pentru ca lumea să prindă formă, aşa cum era pe Galateea, este nevoie ca, în primul rând, să existe un plan, o matrice. Visătorii creau acea matrice care prindea viaţă cu ajutorul celor care iubesc. Adică, cei care iubesc îşi manifestau energia în a da viaţă acelei lumi. Pentru că iubirea este, de fapt, viaţă. Apoi muncitorii puneau piesele cap la cap şi tot aşa. Imaginează-ţi că pe planetă sau în Univers există o cantitate limitată de iubire. De cine depinde limitarea, adică acea „cantitate" de iubire? De cei care o făuresc, o creează. Ştim că în corpul uman există o anumită cantitate de sânge, tot aşa, în interiorul fiecărui om există o anumită cantitate de iubire. Sămânţa iubirii există în fiecare, însă depinde de fiecare cum alege s-o cultive, s-o crească, s-o hrănească, s-o facă să înflorească, să dea rod. Această cantitate de iubire din Univers poate fi, de altfel, nelimitată (ea este, de fapt). Deoarece, dacă omul îşi activează această putere, o onorează, trăieşte cu şi în ea, nu mai există limite, blocaje. Ea curge pur şi simplu la infinit. Dar acest lucru depinde de cât de mult evoluează fiecare, ca să zic aşa. Eu, după ce mi-am terminat misiunile pe Pământ, m-am întrupat în Galateea, unde, ca „cel care iubeşte", aveam misiunea de a crea iubire pentru a ajuta ca lumea să prindă viaţă, apoi m-am dus mai departe şi tot aşa. Am tot evoluat. Eu am deblocat iubirea din interior din viaţă în viaţă, din Univers în Univers până am simţit, cumva, o fărâmă din dumnezeire.

— Adică din tine? Ha...

— Da, se poate spune şi aşa. Eu eram parte din dumnezeire de dinainte să conştientizez asta.

— Păi, cum adică, nu eşti tu Dumnezeul?

— Ştii că ţi-am zis că nu sunt singurul Dumnezeu din aceste Universuri. Deci nu sunt eu Dumnezeul! Nu există UN Dumnezeu. Exista o dumnezeire din care facem cu toţii parte, suntem, astfel, toţi Dumnezei.

— Ommm... mă uit în jurul meu şi îmi e greu să cred că suntem toţi Dumnezei... sincer...

— Suntem, dar unii oameni pur şi simplu nu au activată această componentă. Asta nu înseamnă că ea nu ar putea fi activată. Mă gândeam în ultimul timp că e ca şi cum viaţa ar fi o capsulă pe care am înghiţi-o şi care ne-ar ajuta să ne întrupăm pentru că avem nevoie de o anumită experienţă. Când efectul capsulei se sfârşeşte, ne trezim din „visare". Începem să ne trezim. Murim — adică, ne-am ameliorat simptomele şi mergem mai departe să căutăm un alt leac, o altă viaţă, o altă întrupare, până când nu vom mai avea nevoie de capsule pentru că vom fi fost complet sănătoşi, întregi şi vindecaţi. Şi atunci viaţa noastră nu ar mai fi pe bucăţi... adică nu ne-am mai naşte pentru a muri şi pentru a ne naşte din nou şi tot aşa. E ca şi cum te-ai naşte deja cu o rană şi te-ai lupta toată viaţa să vindeci acea rană sau, cum spune creştinismul, ne naştem în păcat şi e ca şi cum am căuta toată viaţa să ne absolvim de vină. Acest „păcat" poate fi pur şi simplu rana originară, iar mântuirea poate fi pur şi simplu vindecarea de sine.

— Ce rană originară?

— Dacă te gândeşti, şi dacă vrei să mergem puţin în urmă, până şi Big-Bang-ul a creat o rană în Kosmos, l-a perturbat cumva.

— Kosmos?

— Da, adică lumea materială, fizică (Cosmosul) plus ceea ce este dincolo de ea (Kosmosul). Anumite curente spirituale sau religioase ne spun că ne întrupăm pentru că avem nevoie să ne curăţăm karma, să învăţăm anumite lecţii şi că vom continua acest proces până când vom fi complet imaculaţi, fără de greşeală. Pare o glumă proastă, nu? Arată-mi pe cineva care este fără de greşeală. Rana originară poate fi o rană care se transmite din viaţă în viaţă, din Univers în Univers, până se vindecă. Ca şi cum totul ar fi o hologramă sub forma unei păpuşi rusești. Dacă păpușa cea mai mică este rănită, rana se manifestă simultan în toate celelalte păpuși, deoarece se conțin unele pe altele, nu doar în formă, ci și în spirit. Pentru că nu există delimitări, nu poți să împiedici ca energia păpușii mici să nu schimbe energia păpușii de deasupra ei și tot așa. Vorbim cumva de o vindecare și de o rană colectivă. Dacă cea de-a treia păpușă se vindecă, va simți acest lucru, într-o anumită formă, și prima păpușă și tot așa.

— Da, dar asta e ca și cum totul se întâmplă deodată. Adică viețile anterioare și toate acestea se întâmplă deodată, acum.

— Și cum ți s-ar părea asta?

— Mi s-ar părea ciudat. Nu înțeleg.

— Noi, ca oameni, percepem timpul liniar. Dar timpul nu este liniar. Timpul nu există sub această formă.

— Da, dar vezi, oamenii îmbătrânesc și se schimbă în timp. Oamenii mor! Deci timpul există! Dacă n-ar exista, oamenii ar fi nemuritori, n-ar mai îmbătrâni, n-ar mai muri. Nu-mi poți spune că asta e o iluzie!

— Ei bine... nu spun că ar fi neapărat o iluzie, spun că noi creăm realitatea în funcție de anumite standarde pe care le stabilim tot noi. Noi zicem că vom trăi până la optzeci sau o sută sau o mie de ani, noi stabilim că ziua are 24 de ore, noi stabilim ora de vară și cea de iarnă și tot așa.

— Adică, dacă eu zic că trăiesc până la 1000 de ani, voi trăi atât pentru că așa zic eu? E aberant...

— Astea sunt doar exemple, nu lua totul chiar mot-a-mot. Vreau să zic că este posibil ca lucrurile să fie diferite față de cum le credem noi, față de cum le-am bătut noi în cuie. În plus, privește totul ca pe un efect cumulativ. Dacă noi nu putem cuprinde cu mintea noastră faptul că toate viețile noastre se întâmplă acum, în Universuri diferite, sau că suntem una și aceeași energie întrupată diferit, asta nu înseamnă că nu ar fi posibil ca acest lucru să se întâmple...

...

— Ommm... ai devenit tăcut de câteva minute. Nu aș fi vrut neapărat să-ți zdruncin liniștea, dar, spune-mi, la ce te gândești?

— Iubirea... uite am asistat ieri la o nuntă. La vreo o mie chiar. „Ne-am adunat astăzi aici ca să-i unim în Sfânta Taină a căsătoriei pe X cu Y, pe X cu X, pe C cu Z... Vă promiteţi, în faţa lui Dumnezeu, că veţi fi alături unul de celălalt, la bine şi la greu, în sănătate sau în boală, până când moartea vă va despărţi?" Da, spuneau ei toţi în cor. Nu mai ştiu ce alte promisiuni şi-au făcut deoarece eu, în general, nu prea cred în vorbe şi mi-am pierdut repede interesul. Dar, vezi, eu ştiu ce e în inima lor, chiar şi atunci când nici măcar ei nu ştiu asta sau au impresia că nu ştiu. Eu ştiu că nu mă pot baza pe promisiunile pe care şi le fac ei, pe care le fac în faţa mea. Oamenii sunt de multe ori „mânaţi" în această „sfântă taină" din motive care nu au nicio legătură cu iubirea. Există mult prea multă ipocrizie în relaţiile noastre. Ne înlănţuim partenerii, îi controlăm, îi condiţionăm, îi şantajăm, îi manipulăm, îi rănim dinadins... pur şi simplu pentru că nu reuşesc să ne satisfacă pretenţiile noastre egoiste, pentru că nu reuşesc să ne umple golurile, să fie sclavii noştri emoţionali şi de altă natură. Ei nu au voie nici măcar să privească pe altcineva, pentru că asta e trădare! Dar noi, da. Unul îi spune celuilalt „dacă mă iubeşti... faci cum vreau eu, eşti cum vreau eu, simţi cum îmi convine mie mai bine...", ceea ce din start implică o condiţionare şi un şantaj emoţional de joasă speţă. Mulţi îşi împart viaţa cu cineva doar din teama de singurătate, din dependenţă, din frică, din interes, însă sunt profund nefericiţi, pentru că nu pot găsi în exterior ceea ce ar trebui să caute în interior. Mai bine cu răul deja cunoscut... Dar nu ar fi mai bine fără niciun fel de rău? Ce scop mai nobil poate avea o relaţie în afară de a reprezenta un cadru în care tu te poţi exprima pe tine în totalitate, unde poţi avea încredere cu adevărat în tine, în viaţă, în tot ce se întâmplă în viaţa ta? Să ai încredere că orice s-ar întâmpla, tu poţi fi bine. Dacă ajungi să fii mai puţin decât erai înainte de a intra în acea relaţie, să te îndoieşti de tine însuţi, să te simţi ca şi cum un nor negru ar atârna tot timpul deasupra ta, pleacă. Vei rămâne din ce în ce mai puţin până când nu va mai rămâne nimic din tine, în afară de regrete şi multe răni. Cum ar fi ca oamenii să-şi rescrie jurămintele?

„Promit că voi fi alături de tine atât cât voi simți eu, în autenticitatea mea. Că nu te voi minți și că nu mă voi minți doar pentru a întreține o iluzie. Te accept așa cum ești și te iubesc pentru ceea ce ești. Nu încerc să te schimb doar pentru a corespunde mai bine unui anumit ideal din mintea mea. Dacă nu te accept pe tine, cel adevărat, cel de dincolo de măști și promisiuni, mă voi elibera și te voi elibera. Nu te voi crucifica pe altarul „sfintei taine" și nu te voi prinde cu ace, de viu, în rama de deasupra patului. Înțeleg că poate te vei schimba, că poate eu mă voi schimba. Îți voi onora ființa chiar și atunci când dorințele tale nu vor coincide intereselor mele. Mă voi iubi și mă voi respecta suficient de mult pentru a nu te face pe tine „dealer-ul" meu de confort și iubire. Înțeleg că siguranța, iubirea, pacea și puterea pe care mi le doresc depind de mine și nu te voi împovăra pe tine cu responsabilitatea fericirii mele. Te voi lăsa să fii cine vrei să fii, iar dacă nu voi putea trăi cu cine ești tu, cel adevărat, voi pleca. Îți voi oferi atât cât simt, din ceea ce am, din ceea ce sunt. Cu cât sunt eu mai mult, cu atât îți voi putea oferi ție mai mult. Nu te voi trata cu lipsă de respect și nu voi accepta să mă tratezi cu lipsă de respect. Voi căuta întâi în mine răspunsurile și îmi voi asuma partea de responsabilitate. Îmi doresc ca uniunea noastră să fie un spațiu în care să putem crește, unde să putem intra în contact cu iubirea din interior, exprimându-ne Sinele nostru cel mai înalt, nu o colivie în care ne posedăm reciproc crud, nedrept și incert. Am încredere în mine și am încredere în tine. Îmi doresc să fim împreună până când moartea ne va despărți, iar dacă acest lucru nu va fi posibil, voi fi recunoscător că ai făcut parte din viața mea, atât cât ne-a permis timpul, atât cât ne-am permis amândoi să fim bine împreună."

Ceva în sensul ăsta, Sara. Un om care spune că iubește nu îl mutilează pe un altul, nu-i face rău, nici pe interior, nici pe exterior. Nu caută să-l rănească intenționat pentru a-i slăbi puterea, pentru a-l putea domina mai bine, pentru a-l asupri mai cu îndârjire. Nu profită de faptul că omul acela s-a deschis în fața sa, odată ce i-a câștigat încrederea, tot în numele iubirii, pentru ca ulterior să facă din ceea ce a fost un rai, o cocină de porci. Un om care spune că iubește nu-i va cere celuilalt să-și sacrifice propria fericire pentru el. Iar dacă nu pot fi fericiți împreună, ce rost are? Un om care nu iubește, însă spune că iubește, își „iubește" partenerul doar pe cruce. E ca un fetiș sufletesc. Unul sadic. Te iubesc doar dacă ești pe cruce. Dacă nu mai ești pe cruce, nu te mai iubesc.

Eu, oricum, nu cred în promisiuni și jurăminte, nu neapărat pentru că m-aș îndoi de persoana din fața mea, ci pentru că știu cât de mult se pot schimba oamenii. Chiar și ei rămân surprinși de asta. Nu suntem pe acest Pământ ca să ne înlănțuim, să ne sclavagim reciproc... o să mai treacă timpul... o să vadă și ei asta, mai devreme sau mai târziu. Oricum, eu nu am ce face. Nu pot interveni în viața lor cu forța și nici nu mi-aș dori. Îi respect suficient de mult pentru a mă încrede în deciziile lor, oricare ar fi acelea. Binele și răul sunt, în fond, două fețe ale aceleiași monede, așa cum Raiul și Iadul ar putea fi două fețe ale aceluiași suflet ce-l poartă în interior. Ei sunt cei care „dau cu banul". Eu doar observ, îi ascult și îi conțin. Le las spațiu și îi las să se desfășoare. E viața lor, nu a mea. E raiul sau iadul lor, nu al meu. Matricea există deja, ei aleg căile pe care le clădesc în viața lor. Ei dau viață propriei vieți.

În lumea asta se întâmplă tot felul de nedreptăți la care nu putem găsi o explicație rațională, oricât de mult ne-am strădui — poți să dai vina pe karmă, pe legea atracției sau... eu știu... Facem niște alegeri, de multe ori inconștient, și ne trezim puși față în față cu rezultatul acțiunilor noastre, a unor intenții și gânduri pe care le materializăm vrând-nevrând. Dacă am deveni mai conștienți, poate realitatea noastră ar arăta altfel. Dar se întâmplă și lucruri bune. Se întâmplă și multe lucruri bune...

SCRISOARE DE DEMULT

-1-

Mi-a fost dor de tine şi am aşteptat cu nerăbdare să-ţi scriu rândurile acestea. În sfârşit, s-a întâmplat. Ştiu că nu ai aşteptat mai mult decât mine. Am început să scriu această scrisoare într-o noapte de 11 decembrie, când nu reuşeam să adorm din pricina gândurilor ce-mi sfâşiau mintea. Simţeam că ard de viu. Simţeam că trebuie să eliberez focul ce a ars mocnit în mine toată viaţa. Focul ce mi-a fost a doua piele.

Nu ştiu cum să mi te adresez. A trecut prea mult timp de când te-au luat de lângă mine. Când îmi amintesc, simt şi acum în gură gustul de metal coclit, bătăile nesfârşite, umilinţele, tristeţea, disperarea, moartea ce se perinda printre noi în uniforme negre. Nu ştiam dacă voi mai apuca ziua de mâine. Lipsa de umanitate ne însoţea la fiecare pas.

Când te gândeşti că aveai odată suflet, iar apoi ai în loc o lipsă a lui, nu poţi să nu te întrebi pentru ce să mai trăieşti. Când fiecare zi este o cursă contracronometru cu moartea, când eşti decăzut din drepturi, când nu mai eşti privit ca om, ci ca pe ultimul animal de pe acest Pământ, când ţi se răpeşte identitatea, nu rămâi decât să te întrebi „eu cine mai sunt şi pentru ce mai trăiesc?"

Este mai mult decât dezolant, depăşeste limitele realulului să încerci să găseşti un sens într-un tine care nu-ţi mai aparţine, deposedat de cei dragi ţie, de munca ta, de viaţa ta. Să dai sens unei nedreptăţi cumplite, unui prezent în care nu te regăseşti. Eşti ghimpele din coasta celor care au puterea, iar simpla ta existenţă, deşi nu le-ai greşit cu nimic, trebuie să fie pedepsită.

Deşi ştii că, cel puţin teoretic, există un viitor, tu nu îl mai vezi. Trăieşti într-un prezent continuu, plin de teroare. Nu te mai poţi agăţa de trecut pentru că el nu mai există, parcă nici trecutul nu-ţi mai aparţine. Pentru că oamenii deseori se agaţă de trecut, luându-l ca punct de sprijin. Este un fel de refugiu în ceva, fie frumos ori urât, este o reîntoarcere la siguranţă. Acolo te simţi în siguranţă pentru că ştii deja ce şi cum s-a întâmplat. Îţi este familiar. Plus că ai posibilitatea de a distorsiona amintirile cum îţi convine ţie mai bine. Însă un om deposedat de identitate parcă nu se mai recunoaşte pe sine în trecutul lui. Se produce o scindare în mintea lui, în sinea lui. El ştie că nu este ceea ce împrejurările nefavorabile l-au făcut să fie şi ştie că nu mai este nici omul plin care a fost odată. Deci, cine mai este el? Un om nou, un alt om care trebuie să facă pace cu sine însuşi, care trebuie să se elibereze de această scindare interioară.

Trecutul nu-i mai aparţine, prezentul nu-i mai aparţine, parcă nici viitorul nu-i mai aparţine. Tot ce l-a definit până acum a fost ars, a fost furat, a fost batjocorit. El este un om care trebuie să se recreeze din nimic. Măcar Pasărea Phoenix se poate recrea din propria cenuşă. Însă acest om, nu. Pentru că nu se mai poate întoarce la cel ce a fost. Nu mai există cenuşă. Însă există ceva în interiorul lui care nu-i dă voie să capituleze. Încă arde. Şi este suficient. Nu poate schimba împrejurările, dar îşi poate schimba atitudinea. Nu poate face dreptate, nu-i poate salva pe alţii, însă, într-o formă greu de înţeles, se poate salva pe sine. Dacă menţine focul viu, dacă nu se dă bătut, încă mai are o şansă.

Of, draga mea, nu ştiu de ce am scris toate acestea. Aşteptam cu înfrigurare să-ţi scriu ţie, să vorbim despre noi, să te mai pot aduce, măcar pentru câteva clipe, în viaţa mea prezentă. Să pot să-mi iau rămas bun cum se cuvine. Nu ştiu dacă sunt pregătit pentru asta. Nu aş vrea să fie o scrisoare de adio. Aş vrea să fie ca una dintre întâlnirile noastre de demult, când ne întindeam în iarbă şi ne uitam la cer fără să scoatem un cuvânt. Când puteam să-ţi fiu aproape, să-ţi respir prin piele, să te afunzi în mine ca într-o mare liniştită, întinsă până la marginea sufletului.

Ca atunci când trăiam în oraşul care avea o singură casă, locuită doar de noi doi. Când pierdeam nopţile vorbind câte-n lună şi-n stele, când mi te cuibăreai sub piele făcându-mă să mă întreb din ce operă de artă ai prins viaţă. Când timpul se comprima sub inspiraţia ta şi devenea infinit, când plămânii tăi se goleau pentru a se umple la loc cu şi mai multă pasiune.

Când tot ce credeam că ar conta, prindea subit alte înţelesuri. Când ne bucuram că fiecare dintre noi are dreptul la timp. Dreptul la mai mult timp, pentru a ne fi alături. Este cumplit să ştii că dreptul la timp ne-a fost luat. Că paradisul nostru s-a năruit, că zgomotul şi goliciunea interioară au înlocuit liniştea şi plenitudinea fiinţei.

Mă întristez scriind aceste rânduri şi n-aş fi vrut. Nu ştiu dacă o să mă pot ierta vreodată că te-am pierdut, că te-au luat de lângă mine. Însă îmi dau seama că aceste frământări nu-şi au rostul. Ce a fost scris, nu mai poate fi rescris. Ce a trecut, nu mai poate fi recreat niciodată sub aceeaşi formă.

Nu pot decât să fiu recunoscător că Universul mi te-a adus în cale. Nu am putut să uit de tine niciodată şi, chiar şi acum, dacă îmi dau voie, îţi simt căldura pielii şi parfumul, râzând aproape de urechea mea. Ca şi cum toţi aceşti ani n-ar fi trecut deloc. Ca şi cum te-ai fi smuls din braţele mele pentru cinci minute. Ca şi cum ar trebui să apari pe uşă în orice moment. Ca şi cum ţi-aş fi scris această scrisoare, tu fiind în camera de vis-a-vis. Pentru că nu am putut să te eliberez nici acum din visele mele. Pentru că nu va mai fi nimeni ca tine şi pentru că nici eu nu voi mai putea fi acelaşi.

Însă ştiu că, în ciuda anilor care au trecut, poate prea seci şi prea goi, viaţa mea nu s-a terminat acolo. Nu vreau să par o victimă şi nici nu vreau să minimalizez tot ce am reuşit să construiesc ulterior. Nu am spus nimănui asta şi nici nu o voi face, dar simt că ceva s-a rupt în sufletul meu pentru totdeauna. Nu pot înțelege cum vine asta, iar rațiunea mea nu deslușește acest aspect.

Am îmbătrânit, iar casa mi-este plină de copii, nepoți și rude... Privesc focul care arde în șemineu sau în sobă. Nu-mi mai aduc aminte dacă am agonisit suficienți bani să înlocuiesc soba cu șemineul, dar asta contează mult prea puțin acum când mă pot lipsi de amândouă, pentru că focul arde în continuare în interior.

Mă întreabă unul dintre nepoți de ce privesc așa, pierdut, în gol. Zâmbesc interior. Știu că îți pare goală privirea mea, îi spun. Mă întreabă unde sunt. În centru, îi spun. Râde și pleacă. În centru, în centrul ființei mele. Aici mi-am dorit dintotdeauna să fiu, iar tu m-ai ajutat infinit. Alături de tine mi-am dat seama că pot să mă înalț, că pot să cobor și, indiferent de câte furtuni ar exista în interior, întotdeauna va exista un centru în care să mă ancorez. Nu aș fi știut că dispun de acest centru dacă nu m-aș fi înălțat și nu aș fi coborât cu tine alături, însoțindu-mă.

Mi-ai fost partener de viață, o viață scurtă pe care am trăit-o plenar alături de tine. Mi-a rămas apoi restul vieții mele, căreia a trebuit să-i dau un sens, deposedat de tot ce am avut mai scump pe lume.

Vei rămâne mereu în amintirile mele. Nu regret nicio frământare. Nu regret nici dorul, nici tristețea, nici demonii ce puneau stăpânire pe mine când simțeam că nu mai am puterea să mă lupt. Tot ce am trăit m-a făcut să devin cine sunt astăzi. Mi-am schimbat cursul vieții, cu sau fără voia mea. Am ajuns să înțeleg că o mare suferință la fel de bine te poate înălța, cum te poate distruge pentru totdeauna. Am ales să aleg prima variantă.

Nu știu dacă, până la urmă, aceasta este o scrisoare de adio. Voiam doar să-ți spun că sunt bine acum. Și că atunci, când îmi acord permisiunea, mi se face dor de tine. Și că îți mulțumesc pentru tot.

Sunt bine acum.

-2-

Draga mea, am avut un vis cu tine. Se făcea că ne reuniserăm. De două zile nu mai sunt om. Parcă nu mai sunt același om. În urma fiecărei despărţiri am senzaţia că-mi pierd din nou o parte din suflet, chiar dacă, cu fiecare zi și cu fiecare an ce trece, am impresia că totul s-a stins. Se pare că e nevoie de un simplu vis ca lumea mea să se întoarcă din nou cu susul în jos. Oricât m-aș împotrivi, nu mă pot lupta cu această energie vie, în faţa căreia rămân complet dezgolit, care mă atrage magnetic și care mă face să mă abandonez complet împăcat cu gândul că renunţ la toate sistemele mele de apărare, la toate zidurile. În mod obișnuit, fortificaţiile structurii mele îi ţin la distanţă pe cei nepoftiţi și funcţionează ca un ceas elveţian — nu au dat greș niciodată. Însă în această situaţie devin niște glume proaste, complet inutile, care se dizolvă ca bulele de săpun. Cele mai impenetrabile ziduri se transformă în fulgi de păpădie, rispindu-se în cele patru zări sub respiraţia ta.

E ceva din altă lume, veșnic viu.

Poate că încă nu mi-am învăţat lecţia, dacă asta ar fi trebuit să învăţ — că n-aș avea nevoie de tine ori de altcineva ca să mă simt întreg. Într-un fel, e ciudat pentru că la nivel teoretic știu toate aceste lucruri, însă, undeva, în plan real, o bucată din puzzle nu se așază, iar viaţa devine de neînţeles și eu nu încetez să mă simt incomplet. Senzaţia asta nu o am tot timpul. O resimt îndeosebi după ce ne reîntâlnim, iar apoi îmi fugi printre degete ca un nisip translucid.

E ca și cum după multă trudă ai ajunge într-un final acasă, iar a doua zi te-ai trezi pierdut pe străzi fără să știi cum ai ajuns acolo, fără să-ţi dai seama cum ai putea să te mai întorci din nou acasă. Te simţi dezrădăcinat, nedreptăţit, confuz, ţi se pare că orice în afara acelei lumi este mai mult decât searbăd şi inutil, ţi se pare totul o caricatură de neînţeles. Rătăceşti pe străzi mistuindu-te de dor după acasă. Dacă nu ai fi ştiut că există un „acasă", poate că ai fi reuşit să trăieşti în continuare „liniştit", însă dă-i unui om absolutul şi nemărginirea, iar apoi dezrădăcinează-l din dumnezeire.

Încă de când eram mic am avut aşa o senzaţie difuză că locul meu nu e aici, că în ciuda vieţii de zi cu zi, undeva, ceva trebuie să fie mai mult de atât. Parcă nu reuşeam să pun piesele de puzzle cap la cap sau, dacă le puneam, puzzle-ul părea distorsionat, greşit. Se potriveau toate piesele, însă nu exista niciun fel de armonie, de trăire reală. Era un puzzle mecanic, parcă gândit şi construit de roboţi, nu de fiinţe umane. E ca şi cum ai încerca să reproduci un original al vreunui pictor celebru — toate elementele şi culorile sunt la locul lor, însă se vede şi se simte că nu este o lucrare autentică, că este o copie, un fals. Aşa îmi simţeam şi eu viaţa. Potrivisem toate piesele, făcusem tot ce se presupune că ar fi trebuit să fac, unii oameni chiar mă invidiau pentru asta, însă eu în interior mă simţeam ca o păpuşă în care, în orice moment, oricine putea să înfigă o mie de ace.

Aş putea spune că din momentul în care te-am întâlnit pe tine, viaţa mea s-a schimbat. Dar sună ciudat asta, pentru că am impresia că am existat împreună dintotdeauna, că am fi fost rupţi în două din una şi aceeaşi energie. Ca şi cum un suflet mai mare s-ar fi întrupat în doi oameni aflaţi fiecare la câte un capăt al universului. Oameni care s-au reîntâlnit întâmplător pentru a se despărţi iar. Care se tot reîntâlnesc şi se tot despart. Ca şi cum s-ar fugări unul pe celălalt, ca şi cum s-ar atrage, iar mai apoi s-ar respinge magnetic. Asta nu vreau să sune ca povestea aia cu sufletele pereche pentru că nu este deloc vorba de aşa ceva. E ceva, nu ştiu dacă mai presus de asta, dar cu siguranţă diferit.

Unii oameni cred în suflete pereche, că ar exista undeva acel partener ideal care, într-un fel sau altul, să-i poată salva de propria lor viață, care să le aducă fericirea și cu care să trăiască fericiți până la adânci bătrâneți, deseori într-un fel de simbioză. Cu tine nu a fost vorba despre asta. Cu tine e vorba despre o iubire care presupune toată libertatea uman posibilă, despre o iubire evolutivă. Eu nu pot să intervin în viața ta cu forța, nu pot să-ți impun nimic și nu pot să am așteptări. Pot doar să mă bucur, să mă bucur de ce avem și să fiu recunoscător pentru că ne-am reîntâlnit, chiar dacă ce-am avut nu a respectat niciun fel de rețetă și nu s-a încadrat în niciun tipar; să-mi învăț lecțiile.

Suntem doi oameni care ființează împreună, atunci când sunt împreună și care ființează separat, atunci când sunt separați. Viața niciunuia nu se termină atunci când nu mai suntem împreună. Dar când suntem.... e ca și cum ceva din interior s-ar dezintegra pentru a se reorganiza sub o altă formă mai bună, superioară. Viața noastră se restructurează de fiecare dată. Și, chiar dacă nu mai exiști, nu pot să mi te adresez la timpul trecut pentru că încă mă ajuți să înțeleg și să cresc, ca și cum energiile noastre ar fi mereu interconectate, indiferent de factorul timp și spațiu, viață sau moarte.

Cred, într-un fel, că dacă am fi trăit mai mult timp împreună, așa cum doi oameni care formează o relație ar face-o, acest lucru nu ne-ar fi scutit de suferință. Nu cred că am fi fost neapărat potriviți unul pentru altul în acest plan, că am fi putut funcționa normal. Cred că am fi ajuns să ne sfâșiem reciproc, că nu am fi putut găsi vreo manieră „decentă" prin care să gestionăm magia a ceea ce am fi trăit. Cred că nu am fi avut timp să digerăm, să înțelegem și să integrăm ce ni se întâmplă. Dar, până la urmă, asta rămâne doar o ipoteză.

Uite, îți scriam data trecută că alături de tine mi-am dat seama că poți să te înalți, că poți să cobori și, indiferent de câte furtuni ar exista în interior, întotdeauna va exista un centru în care să te ancorezi. Nu aș fi știut că dispun de acest centru dacă nu m-aș fi înălțat și nu aș fi coborât cu tine alături, însoțindu-mă.

Noi doi nu am putut fi împreună decât o scurtă perioadă de timp. Iar eu luptele mi le-am purtat singur. Tu ai fost, de fapt, un catalizator. Ai fost „şutul în fund" care a însemnat pasul înainte în toate încercările şi căutările mele, în aventura mea de creştere şi creaţie. Ai fost energia care m-a ajutat să mă înalţ, care a contribuit la coborârea mea în cele mai adânci tenebre ale fiinţei mele.

Ca şi cum mi-ai fi fost oglinda în care s-a reflectat tot ce aveam eu îngropat mai adânc, care m-a ajutat să scot la suprafaţă ce nici nu ştiam că există. M-ai ajutat să descopăr că în interiorul meu există o rană de abandon pe care tu doar ai retrezit-o la viaţă. Şi am dat vina pe altcineva pentru asta pentru că nu mi-am asumat responsabilitatea pentru ea, pentru că ar fi fost prea dureros să încerc să înţeleg de unde vine. Apoi am stat şi m-am gândit la toate felurile în care eu m-am abandonat pe mine însumi, la toate trădările de sine, la toate compromisurile pe care le-am făcut. M-am gândit la faptul că deseori asociem iubirea cu abandonul şi că nu mai suntem dispuşi apoi să iubim de frică să nu fim abandonaţi. M-am gândit la toate credinţele mele false...

M-ai ajutat să descopăr, de asemenea, că în interiorul meu există o iubire mai mare şi mai amplă decât aş fi ştiut că e posibil, o iubire care curge şi care poate cuprinde tot ce-i iese în cale. M-ai ajutat să înţeleg că atunci când nu-ţi mai limitezi iubirea la un singur om sau, mai bine zis, când nu te mai ataşezi cu încrâncenare de oameni, scopuri sau idei fixe, cumva reuşeşti să te eliberezi şi de nevoia obsesivă de control, de nevoia disperată de a poseda persoana aia de lângă tine pe care zici că o iubeşti.

Pentru că, uite, asta e genul de iubire finită, condiţionată, destinată unui singur om care trebuie să fie într-un anumit fel ca să-l iubeşti tu. Şi dacă omul ăla nu e sau nu face ce vrei tu, nu-l mai iubeşti, adică iubirea dispare. Iar tu rămâi gol şi dai vina pe el pentru că ţi-a distrus ce aveai mai scump. Şi porneşti din nou însetat în căutarea unei alte iubiri. Ai nevoie de iubirea altora, ai nevoie să te simți împlinit prin asta, pentru că nu-ți dai seama că nimeni nu te poate face să te simți iubit dacă tu nu te iubești pe tine însuți.

Iar uneori trebuie să treci prin adevărate bătălii și drame ca să conștientizezi că nimeni nu te poate face să te simți împlinit, că nimeni nu te poate salva de tine însuți, că orice relație și orice om te va dezamăgi mai devreme sau mai târziu, la un nivel sau altul, pentru că nimeni nu va fi capabil să-ți ofere ceea ce tu singur nu poți să-ți oferi. Oricât ar face și oricum ar face, nu va fi suficient, pentru că nu poate compensa o lipsă a Sinelui propriu. Trăind în simbioză, te hrănești printr-un altul și niciunul dintre voi nu va putea, astfel, să-și acceseze și să intre în contact cu adevărata sa putere lăuntrică.

Dacă pleacă de lângă tine și nu poți fi fericit prin tine însuți, vei fi de două ori mai nefericit. Odată pentru că îl pierzi pe cel pe care l-ai responsabilizat cu fericirea ta, iar a doua oară pentru că nu știi că toată iubirea aia de simți că ai pierdut-o o poți făuri și ți-o poți oferi tu ție. Tu mi-ai arătat că poți să iubești și fără lanțuri, că ar fi posibil să te simți împlinit și prin tine însuți. Pe calea cea grea, ce-i drept.

Adică, mult timp am avut impresia că eu nu mai pot să fiu eu dacă nu te mai am pe tine. Eu nu mă mai simțeam nicicum întreg. Nu are rost să discut acum despre suferința pierderii deoarece, uneori, cuvintele nu pot cuprinde ceea ce simte o ființă când se simte dezrădăcinată din dumnezeire.

Dar tocmai asta-i ideea — că mi-am dat seama că există o dumnezeire, că ea există în interiorul nostru, când Susul și Josul devin una, când Yin-ul si Yang-ul se întrepătrund. Cum oare aș fi putut să-mi dau seama că am în interiorul meu atât un Sus cât și un Jos, atât un Yin cât si un Yang dacă nu ai fi fost tu să-mi ții oglinda? Dacă n-aș fi realizat că ceea ce căutam în tine, se regăsea deja în mine? Dacă n-aș fi înțeles că uneori trebuie să iubești un om și să suferi când îl pierzi doar ca să înveți cea mai valoroasă lecție — cea a iubirii de sine; lecția iubirii necondiţionate, lecţia libertăţii, acceptării, iertării, lecţia non-ataşamentului. Lecţia de a lăsa viaţa să curgă.

Suntem mai mult decât poveştile noastre de viaţă, decât condiţionările, decât credinţele şi programările noastre. Suntem mai mult decât rănile noastre. Suntem mai mult decât încrâncenările şi împotrivirile noastre. Suntem mai mult, pur şi simplu. Trebuie doar să ne dăm voie să fim.

Pe curând...

ÎNTÂLNIREA

Citeam în ochii lui un întuneric apăsător, neobişnuit; avea chipul încrâncenat şi îmi dădea impresia că în acel moment, în interiorul lui, se dădea o bătălie pe viaţă şi pe moarte. Îmi părea confuz în exprimare şi la început nu reuşeam să înţeleg ce vrea omul ăsta de la mine. Deşi mi se adresa, aveam impresia că vorbeşte cu el însuşi, ca şi cum ar încerca să se elibereze şi să se purifice în acelaşi timp de toate suferinţele, toate dorurile, toate regretele.

Avea în jur de patruzeci de ani şi părea „un bărbat bine", însă ceva din felul în care vorbea şi gesticula, ceva din postura corpului şi privirea lui trăda o uriaşă deznădejde, o cumplită tristeţe.

L-am întâlnit într-o duminică de Florii. Stătea atârnat pe malul râului, ca şi cum ar fi căutat pe cineva cu privirea în zare, cu o sticlă de cognac în partea stângă şi o carte în partea dreaptă. Era desculţ, cu pantofii aruncaţi lângă el, cu pantalonii suflecaţi şi cămaşa neglijent deschisă la nasturi şi, oarecum, şifonată.

Era aproape seară şi, cu fiecare pas pe care îl făceam, mă pierdeam din ce în ce mai mult în gândurile mele. Cerul, culorile apusului, întreg tabloul celest mă hipnotiza de-a dreptul. M-am așezat pe o bancă, încercând să mă detașez de haosul din mintea mea, să mă relaxez, să savurez natura, când deodată....

— Hei!....Hei!!!

Am privit cu coada ochiului fără să mă sinchisesc a-ntoarce capul.

— Hei! Da, cu tine vorbesc! De ce mă ignori?

Ah, grozav. Un alcoolic bădăran care are chef de vorbă! Ce s-a gândit? Că dacă am ieșit la plimbare de una singură nu am altceva mai bun de făcut decât să îmi pierd timpul cu toți neaveniții...

Începe să râdă nervos, se ridică, își ia pantofii în mână și observ cum se îndreaptă către mine cu pași șovăitori. Îl simt cum mă fixează cu privirea. De data asta îmi ridic și eu privirea, pregătită să plec, să scap cât mai repede de-acolo, însă constatam cu uimire cum genunchii mei deveniseră dintr-o dată de gelatină, cum inima începuse să-mi galopeze, cum transpirații reci îmi inundau toți porii de parcă toată greutatea lumii m-ar fi strivit în acel moment....

— Uite ce e, nu am vrut să te supăr. Îmi pare rău dacă te-am făcut să te simți prost sau te-am speriat în vreun fel. Îmi dau seama că asta nu este cea mai potrivită metodă de a aborda pe cineva, însă, cumva, prezența ta, rochia ta portocalie, felul în care priveai apusul, ca și cum erai și nu erai prezentă, mi-a adus aminte de... o persoană foarte specială pentru mine.

Privea în gol, parcă, prin mine și, pe măsură ce vorbea, glasul îi devenea din ce în ce mai stins.

— Dacă vrei să pleci, te înțeleg, însă mi-ar părea rău să fiu eu de vină pentru asta.

— De vină pentru ce? — m-am trezit spunând.

— Știi tu...n-aș vrea să te deranjez și să pleci din cauza mea.

În plimbarea mea, trecusem pe lângă acest bărbat, ignorându-l cu desăvârșire. Înainte să-mi adreseze vreun cuvânt, nu mi se păruse nicidecum amenințător. Însă, dintr-o dată, toate frământările și toate amintirile mele ieșiseră la suprafață.

Îl priveam înmărmurită şi, oricâte gânduri mi-ar fi trecut prin minte, nu mai reuşeam să leg două cuvinte.

Uşa se deschise cu un scârţâit enervant, asurzitor. Asistenta intră în salon bombănind şi trânti pe masă nişte fiole şi nişte seringi.

— Domnu', haideţi, trezi-ţi-vă şi treceţi la injecţie că mai am vreo cinci saloane! — îi spuse bătrânului ce moţăia în patul de lângă geam.

— Antonia, de ce ai mai venit şi astăzi? — mă întreba tata, cumva, cu reproş.

Mă uitam la el, de pe marginea patului, cât era de palid şi de vlăguit şi mă întrebam de ce, chiar şi în aceste momente, continuă să mă respingă. Poate îi este greu să mă vadă, poate nu vrea ca eu să-l văd suferind, poate că are regrete, poate că nu ştie cum să-şi exprime adevăratele sentimente sau poate că, pur şi simplu, nu mă vrea acolo. Ştiam că atunci când îl vizitez trebuie să fiu cât mai calmă. Încercam să mă gândesc la lucruri pozitive şi frumoase şi reuşeam, cumva, să mă liniştesc. Însă, când păşeam pe poarta spitalului, când mă apropiam de salonul lui, îmi era din ce în ce mai greu să mă controlez. Mă gândeam că, poate, în seara asta s-a întâmplat, că o să intru şi o să-i găsesc patul gol, eram înfricoşată că în orice moment l-aş fi putut pierde. Mă uitam la el, mă uitam la bătrânul de lângă geam şi mă gândeam cât de nedreaptă este viaţa. Însă aşa pare a fi viaţa uneori.

Tatăl meu a fost dintotdeauna un om puternic, rece, calculat. Când eram mai mică aveam impresia că este un extraterestru şi nu reuşeam să-mi dau seama dacă omul ăsta avea sau nu vreo trăire interioară. Nu l-am simţit niciodată aproape în adevăratul sens al cuvântului. Într-un fel îl admiram pentru felul lui de-a fi, însă, în atât de multe alte feluri, îl condamnam pentru lipsa lui de afecţiune, pentru absenţa lui din viaţa noastră, pentru indiferenţa pe care şi-o manifesta faţă de mine şi faţă de mama... Deşi locuiam cu toţii sub acelaşi acoperiş el era ca un străin pentru noi. Lucra mult, era plecat cu lunile prin fel şi fel de delegaţii sau, cel puţin, aşa spunea el, iar când venea acasă se închidea în camera lui, citea și fuma cu orele. Când am împlinit optsprezece ani părinţii mei au divorţat, într-un final, apoi eu am plecat la facultate și din acel moment relaţia noastră s-a răcit și mai tare.

Uneori, mă întreb dacă tatăl meu a fost într-adevăr un om puternic, dacă nu cumva încerca să ascundă lipsa lui de asumare și de încredere în sine prin această atitudine glacială, pe care eu în mod eronat o confundam cu un fel de tărie interioară.

Am aflat prea târziu că este grav bolnav, nu spusese nimănui. Vestea m-a devastat. Ca un copil, speram în mod iluzoriu că, indiferent de anii care s-au scurs până acum, într-o zi am să-mi recâștig tatăl, că o să vină la mine, o să-și ceară iertare, o să-mi spună că mă iubește și că, din acel moment, o s-avem o relaţie adevărată. Însă aflarea acelei vești mi-a năruit orice speranţă. Deși, într-un fel, știam că mă autoamăgesc, totuși îmi păstrasem speranţa. Apoi... nu mi-a mai rămas nimic.

Când am început să merg la el la spital, am încercat să-i spun toate aceste lucruri, însă din nou am avut impresia că mă lovesc de un zid. L-am pierdut și cred că, de fapt, mai mult am suferit din cauza iluziei mele că într-o zi voi avea cu adevărat un tată, iluzie care mi-a fost spulberată.

Iar acum, într-o zi oarecare, întâlnesc un străin și am impresia că tata se află din nou în faţa mea. Trăsăturile chipului, privirea lui, felul în care gesticulează, un fel de agresivitate mascată, dificultatea de a înţelege ce se află dincolo de toată mascarada asta, toate mă poartă în trecut și îmi scot la iveală furia, regretul, dorul și incapacitatea de a accepta ceea ce a fost.

Poate ar fi fost mai bine să plec, însă îmi era atât de dor de el, un dor pe care l-am simţit, cumva, toată viaţa. Pe măsură ce îmi vorbea, deveneam din ce în ce mai interesată să aflu mai mult și mai mult. Reușisem să depășim acel moment ciudat de început și ajunsesem să povestim ca și cum eram doi prieteni vechi care tocmai se revăzuseră după ani și ani de zile. Teama și suspiciunea dispăruseră, la fel și prejudecățile mele și, timp de două ore și jumătate, cât am stat pe acea bancă, mi-a destăinuit, atât cât a putut, povestea lui de viață.

— Știi, Antonia, părinții mei au murit când aveam zece ani. Pe mine și pe sora mea ne-a crescut o mătușă, o femeie îngrozitoare... Nu făcea nimic toată ziua, pe deasupra mai era și alcoolică, trăia din ajutor social și din pensia de handicap a fiicei sale. Nu avea grijă de noi, nu avea grijă nici măcar de fata ei. Ne bătea, ne certa și ne dădea afară din casă ori de câte ori se enerva: ba că nu-i ajung banii, ba că de ce a părăsit-o idiotul ăla de bărbatu-său, ba că de ce a pedepsit-o Dumnezeu cu un copil bolnav și i-a mai trimis pe cap încă doi mucoși....

Eu eram cumva anesteziat, mi se părea că trăiesc o viață de împrumut, că poate totul este doar un coșmar și că, în curând, o să mă trezesc din nou în brațele mamei mele. Însă timpul trecea și situația se înrăutățea pe zi ce trece.

Mătușa mea s-a recăsătorit cu un bărbat care era chiar mai rău decât ea și, din acel moment, scandalurile și bătăile ajunseseră să fie la ordinea zilei. Tot ce îmi doream era să treacă timpul ca să pot scăpa cât mai repede de-acolo. Când am împlinit șaisprezece ani, am fugit de-acasă. Am renunțat la școală și mi-am luat o slujbă de „băiat bun la toate" într-un port. Nimeni nu s-a obosit prea tare să mă caute. Mai vorbeam din când în când cu sora mea însă... ei bine, asta e altă poveste.

Apoi, când am împlinit optsprezece ani, comandantul unei nave comerciale m-a luat cu el pe vas ca să-l ajut. Pentru prima dată mă simțeam cu adevărat liber. Aveam cerul infinit deasupra capului, putere de muncă și speranță într-un viitor mai bun. Aveam impresia că apele oceanului mă poartă în fiecare zi către o nouă aventură, către un nou început. Mă împrietenisem cu acel căpitan de navă și faptul că l-am cunoscut pe el cred că a fost cel mai bun lucru care mi s-a putut întâmpla. Mi-a fost mai mult decât prieten, mi-a fost mentor și călăuză. Am călătorit prin atât de multe locuri ale lumii...

Mexic, Peru, Chile, America, Japonia sau Coreea de Sud sunt doar unele dintre ele.

Trei ani am locuit în Franţa şi am reuşit să-mi finalizez acolo studiile. Apoi, am lucrat pe vase de croazieră încă vreo cinci ani până când mi-am dat seama că-mi doresc mai mult... de la mine, de la viaţa mea. M-am reîntors în Franţa şi am făcut tot ce se poate pentru a ajunge ofiţer în marină. Şi am reuşit. Între timp, m-am căsătorit cu o româncă, şi ea muncea tot acolo şi mi-am făcut o familie, familie care s-a destrămat mai repede decât un castel de nisip.

Dintotdeauna mi-am dorit să am un cămin al meu, aşa cum era al nostru până să se prăpădească părinţii şi aşa cum nu am avut parte niciodată alături de mătuşa mea pe care am urât-o din tot sufletul. Mi-am jurat că niciodată n-o să aduc pe lume un copil dacă n-o să-i pot oferi tot ce este mai bun şi mai minunat în această lume.

Fosta mea soţie îmi reproşa deseori că, deşi spun că vreau copii, deşi mă declar un familist convins, viaţa mea, slujba pe care am ales-o, comportamentele şi atitudinea mea reflectă exact contrariul. Eu eram mai tot timpul plecat, iar când petreceam timp împreună eram prea îmbătat de pasiune ca să sesizez problemele care existau în relaţia noastră, ca să sesizez cât de diferite erau percepţiile, dorinţele şi valorile noastre.

Aveam nevoie de afecţiune, de siguranţă, aveam nevoie să simt că aparţin cuiva sau, cel puţin, aşa credeam atunci. Aveam nevoie de toate acele lucruri care mi-au lipsit în copilărie. Căutam să mă vindec prin acea relaţia şi vedeam în ideea de familie salvarea copilului meu interior rănit. Despărţirea a fost destul de rapidă şi lipsită de vreo încărcătură emoţională semnificativă. După ce totul s-a sfârşit, am început să-mi pun întrebări — oare fosta mea soţie avea dreptate? Oare eu chiar nu-mi doream o familie? Oare eu chiar nu aveam nevoie de acel gen de siguranţă?

Privindu-mi viaţa, am realizat că, da, avea dreptate. Trăisem cumva în negare, în minciună. Destinul pe care mi l-am asumat şi acţiunile mele spuneau cu totul altceva despre mine decât povestea aceea pe care o plăsmuisem eu. Nu adultul din mine avea nevoie de asta, pentru că adultul deja își redobândise puterea interioară, ci copilul. Acel copil speriat, acel copil orfan, acel copil rănit, acel copil abuzat.

Și, odată ce-am învățat să-mi ofer mie însumi alinare, iubire și iertare, m-am transformat dintr-un „cerșetor" într-o persoană capabilă să ofere și altora, la rândul ei, iubire. Am simțit că m-am eliberat de o mare povară. Bunăstarea mea nu mai depindea de altcineva.

— Dar, uite, deși n-ai avut o viață tocmai ușoară, ai reușit să-ți trăiești visul... i-am spus. Însă, cu toate astea, ești trist, chiar devastat aș putea spune. Ce se întâmplă?

— Știi, Antonia, nu e ca și cum, atunci când eram mic, visam că o să-mi petrec viața pe mare și niciodată nu mi-am imaginat că o s-ajung să călătoresc prin întreaga lume. Însă atunci când nu ai nicio plasă de siguranță sub tine, nevoia, durerea și dorința de a-ți depăși condiția îți pot transforma orice oportunitate ți se ivește într-un vis, un vis pe care îl creezi tu, atunci pe loc și pe care îl trăiești zi de zi. Și nu știi unde te va duce asta pentru că nu există un punct final pe care trebuie să-l atingi și să strigi: „Ura, am reușit, acum pot să fiu fericit!"

— visul nu se sfârșește niciodată, iar fericirea stă în fiecare pas. Nu m-am străduit și nici nu m-am înverșunat să ating ceva anume. Tot ce mi-am dorit a fost să nu mai depind de nimeni, să mă simt liber, să fac ceea ce sufletul meu mă îndemna să fac. Și așa am ajuns să realizez tot ceea ce am realizat până acum.

Însă, ca să-ți răspund la întrebare, da, sunt devastat. Este vorba despre sora mea... Tocmai din acest motiv mă aflu astăzi aici... În toți acești ani am văzut-o, cred, de vreo două ori. În primii ani, după ce am plecat de-acasă, reușeam să vorbim cam o dată pe lună, apoi din ce în ce mai rar... până am pierdut de tot legătura. Nici acum nu pot să mă iert pentru că am abandonat-o, însă îmi dau seama că, dacă rămâneam alături de ea în acea casă, acest lucru nu m-ar fi ajutat nici pe mine, nici pe ea. Să o fi luat cu mine, nu puteam. Îmi dau seama că ce am făcut atunci a fost o nebunie. Puteam la fel de bine s-ajung un tâlhar, un ratat, puteam să zac rănit în vreun șanț și nimeni să nu știe nimic și nimănui să nu-i pese. Însă, chiar dacă rămâneam acolo, nimeni nu-mi putea garanta că n-o să sfârșesc în același fel.

Sora mea a fost tot timpul o fire sensibilă, fragilă, influențabilă, un etern copil... Avea înclinații artistice și visa c-o să ajungă o mare pictoriță. Am aflat că s-a măritat la nouăsprezece ani, că a făcut doi copii și că s-a mutat undeva la țară cu netrebnicul ăla. Mi-a scris la un moment dat că nu înțelege cu ce a greșit atât de nu mai vreau să știu nimic de ea, că o doare cumplit faptul că am dat-o uitării, că îi este dor de mine și că mă roagă să-i dau un semn, să știe că sunt bine, și că vrea să mă vadă. Și nu este ca și cum aș fi dat-o uitării însă, cumva... atunci, când am plecat de acasă, m-am lăsat prins în vâltoarea noii mele vieți și, oricum, eram mult prea speriat ca să mai privesc înapoi. Când mă gândeam la ea, mă gândeam și la mătușa noastră, și la toate întâmplările nefericite prin care am trecut în acea perioadă a vieții mele. Știam că, după ce lucrurile se vor așeza, o voi căuta. Și am făcut asta. Am revăzut-o... și nu am mai recunoscut-o. Mi-a povestit că trăiește un calvar alături de soțul ei, că a făcut două avorturi din cauza scandalurilor și bătăilor, că nu mai vrea să trăiască așa, însă nu are unde să se ducă și ce să lucreze, că nu s-ar descurca pe cont propriu și că e dispusă să sufere în continuare de dragul copiilor.

Am încercat să-i explic că nimic pe lume n-o poate împiedica să se elibereze de calvarul pe care îl îndură, că nu trebuie să accepte o astfel de viață de dragul copiilor pentru că nimeni, dar absolut nimeni nu este cu adevărat fericit și bine într-o astfel de situație, că acest sacrificiu inutil o îmbolnăvește și, la un moment dat, o s-o distrugă. Că, dacă își dorește, poate să-și ia copiii și să vină cu mine pentru că o voi ajuta cu tot ce îmi stă în putință. Însă NU, nu a vrut! M-a refuzat categoric. Venise înspre mine s-o ajut, mi-a povestit tot ce-a-ndurat, însă în același timp mi-a refuzat orice șansă de-a o ajuta să iasă din situația aceea. De ce? De ce? De ce? M-am înfuriat, m-am supărat și am ridicat tonul la ea. A început să plângă. Mi-a spus că ultimul lucru pe care și-l dorește în această viață este ca și eu, fratele ei iubit, să țipe și să se enerveze din cauza ei. Că îi ajunge ce trăiește și că vrea doar puțină alinare, puțină înțelegere.

Cel mai tare mă doare că nu pot să fac nimic că, deși situația ei s-ar putea rezolva, deși ea ar putea să fie fericită, nu vrea să facă nimic pentru asta. Oare de ce mi-a mai spus toate lucrurile acelea? Ce voia? Să sufăr alături de ea? S-o iau în brațe și să-i spun...„du-te înapoi acasă, draga mea, că ți-e tare bine acolo și nu-i nimic, suferă ca o martiră pentru că suferința este o virtute.." Ce să-i spun? Că fetița și băiețelul ei trăiesc povestea pe care am trăi-o noi când locuiam cu mătușa? Că-și distruge copiii așa cum au distrus-o și ăia pe ea? Că bețivul ăla de bărbatu-său nu o să se schimbe niciodată? Că degeaba speră și se minte pe sine?

Și cum pot accepta că sunt legat de mâini și de picioare? Și cum pot accepta că este viața ei, că sunt alegerile ei și că, dacă ea așa decide să trăiască, atunci eu nu pot face absolut nimic, nimic mai mult decât am făcut până acum. Cum pot s-o ajut cu forța?

Astăzi m-am prăbușit. Astăzi m-am trezit față-n față cu incapacitatea și cu neputința mea, cu nedreptatea acestei lumi...
— Știi, Vlad, îmi sună atât de cunoscute vorbele-astea... Lumea este nedreaptă, viața este nedreaptă... și eu am crezut asta până nu demult... și eu mi-am condamnat tatăl pentru că nu a corespuns unei viziuni ideale din mintea mea. M-am simțit nedreptățită pentru că nu mi-a fost alături în modul în care mi-am dorit EU să fie. Am trăit mare parte din viață cu un sentiment al respingerii și tânjeam după confirmările lui. Ca și copil este greu să înțelegi că nu tu ești cel care are o problemă, că nu este nimic în neregulă cu tine dacă părinții tăi nu sunt capabili să-ți răspundă așa cum îți dorești sau așa cum ai tu nevoie. În ochii unui copil părinții sunt niște zei de care acesta depinde în totalitate, însă, pe măsură ce te maturizezi, începi să-i vezi așa cum sunt în realitate... niște oameni ca oricare alții, cu defectele și calitățile lor, cu rănile, frustrările și neajunsurile lor. Iar, dacă te-au rănit în mod intenționat, așa cum te-a rănit mătușa ta pe tine, poți să te

îndepărtezi şi să închei odată pentru totdeauna acel capitol dureros al vieţii tale. Dacă nu ţi-au oferit tot sprijinul şi afecţiunea de care ai fi avut tu nevoie, însă te-au ajutat să creşti, să te dezvolţi şi să te rupi de cuib, ce mai contează? Eşti bine acum şi, aşa cum spuneai tu înainte, acum tu poţi să-i oferi copilului aceluia interior tot ceea ce simţi că i-ar fi lipsit atunci. Ştii... la început când te-am văzut mi s-a părut că semeni izbitor de mult cu tata, acum nu mi se mai pare aşa. Dar şi tu mi-ai spus mie acelaşi lucru... că îţi amintesc de o persoană dragă ţie.

— Da, de sora mea... de adevărata mea soră, acea fată visătoare, sensibilă şi plină de speranţă, acel suflet de artist pe care aş fi văzut-o capabilă să mute munţii din loc, dacă şi-ar fi propus asta.

— Sora ta rămâne în continuare „adevărata" ta soră, numai că ţie îţi este greu s-o accepţi aşa cum este acum, să accepţi ceea ce ea a devenit în timp. Cu toţii facem alegeri şi cu toţii le suportăm consecinţele şi, până la urmă, nimeni nu poate salva pe nimeni... poate doar să ajute, doar dacă i se permite, altfel... Spuneai că astăzi te-ai trezit faţă-n faţă cu incapacitatea şi cu neputinţa ta. Uneori ar fi bine să avem înţelepciunea de a înţelege că influenţa noastră asupra altor oameni este limitată şi că nici măcar nu avem dreptul să intervenim în deciziile şi alegerile lor. Ai făcut tot ce ai putut. I-ai oferit o mână de ajutor. Nu a acceptat. Oricât de absurd şi de neînţeles ţi se pare, asta nu o să schimbe alegerea ei. Şi asta înseamnă că tu eşti neputincios? Nu, înseamnă doar că drumul ei este drumul ei şi nu depinde de tine. De tine depinde doar viaţa ta...

BUNĂ... VREI SĂ-ŢI SPUN O POVESTE?

Doream să-mi amintesc. Ce? Orice care să mă facă să nu regret că am trăit ca şi cum aş fi fost o moartă vie. Nu ştiu cum vine asta, poate că iarna a pus stăpânire pe mine, am amorţit şi nu-mi mai găsesc cuvintele potrivite. Potrivite...Uneori, cele mai potrivite cuvinte care să reflecte ce gândeşti şi simţi sunt exact acelea pe care le-ai rostit prima dată. Şi ce importanţă are? Nu e ca şi cum aş participa la vreo dezbatere politică. Da! Moartă vie!

Nu-mi mai este teamă de moarte. Mi-a fost odată, apoi am început s-o privesc ca pe o binecuvântare. Însă acum, acum nu mai simt mare lucru — nici bucurie, nici tristeţe, nici furie... Mă simt aşa... ca o carcasă în care, la un moment dat, trăia o femeie care simţea... o femeie care a început să se gândească la viaţă şi care ar vrea să simtă din nou. Nu ştiu dacă este cel mai bun moment să încep să mă gândesc la toate aceste lucruri, însă când este acel moment potrivit să-ţi dai voie să accepţi că toată viaţa ta a fost o mare trădare de sine? Că ai trăit într-o minciună, cu speranţa că cineva, cândva, îţi va acorda şansa de a juca un rol secundar în propria-i piesă de teatru?

M-am trădat pe mine în cele mai crunte moduri posibile. M-am minţit infinit pentru că am pornit din start pe un drum greşit şi mi-a fost teamă să-mi ascult vocea interioară ca nu cumva să rămân singură. Orice, numai asta, nu. Cum ar fi fost asta? Poate că ar fi fost mult mai bine pentru că, oricum, toată viaţa m-am simţit singură şi acum chiar sunt singură... Solitudine, divină binecuvântare! Cum altfel să-mi fi dat eu seama cât de greşit mi-am trăit viaţa? Cum altfel să fi realizat că încă mai am puterea de a schimba ceva?

Când îmi amintesc, încep să simt. Şi-aş vrea să înţeleg... aş vrea să mă înţeleg pe mine mai bine. Aş vrea să-mi dau seama de ce, în cele mai multe momente, nu simt nimic. Însă, când mă afund în amintiri...

O foaie albă de hârtie zace sinistru in faţa mea: 2+2... (6-2): 3... Din camera de alături tata urlă isteric la mama. Iar mama tace şi îşi înghite lacrimile. Pentru că o relaţie nu are cum să funcţioneze fără compromisuri. Pentru că... pentru că... atâtea minciuni trebuie să-şi fi spus şi ea, la rândul ei... Îmi este frică. Îmi pare rău de ea şi o urăsc în același timp. De ce taci, mamă? Și oare este normal să simți FRICĂ față de cel care ar trebui să-ți fie prieten si iubit? Și oare este normal să taci și să plângi pe ascuns în fiecare zi? Și pentru ce toate acestea? Mă pierd în foaia albă de hârtie. În mintea mea trăiesc infinit o panică ce mă face să vreau să nu mai exist. Îngrop totul cât mai adânc. Trebuie să fac ceva să nu mai simt asta. Trebuie să fac ceva să nu mai simt.

Mă simt ca un ocean tulburat care încearcă să-și găsească liniștea după furtună... În liniște orice este posibil. În liniște te simți pe tine. Ascultă liniștea și acordă-ți permisiunea să te afunzi în tine. Acolo este începutul și sfârșitul.

În liniște... îmi aduc aminte de prima și marea mea iubire, chiar dacă marea mea iubire a fost doar o iluzie a minții mele. Eram foc ce ardea pe ape și nici nu mai știu ce și pe cine iubeam. Îmi aduc aminte cum îi spuneam că va fi o poveste fără sfârșit... în condițiile în care eu mă simțeam ca o umbră senilă, o ființă fără de început și fără de sfârșit care își completa puzzle-ul vieții cu piesele altora. Ha, ha! Însă, îmi amintesc... și din amintiri îmi creez un nou destin, pentru că amintirile sunt supraestimate. Mintea noastră este făcută de așa natură încât să ne aducă în prim plan tot ceea ce a fost frumos. Și uităm cum simțeam amar și cum ne cufundam în întuneric și amintirea revine iar și iar, iar tu, cufundându-te în ea, crezi cu înverșunare că a fost bine. Ei bine, nu, nu a fost. Dacă era să fie bine, astăzi nu mai aveai inima strânsă. Câtă încrâncenare... Sunt liberă acum!

Când eram adolescentă obișnuiam să mă droghez. Nimic deosebit. Dar nu cu droguri de-alea „bune". Beam, luam pastile cu alcool. Aveam de unde. Maică-mea avea un întreg depozit. Se înțelege. La un moment dat umorile mele s-au dezechilibrat și am ajuns la psihiatru. Perfect. Alte pastile de care să pot abuza. Asta e pentru ce nu ai, asta e pentru ce crezi că ai, asta e pentru a uita că ești o ființă care sângerează. Anesteziază-te! Profund! Să nu mai auzi vocile alea din capul tău care-ți spun că... nu mai vrei să trăiești așa, că îți e frică, că suferi, că ai nevoie de ajutor. Înăbușă-le pe toate! Ești doar un dement! Ei bine, nu, nu eram. Eram un om perfect normal, însă în suferință. Iar vocile alea nu erau semne ale rupturii mele de realitate ci ale unei conștiințe perfect umane, perfect normale. Ale unui om care nu trăiește pe pilot automat, ca o oaie într-o turmă. Eram vie și, din nou, am început să mor.

În perioada aceea m-am îndrăgostit de Demi... Păr albastru... aveam un păr de un albastru metalic ce se înfășura pe trupul meu ca un vrej ce sufoca în strânsoarea sa un bob de linte. Aveam și o piele translucidă pe care o uram, pentru că mi se citeau pe ea toate insomniile, toate frământările. După Demi am purtat doliu mult timp, iar el nici măcar nu murise. Îl plângeam în suflet. Am reușit, cu fiecare strop de luciditate, să mă eliberez de fantasma lui, de ceea ce îmi închipuisem atâta timp că ar fi el. Din nou iubeam o fantasmă născocită de gândurile mele. Ajunsesem să distorsionez realitatea în așa fel, încât Demi nu mai era tipul acela mediocru, cu multe răni nevindecate și traume care aveau legătură uneori cu un tată absent, alteori cu un tată despotic. Demi era pentru mine un zeu. Era un zeu ciudat, un fel de diavol. Pe-o parte îl desconsideram și-mi păreau de-a dreptul scârboase anumite gesturi de-ale lui sau faptul că râdea într-un fel anume, sau că respira într-un fel anume. Pentru fracțiuni de secundă îl diminuam atât de mult și mă întrebam stupefiată cum pot ca măcar să respir în preajma acestei orătănii fără să nu mor de silă. Apoi mă întrebam ce-o fi fost atât de în neregulă cu mine să-mi fie scârbă, din când în când, de băiatul pe care îl iubeam, pe care eram ferm convinsă că îl iubeam. Mă gândeam că sunt prea necoaptă și că poate nu înțeleg realitățile acestei lumi — cum stă treaba, de fapt. Că nu am sufletul și mintea formate astfel, încât să-l pot înțelege, să-l iubesc așa cum se cuvine. Ce știam eu?

Și îl iubeam cu un patos bolnăvicios. Care m-a și îmbolnăvit mai tare, de fapt. Stăteam nopțile și îi scrijeleam numele pe agenda aia veche pe care obișnuiam să desenez fluturi, inimi și cruci. Agenda aia jerpelită pe care o prețuiam, cred, mai mult decât pe propria-mi ființă. Era ca și cum aș fi iubit mai mult niște amintiri decât pe mine. Era ca și cum ar fi fost mai importante niște momente aleatorii decât mine, momente care, multe dintre ele, se întâmplau oricum doar în imaginația mea. În orice caz, mai mult trăiam prin alții și prin poveștile altora, prin durerile și bucuriile lor decât prin mine însămi. Îmi era frică să trăiesc. De aceea alegeam surogate prin care să-mi trăiesc viața.

Nu am trăit niciodată prin mine însămi. Decât atunci când mă tăiam pe brațe, când mă drogam, când luam somnifere cu vodca... Iar când iubeam, din nou, nu iubeam prin mine însămi, pentru că nu exista un Sine propriu cu care să fiu în contact și prin care să iubesc. Eram o carcasă care se hrănea cu ce se îndurau alții să-i lase de pomană. Eu nu aveam suflet, adică nu mă simțeam ca și cum aș fi fost vie. Mă râcâia ceva în interiorul meu în permanență. Asta era senzația. Sufletul meu era un bâzâit enervant și dureros. As fi făcut orice să înăbuș zgomotul și senzațiile acele enervante din interior. De aia beam, de aia mă drogam — pentru a uita, pentru a-mi anestezia senzația că viața mea este un râcâit enervant. De aia căutam cu disperare să fiu cu cineva. Și de asta sufeream ca o văduvă când iubitul încoronat dispărea din peisaj. Cu Demi a fost parcă mai gravă situația decât cu alții. Într-o zi m-am urcat pe clădirea liceului și am început să urlu, să dau din mâini, să-mi smulg părul din cap. „Demi, Demi! Uite unde m-ai adus! Uite ce m-ai făcut să fac! Mă sinucid! Mă sinucid!" Iar Demi se uita plictisit din curtea școlii și probabil se întreba cu ce a greșit de l-a blestemat universul cu o astfel de nebună. Oricum, nu aveam de gând să mă sinucid. Dar așa obișnuiam eu, din când în când, să fac scene de astea penibile.

Îmi mai amintesc cum, în anul patru de facultate, obișnuia mama să mă târască la fel și fel de evenimente sociale, numai să-mi găsesc şi eu pe cineva şi să se scape de mine, presupun. Ca să scap de gura ei, mă duceam, dar aveam senzaţia că mă târăşte ca pe o vită la un târg de animale. Şi am întâlnit un bărbat, un bărbat oarecare cu care am ajuns să mă mărit. Am ajuns să mă mărit cu un bărbat oarecare! Un soldat care era atât de mândru de patriotismul lui. Iar eu mă gândeam că mândria unor crime patriotice nu are cum să te înalţe, în cel mai bun caz îţi oferă o justificare a faptelor tale pentru a te face să uiţi de vinovăţie. Dar oare cum ar fi să avem toţi aceeaşi patrie? Împotriva cui ne-am mai lupta? Şi pe seama cui am mai pune tendinţele noastre sadice şi masochiste? Ca de obicei, obişnuiam să mă gândesc la lucruri la care nu ar fi trebuit să mă gândesc.

Îmi amintesc cum mi se părea că am un nume ciudat. Îmi amintesc cum mă plimbam pe aleile ce înconjurau liceul de pe a cărei clădire ameninţasem odată că mă voi sinucide. Însă nu numai numele meu mi se părea ciudat, ci şi felul în care mergeam şi vorbeam, felul în care iubeam şi visam. Îmi amintesc cum mă imaginam pe o colină deasupra oraşului, trăind într-o casă de sticlă ca să pot admira stelele şi atunci când este frig, noaptea, din pat. În general, toate gândurile mele erau monstruoase, toate scenariile catastrofale. Nu mai găseam un singur lucru bun în viaţa mea. Trăiam în permanenţă cu frică, o frică ce se exacerba de la un gând la altul, de la un moment la altul, ca şi cum aş fi fost o păpuşă în care, în orice moment, cineva poate să înfigă o sută de ace.

Îmi doream să iubesc mai mult. Să mă iubesc pe mine mai mult. Să pot să-mi spun: „e ok aşa cum eşti şi nu e nimic ciudat la tine". Poate că depresia pusese stăpânire pe mine. Şi când mă gândeam la lucrurile bune care mi s-au întâmplat de-a lungul vieţii, tot tristă eram şi le priveam ca şi cum i s-ar fi întâmplat unei alte persoane. Eu nu mai eram femeia aceea îndrăgostită sau femeia înnebunită după munca ei. Când îmi aminteam de zilele în care stăteam încuiată în laboratorul meu, pierzând orice noţiune a timpului, parcă îmi aminteam de o altă femeie. Nu recunosc să fi avut un păr așa de frumos și bogat, mâini atât de fine și albe, și nici rochia aceea neagră cu buline nu mi-o amintesc. Mă plimbam cu fetița mea prin parc, îi citeam povești, îi croșetam șosetuțe, ne jucam împreună, îi făceam prăjituri... Cine este copilul ăsta din amintirile mele? Nu-mi aduc aminte să fi fost vreodată mamă. Pentru că nu am simțit că am fost vreodată o mamă adevărată...

Îmi aduc aminte cum simțeam prin toți porii apăsarea aceea grea și viermănoasă a pământului care-mi inunda toată ființa, care curgea asupra ființei divine a fiicei mele, ca și cum aș fi mușcat din cadavrul ei. Însă cred că ea ar fi avut un gust mai bun decât deșertăciunea aceasta inutilă a propriilor mele gânduri. Îmi doream să mă contopesc cu ea, în sicriul acela sterp de lemn ieftin, să pătrund pervers și subtil în inima ei și nimeni să nu mă mai scoată de-acolo. Să mă îngrop singură sufocându-mă într-o suferință deșartă. Asta îmi doream. Nu mai vedeam nicio lumina și îi blestemam pe toți cei care încercau, în optimismul lor absurd și irațional, să mă conducă spre fel și fel de lumini închipuite. Lumina nu mai exista. Lumina nu există niciunde altundeva decât în inima noastră, în mintea noastră, în ființa noastră. Însă inima mea era Ea, ființa mea era Ea, lumina mea s-a dus odată cu ea. Așadar, despre ce lumină vorbim acum? Oare ce lumină ar fi capabilă să mă mai înalțe? Să mă facă să văd și altceva? Nu... nu.... nu... eu o să mor în mine, eu mor în mine, eu o să mă las înghițită de golul meu interior, eu mă las înghițită de golul meu interior... eu sunt vinovată de toate astea...

Îmi aduc aminte cum mă gândeam că nu vreau sa mor. Nu vreau să mor! În fiecare seară mă culcam cu gândul ăsta. Și în fiecare dimineață mă trezeam cu gândul ăsta. Îmi era teamă de moarte pentru că, de fapt, îmi era teamă de viață. Teama asta obsedantă a mea de moarte venea din faptul că eram o reprimată. Ce regret mai mare să ai decât acela că mori fără să-ţi fi trăit viaţa?

Am fost o mască întreaga mea viaţă. Din acest motiv am dezvoltat fel şi fel de alergii. Însă fiinţa mea se împotrivea să mai poarte acea mască, să mai fie acea mască. Te gândeşti că, dacă dormi, gândurile dispar. Că totul o să revină la normal şi speri că a două zi dimineaţa să nu mai simţi golul ăla în stomac, vidul ăla existenţial. Însă nu este aşa. Păcat e atunci când te laşi pradă viruşilor minţii, ambiţiilor prosteşti, sentimentelor de vinovăţie, când în interiorul tău clocoteşte iadul. Când înăuntru eşti în infern. Când îţi clădeşti acel infern tu însuţi, cu puterea minţii tale, cu puterea fiinţei tale, şi, pe deasupra, nici măcar nu eşti conştient de responsabilitatea care îţi aparţine în toată povestea asta. Pe zi ce trece, pe an ce trece, golul creşte. Şi vine o zi în care nu mai poţi să te minţi pe tine. Toate dorinţele pe care le-ai reprimat, toate visurile abandonate, toată pasiunea pe care ai investit-o în iluzii sau în devalorizări se răsfrâng asupra ta ca o tornadă, ca un cutremur, ca o apocalipsă.

Am vorbit despre atâtea şi atâtea răni adânc întipărite în structurile mele încât ai putea avea impresia că nu am făcut altceva decât să fiu rănită, să rănesc, să trăiesc în frică, să mă lupt cu proprii demoni sau cu demonii altora, ca şi cum viaţa mea s-ar rezuma la a trăi de azi pe mâine, resemnându-mă cu ideea că lumea este rea şi dură, ca şi cum aş fi o victimă şi că tot ce pot face este să mă feresc cât mai mult de mine şi de alţii. Iar supunerea faţă de o entitate pe care o percepeam ca fiind mai puternică decât mine însămi îmi conferea o anumită stare de umilinţă, stare pe care o consideram necesară pentru a-mi reduce din vinovăţiile şi ruşinea pe care le simţeam.

Însă vine o zi în care toate visurile nerealizate şi toate durerile trecutului se transformă în cei mai mari duşmani care nu te mai lasă să dormi noaptea. Şi începi să te gândeşti: Ce Dumnezeu mi se întâmplă? Oare am înnebunit? Oare sunt bolnavă?

Ei bine, nu. Însă, uneori, când nu faci nimic altceva decât să te afunzi în amintiri şi să-ţi hrăneşti sentimentele de neputinţă şi vinovăţie fără a schimba nimic, ajungi să crezi din ce în ce mai mult că eşti „defect".

Nu cred că am făcut cunoştinţă. Bună, sunt Samantha. Am 68 de ani şi trăiesc în Wisconsin de o viaţă... o viaţă haotică şi lipsită de importanţă. Până ACUM.

BĂRBATUL DIN RAMĂ

...Am bolduri înfipte în mine, constat, privind, creaţia s-a transformat într-un fluture mutilat...

Nu-mi doresc neapărat să-ţi spun ceva. Nu ştiu de ce te-am chemat... Dar simt că te pierd. Simt că mă pierd. De fapt, simt că nu am fost niciodată aşa cum ar fi trebuit să fim.

Mă gândeam într-un timp să ne mutăm împreună. Dar să nu facem copii. Să ardem unul într-altul până la epuizare, până ne facem cenuşă şi ne risipim liniştit înspre cele patru puncte cardinale. Mă gândeam într-un timp că, poate, ar fi mai bine să ne despărţim. Însă, apoi mă gândeam că, dacă m-aş despărţi de tine, m-aş despărţi şi de mine... din empatie, aşa... să nu suferi prea tare. Ha, ha! Simbioză nenorocită! Mă oboseşte... Ne devorăm reciproc. Crud, nedrept şi incert.

Niciodată nu mi-am dorit să pun stăpânire pe tine ori tu pe mine şi, cumva, la asta s-a ajuns. Însă, în realitate, niciodată nu ai fost a mea şi nici eu al tău, deşi uneori ajunsesem să cred că asta e ceea ce ar trebui să-mi doresc de la viaţă. Să ai pe cineva acolo în care să te pierzi şi să uiţi de tine. Dar de ce ai face asta? De fapt, ştiu... Te arunci în celălalt ca într-un ocean, însă nu ştii ce te aşteaptă în „căderea" ta.

Poţi să ai certitudinea că te vei mai întoarce? Ori că apa nu va seca mai curând decât ţi-ai deschide ochii? Sau, mai bine chiar, să te înalţi... să-ţi desfaci aripile şi să zbori.

Începusem să mă întreb de ce nu vrei să fii a mea, de ce nu pot nici să mă „arunc", nici să mă „înalţ". Începusem să mă întreb dacă ai pe altcineva. Dar mi-am dat seama de ridicolul întrebărilor mele. Nu e nevoie să-mi răspunzi, nu vreau să-mi răspunzi. Oare să am eu pe altcineva? Ha, ha! Nu, dar nici pe mine nu mă mai am. Şi, la o adică, dacă eu nu mă mai am pe mine, tu în cine mai ai pretenţia să te pierzi?

M-am cuminţit. Nu a fost de-ajuns. Degeaba m-am cuminţit. Nu ar fi trebuit să mă cuminţesc. Şi pentru ce? Ca să corespund mai bine unui rol? Dacă a mă cuminţi înseamnă a da uitării cele mai profunde dorinţe ale mele, prefer să fiu un nenorocit.

Nu-mi cere să uit că am iubit pe altele. Nu-mi cere să le desconsider. Nu mă mai şantaja când nu fac cum vrei tu. Asta mă transformă pe mine într-o simplă jucărie. Nu mai încerca să mă schimbi, să mă convingi de o realitate ce nu-mi aparţine. Nu sunt creaţia ta de plastilină. Dă-mă jos din ramă. Mă mai vrei lângă tine astfel? Cu toate incertitudinile, neliniştile şi dorinţele mele? Mă mai vrei, pe mine, cel autentic? Sau mai lustruim puţin rama să arate mai vie poza?

Da, sigur, aş putea fi bărbatul ideal. Însă nu pentru tine.

Se scurge timpul din clepsidre, se scurge invaziv în mine. Mă gândesc că o să vină o zi în care o să mă fure „cursul firesc al vieţii" şi nu o să mai am resursele necesare să mă răscumpăr.

Asta trebuie să înceteze.

GÂNDURI ÎNTR-O CEAȘCĂ DE CEAI

Mă simt ca un intrus în propria mea viață. Pentru că încă simt că nu îmi aparține în totalitate. Am dus multe bătălii încrâncenate cu mine pentru a mă lua în stăpânire pe de-a-ntregul. De foarte multe ori m-am pierdut în acele bătălii. Nu am ieșit învingător, însă durerea înfrângerii m-a făcut să conștientizez că purtam niște lupte inutile. Durerea a fost semnalul meu de alarmă. De ce sufeream, mai exact? Și pentru ce atâta înverșunare? Luptele mele erau declanșate de niște răni deschise și nevindecate pe care continuam să le adâncesc. Orgoliul și frustrările mele erau cele care mă țineau într-o stare pasivă, într-o stare de negare. Îmi negam rănile, îmi negam trecutul, negam oameni din trecutul meu, ca și cum nu ar fi existat niciodată, numai pentru că n-am avut curajul să-mi asum responsabilitatea deciziilor și alegerilor mele. Pentru că, dacă aș fi făcut asta, aș fi fost nevoit să mă confrunt cu adevărul meu interior, cu defectele mele, cu greșelile mele. Și cum poate un eu fragil să suporte o asemenea confruntare? Este mult mai ușor să bagi capul în nisip ca struțul... însă la ce te ajută? Lumea tot acolo este și tot acolo va fi. Diferența este că tu nu mai faci parte din ea, decât superficial, și te înstrăinezi de tine însuți. Iar asta chiar nu te ajută la nimic — nu te ajută să-ți vindeci rănile, să te trezești, să faci pace cu tine, doar îți oferă o falsă senzație de confort. Fugi de tine și de lume, însă te îndrepți înspre nicăieri. Stai ascuns. Iar atunci când te ascunzi, ai tendința să te izolezi. Începi să te simți din ce în ce mai neadecvat. Intri ca într-o stare de regresie hipnotică. Îți dorești să te întorci la increat pentru a nu te mai naște. Atât de apăsătoare îți pare existența, atât de întunecată lumea...

Pf, amintiri... Cu toate acestea am ajuns la onorabila vârstă de șaptezeci de ani. Nu mă consider bătrân, dar nici tânăr. Sunt ceea ce sunt. Locuiesc singur. Și eu am regrete și cu toate acestea mi-am găsit o anumită liniște. Iubesc ceaiul și încă păstrez setul acela de cești cu flori de trandafir pe care l-am găsit în casa surorii mele după ce ea a murit... Trecutul... trecutul... de ce ne este atât de greu să ne eliberăm de el? Ce alinare găsim în rememorarea unor anumite întâmplări? În rememorarea anilor din viața noastră care au trecut? Ne face asta să ne simțim mai bine? Întrebare cu dublu tăiș. În fapt, rememorăm trecutul pentru că avem regrete. Și ne simțim bine pe moment făcând asta, pentru că, măcar în imaginația noastră, reușim să-i oferim un alt deznodământ. Ne imaginăm cum ar fi fost dacă am fi ales diferit. Cum ar fi fost dacă am fi procedat altfel. Dar știi ce? Trecutul nu are un alt deznodământ în afară de clipa prezentă. Ceea ce ai gândit acum o secundă ține de trecut, fie el și cel apropiat. Nu există o altă modalitate mai bună de a te elibera de trecut decât dacă alegi conștient în clipa de față să acționezi altfel, dacă alegi să faci o schimbare în viața ta, rupând, astfel, tiparele care te țin și acum pe loc. Ne îngropăm în amintiri, în oameni de mult apuși, ne îngropăm odată cu ei. Ne îngropăm în visurile noastre neîmplinite, în iubirile noastre pe care le considerăm eșecuri și pentru care nu putem să ne iertăm. Dar, hei, lumea nu se învârte în jurul nostru...

De la o vârstă încolo ești mai detașat de toți și toate. Te dai jos de pe roată. Însă cred că, de fapt, nu anii care trec te fac să fii mai înțelept și mai împăcat, ci felul în care crești tu pe interior, ce înveți din greșelile tale, dorința de a te păstra mereu în contact cu sinele tău, de a fi lucid și conștient.

Însă astăzi nu este vorba despre mine....

Am un vecin. Are optzeci de ani și este în permanență morocănos, neîngrijit, scuipă oriunde apucă, își vorbește de rău părinții și frații decedați, blamează tineretul din ziua de azi și are, de asemenea, multe complexe și multe frustrări. Îmi spune deseori:

— Băi Gogule, dacă nu-l omorau pe Ceaușescu, eu și în ziua de azi eram mare șef. Mi-au luat nenorociții ăstia tot ce am strâns eu, cu puterile mele, timp de douăzeci de ani... Futu-le muma-n cur de nenorociți!

Mda... el cu puterile lui... Şi eu ce-ar trebui să fac acum? Să-i plâng de milă pentru că alege să fie o victimă? Dar de ce nu a fost mare şef şi după, dacă tot este să ne luăm după propriile puteri? Deseori, când îmi trece prin dreptul ferestrei, mă strigă de fiecare dată cu vocea aia răguşită şi enervantă...

— Gogule! Gogule! Ce faci, cumetre, îţi numeri amintirile? Mi se ridică părul pe mâini când îl aud.

— Atât ai învăţat, mă, tu în această viaţă? Să zbieri pe la geamuri şi să batjocoreşti felul în care aleg alţi oameni să trăiască? De cele mai multe ori nu am chef să-i răspund, dar insistă:

— Gogule! Gogule... bă fraiere, ieşi afară, că aici se întâmplă lumea!

Mda... poate pentru el... asta e lumea... pentru el lumea e când duce gunoiul şi mai prinde vreo bârfă... ce să faci... grele bătrâneţile astea dacă nu reuşeşti să dai un sens propriei vieţi.

Stau la bloc, de vecini nu duc lipsă. Mai este o fată... Carmina... locuieşte chiar deasupra mea... Din nu ştiu ce motiv am privit-o mereu ca pe o fiică. Am ajutat-o de fiecare dată atât cât am putut. Îmi pare rău de ea şi nu sunt mândru de asta. Mila este ultimul sentiment pe care aş vrea să-l nutresc. Compasiune, iubire, drag... astea da.... dar milă, nu. Însă, pe undeva, mă răscoleşte şi îmi întoarce sufletul pe dos. Poate pentru că mi se pare nedreaptă povestea ei de viaţă, poate pentru că îmi activează nişte răni... Cine ştie? Dar cine sunt eu să judec? Până la urmă fiecare om are destinul pe care şi-l făureşte...

A venit la mine într-o zi. Deseori venea să-mi ceară cu împrumut diverse... şi mai stăteam puţin de vorbă, însă acum... acum am conştientizat că, prin discuţiile mele, nu făceam altceva decât să-i ofer o consolare superficială, să-i întăresc neputinţele, exprimându-mi, bineînţeles, mila. Ceva s-a schimbat în interiorul meu. Parcă vedeam lucrurile mult mai clar, parcă un văl îmi picase de pe ochi. Era tot ea, cu acelaşi halat maro, cu aceeaşi pieptănătură neîngrijită... A sunat la uşă şi nici măcar nu a aşteptat să-i răspund. A dat buzna şi a început să turuie isteric verzi şi uscate. Cum nu mai suportă ea viaţa pe care o duce, că de ce a pedepsit-o Dumnezeu cu soarta asta, cu ce a greşit ea să merite crucea pe care o duce şi tot aşa...

Mi-a spus multe, însă în alte cuvinte... Că se simte goală, urâtă, fără formă, fără conţinut... că un vid interior îi macină viaţa, că şi-ar dori să moară, însă nu are curajul să facă asta pentru că nu ar vrea să ajungă în Iad... şi-a amintit de prima şi marea ei iubire din tinereţe şi cât de mult regretă că nu l-a urmat pe bărbatul acela cu care a petrecut doar o singură noapte de amor, pentru care, culmea, se simte vinovată şi acum, pentru că s-a afişat în faţa altarului cu un alt bărbat, pătată... ş.a.m.d.

— Of, Carmina, dacă ai şti tu că de-a lungul vieţii se formează nişte goluri care îţi creează impresia că nu pot fi umplute cu nimic... Din copilărie chiar. Mai ales. Însă de la un punct încolo, tu ai de ales. Fie te laşi înghiţit de acele goluri, fie alegi să le umpli, prin tine însuţi, niciodată prin alţi oameni. Pentru că, da, ai puterea asta, chiar dacă nu eşti conştient de ea. Sunt oameni care şi acum trăiesc în trecut. Iar tu eşti unul dintre ei. Sunt oameni care şi acum sunt blocaţi în cei zece sau douăzeci de ani care au trecut de la iluzia şi marea dezamăgire a vieţii lor. Iar tu eşti unul dintre ei.

Nu ai cum să te aştepţi să fii fericită şi degeaba implori o nouă şansă, iar moartea, în cazul tău, nu ar fi o nouă şansă, ci doar o evadare din propria realitate, o fugă. Mintea ta este agăţată de nişte fantasme din trecut care sunt, asa cum le spune şi numele, nişte fantasme. Este dureros, ştiu, dar vezi, nu ai cum să-ţi construieşti un viitor când ai prezentul mânjit de umbrele decepţiilor. Şi totul este doar o chestiune de percepţie, totul depinde de semnificaţia pe care o dai oamenilor şi evenimentelor din viaţa ta. Degeaba te mai revolţi acum şi cauţi vinovaţi, pentru că singura responsabilă eşti tu. Tu ai ales să te amăgeşti. Tu ai ales să te autoiluzionezi, tu ai ales să dai o anumită semnificaţie iubirii. Iubirea, de sine stătătoare, nu există, decât de la un punct încolo al evoluţiei. Iubirea nu este altceva decât o iluzie, căci ce înţelegem noi prin iubire este o pasiune nestăvilită sau o nevoie dureroasă de umplere a golurilor noastre interioare.

— Şi ştii ceva, Carmina? Eu nu vorbesc din cărţi. Eu... am respectat pe fiecare femeie din viaţa mea, însă am conştientizat, de asemenea, că toată iubirea pe care susţineam că le-o port nu era altceva decât un colac de salvare pentru mine, căci aşa am perceput-o eu, un colac care să mă salveze de cei mai întunecaţi demoni ai mei. Aşa-zisa iubire, pentru cei mai mulţi dintre noi este o distorsiune cognitivă.

Dacă am avea curajul să privim adânc în noi înşine, am realiza că ceea ce căutăm, de fapt, prin iubire sau printr-o relaţie, este să ne agăţăm de cineva care să ne umple acele goluri interioare care ne macină până în măduva oaselor. Suntem mult mai puţin dispuşi să oferim, deşi spunem că, de fapt, asta căutăm, decât să aşteptăm să ni se ofere.

Dorinţa de a dărui este diferită de nevoia de a primi. Dorinţa de a dărui vine dintr-un spaţiu sacru al fiinţei noastre, fiinţa care nu are cum să dăruiască, implicit să spună că iubeşte, dacă ea nu este completă, vindecată şi întreagă.

Ne căutăm în alţi oameni şi ne căutăm neîncetat întregirea. O floare pe un mormânt este, uneori, mai plină de viaţă decât suntem noi atunci când ne lăsăm pradă deznadejdii şi îndoielilor. Da... pentru că... totul este efemer şi nimic nu contează decât dacă noi suntem cei care alegem ce contează sau nu.

— Vezi tu, Carmina, totul este o chestiune de alegere. Noi ne alegem emoţiile, gândurile, relaţiile, trăirile, viaţa. Noi suntem proprii noştri dumnezei, iar dacă vom căuta în exterior o salvare ori ne agăţăm de anumite divinităţi, facem asta dintr-o profundă nesiguranţă şi neîncredere, adică, nu ne asumăm destinul, responsabilitatea asupra vieţii noastre.

Ca arhitect şi executant al propriei mele vieţi mă regăsesc de multe ori cuprins de tot felul de frici iraţionale. Nu ştiu ce o să-mi aducă ziua de mâine şi nici măcar nu ştiu dacă o să mai apuc ziua de mâine. Însă nu-mi este frică de exterior mai mult decât îmi este frică de interior. Pentru că, dacă tu eşti sigur pe tine şi desăvârşit nu mai există nimic în acest univers care să te facă să-ţi pierzi echilibrul, nu mai depinzi de nimeni, nu te mai temi de nimic. Ce iese la suprafaţă şi ce ramâne este dorinţa. O dorinţă de a experimenta viaţa cu tot ce-ţi aduce ea, o dorinţă de a iubi pe cine alegi tu să iubeşti, fără pomeni, fără a te transforma într-un cerşetor. Iubeşti pe cine vrei cu toate că a doua zi s-ar putea să nu-l mai vezi niciodată. Şi asta înseamnă să trăieşti clipa. Nu putem fi siguri de nimic şi nu ne putem pune baza pe nimic. Ai tu certitudinea că, dacă l-ai fi urmat pe bărbatul acela, astăzi ai fi fost fericită? Totul este efemer, trecător, schimbător, pentru că aşa este firea lucrurilor. Dar să ai capacitatea să te dedici şi să te dăruieşti în ciuda acestor lucruri, ei bine, asta, Carmina, te face un om evoluat şi împlinit şi mulţumit. Pentru că o faci în primul rând pentru tine. Devii conştient de tine. Îţi asumi fericirea, îţi asumi dăruirea, îţi asumi dedicarea. Pentru că tu eşti propria ta ancoră. Oamenii vin şi pleacă din viaţa ta, iar tu alegi cu cine şi cât să împărtăşeşti. Iei de la fiecare ce e mai frumos, oferi fiecăruia ce ai de oferit. Fără aşteptări şi fără lanţuri.

— Tu îţi mai aduci aminte, Carmina, ce visai la început de drum? Te visai un veterinar de succes, ajutându-i pe toţi cei care aveau nevoie, cu un soţ dedicat şi timid, aşa, cât să-l ţii tu sub control să nu ţi se urce în cap, pentru că erai temătoare şi confuză, însă voiai cu orice preţ să nu fii singură, cu vreo doi copii; primul neapărat băiat, pentru a-ţi face mândri părinţii şi familia, iar cel de-al doilea fetiţă, ca să ai şi tu cu cine să stai şi să trebăluieşti prin casă şi, eventual, pe cineva care să te îmbăieze la batrânețe, atunci când tu nu vei mai putea. Și ce s-a ales, Carmina, de visurile tale? Parțial s-au îndeplinit, însă, ce să vezi, realitatea a fost cu totul alta. Soțul tău timid a devenit un agresor, băiatul tău cuminte, un pierde-vară, iar fetița ta nici pe departe nu ți-a fost alături, așa cum ai visat, pentru că la șaispreze ani a fugit de-acasă cu un băiat „italiano vero", care a îmbrobodit-o că alături de el va duce o viață de prințesă și a ajuns prostituată în Italia.

Și tu acum stai și ștergi ramele alea prăfuite, plângându-ți o familie care n-a existat niciodată și-ți îngrijești soțul bolnav de ciroză, considerând că asta e datoria ta și crucea pe care trebuie s-o porți. Și pentru ce toate acestea, Carmina? Noi nu suntem decât propiii noștri dumnezei, însă nu ne putem erija în dumnezeii altor ființe, fie ei și copiii noștri. Fiecare om are propria lui soartă, soarta pe care și-o construiește clipă de clipă.

Și da, știu că iluzia aceasta de putere, conform căreia, tu poți influența destinul altor persoane, este foarte reconfortantă, însă este doar o iluzie. Trezește-te, Carmina și ia-ți viața în propriile mâini!

Degeaba aștepți tu ca soțul tău să se transforme în prima și marea ta iubire, pentru că nu a fost niciodată și niciodată nu va fi. Degeaba aștepți ca fiul tău să te facă mândră. Poate că are altă menire. Degeaba aștepti ca fiica ta să-ți corespundă așteptărilor. Degeaba te autoiluzionezi și alegi să trăiești într-o amăgire, căutând ancore în exterior. Realitatea este că te-ai născut singură pe lume și o să mori singură.

— Carmina, aruncă crucea aia pe foc, odată pentru totdeauna. Carmina, trezește-te! Te agăți de oamenii din viața ta, așa cum te-ai agățat și de copiii tăi, pentru a da o semnificație vieții tale pierdute pe care ai lăsat-o să-ți scape printre degete. Te agăți de Dumnezeu pentru că nu vrei sau încă nu ești pregătită să-ți asumi responsabilitatea pentru viața ta. Însă când vei fi? Alergi după o mântuire care întârzie să apară. Soţul tău nu a reuşit să te salveze, ba mai mult, acum el depinde de tine, copiii tăi nu au reuşit să te salveze, Dumnezeul tău nu a reuşit să te salveze. Carmina, trezeşte-te! Nu-i poţi condamna la nesfârşit pe cei care consideri tu că ţi-au greşit numai pentru că n-au corespuns filmului din mintea ta. Şi nu ai cum să te aştepţi să fii iubită dacă tu iubeşti cu ură, învinovăţind, blamând, purtând resentimente. Îţi blamezi Dumnezeul, îţi blamezi copiii, îţi blamezi soţul pentru că pe ei îi vezi responsabili de nefericirea ta, însă, în acelaşi timp, spui că-i iubeşti.

Însă, ştii ce este de blamat, dacă tot vrem să blamăm? Să ştii că mergi pe un drum greşit, să fii conştientă de greşelile tale şi, cu toate acestea, să le repeţi zi de zi, an de an, pentru că asta ţi-ar fi crucea. Carmina, aruncă crucea aia pe foc. Carmina, trezeşte-te! Carmina, iubeşte-te!

Ştiu că vorbele mele i-au părut ciudate şi ştiu că au fost doar vorbe în vânt. Însă eu nu mai puteam să continui s-o mint. Eu am realizat un lucru... Nu poţi ajuta pe nimeni dacă nu vrea să fie ajutat, iar cei mai mulţi oameni caută doar să le reîntăreşti povestea lor disfuncţională de viaţă, căci, dacă le spui adevărul, îi confrunţi cu propriul adevăr interior... iar adevărul... doare, şi oamenii ar da orice în orice moment numai să nu sufere, chiar dacă o suferinţă de moment este o fericire târzie...

Însă ce ştiu eu? Mai bine să mai bem un ceai...

SUNT O MAMĂ EROINĂ

Lumina dimineţii se insinua cu nesimţire printre jaluzelele murdare ale salonului de spital.

Nu, nu vreau să mă trezesc, sunt prea obosită. Ca prin vis auzeam scâncetul unui copil, pași agitați și vocea răgușită a lui Andrei. Iar eu, în vis, mă tolăneam la umbra unui cocotier pe o plajă însorită. De îndată ce am deschis ochii și am luat contact cu realitatea, m-am simțit copleșită de vinovăție. Ce fel de mamă sunt eu că am nutrit, chiar și pentru o secundă, gândul că mi-ar fi mai bine pe o plajă însorită în locul acestui pat de spital? Ce fel de mamă sunt eu să recunosc că mă doare și, în aceste momente, aș da orice să nu mai simt durerea? Oricum, astăzi mă externează. O să-l luăm pe Victor și o să mergem acasă. Acasă... Fiecare inspirație și fiecare expirație îmi pare a fi explozia unui zgârie-nori.

Nu știu ce simt, nu știu ce gândesc. Totul mi se pare un haos, ca și cum aș fi personajul secundar din propria mea piesă de teatru... Un teatru ieftin, o paradă nesfârșită a măștilor... zâmbete false și relații menite a susține o intrigă care nu este neapărat necesară pentru buna desfășurare a piesei.

Mă străduiesc să nu plâng... Toată familia e aici — soțul, părinții, socrii, niște verișori mai îndepărtați, ăștia ce Dumnezeu caută aici? Că doar nu am mai vorbit de cinci ani și nu ne-am mai văzut de vreo șapte... Cum s-au gândit ei că am nevoie de tot circul ăsta în astfel de momente? Oh, și tot ce-mi doresc este să mă arunc în patul meu și să plâng o zi și o noapte-ntreagă!

Soacră-mea a venit în vizită pe la noi de acum trei luni... dar nu a mai plecat de-atunci. A zis că „-Nu știți voi, mamă, când o s-aveți nevoie de mine și n-o să știți de unde să mă luați! Ia lasă, că vă face mama de mâncare, vă organizează mama programul și vă învață mama cum SĂ NAȘTEȚI!"

Eu am încercat să-i spun că... de foame nu avem cum să murim. Până la urmă, în cazul unor anemii severe, suntem la un click distanță de orice restaurant, că nu avem nevoie să ne facă cineva programul pentru că nu mai suntem niște copii și, în caz de panică datorată lipsei de organizare, o să ne tolănim în pat, o să respirăm profund pentru a ne limpezi minţile şi, cel mai probabil, o să adormim. Iar când o să ne trezim, panica va fi de mult o simplă amintire.

Dar, recunosc, ca o egoistă ce sunt, mi-ar fi plăcut să-l simt pe soţul meu de partea mea, că mă înţelege şi mă susţine. Aşadar, nu ştiu de ce mă uimeşte că Andrei nu i-a zis mamei sale că nu el este cel care va naşte, aşadar poate să stea liniştită că nu puiul ei va trece prin chinurile creaţiei.

Nu m-aş fi gândit vreodată că o asemenea experienţă, precum cea a naşterii, mă va zdruncina atât de profund. Conştientizări, una după alta... Ce moment bun mi-am ales să mă trezesc!

Şi, da, până la urmă, poate fi cel mai potrivit moment....

Naştere... Renaştere...

Acum îmi dau seama că majoritatea alegerilor mele au fost bazate pe frică. M-am căsătorit cu un bărbat pe care trebuie să-l TOLEREZ — nu să-l iubesc, nu să-l preţuiesc, nu să-l admir, ci să-l tolerez — din teama de a nu ajunge şi eu ca mătuşa aia a mea de la Piteşti, singură şi amărâtă. Dar cu ce mă încălzeşte singurătatea în doi? Mama o transformase pe tuşa Nuţi într-un fel de bau-bau. Dacă nu faci aia şi faci ailaltă s-ajungi şi tu ca tuşa Nuţi! Asta vrei? Şi tot timpul îmi spunea că sunt prea pretenţioasă, prea dificilă şi prea „rea" cu bărbaţii şi că nimeni n-o să mă vrea dacă n-o să-nvăţ să las de la mine şi... eventual... să par un pic senilă....

Şi eu, în inocenţa mea, am ascultat-o. Am început s-o cred. Am început să privesc lipsa unei relaţii stabile în viaţa mea ca pe un handicap. Am început să cred că sigur este ceva în neregulă cu mine dacă nu sunt măritată la onorabila vârstă de douăzeci şi opt de ani. Şi m-am măritat. Ei bine...

M-am măritat cu un copil. Pentru că Andrei este un copil. Şi mie, pentru că mi-a fost greu să accept că viaţa mea de cuplu este o parodie halucinantă, o farsă monumentală, am încercat să-l schimb. Degeaba m-am revoltat, degeaba m-am supărat, degeaba am făcut sau nu am făcut verzi şi uscate. Oamenii nu se schimbă decât dacă conștientizează că au nevoie de o schimbare și sunt dispuși să depună eforturi în direcția asta.

Eu! Eu trebuia să mă schimb! Eu trebuia să mă accept pe mine așa cum sunt și să nu le mai permit altora să calce peste dorințele mele. Eu trebuia să trasez niște limite!

Ajunsesem într-un punct în care, lăsându-mă influențată de părerile și intervențiile nesolicitate ale celor din jur, am început să cred că un copil ne va salva căsnicia.

Și am făcut un copil!

Însă vocea mea interioară nu mi-a dat pace niciun moment. Dar am ales s-o înăbuș. Știam că nu ăsta e drumul meu, mă simțeam inadecvată, aveam impresia că trăiesc o viață care nu-mi aparține și eram, pe zi ce trece, mai anxioasă și mai depresivă. Dar m-am agățat de ideea că acest copil va reprezenta un nou început pentru noi, speram că mă va salva de nefericirea mea, că-mi voi investi tot timpul și toate resursele în el și, astfel, voi uita de toate visurile mele neîmplinite, toate renunțările și toate compromisurile.

Și a fost nevoie doar de o zi de chin și durere în travaliul nașterii să-mi dau seama că... asta e o mare prostie!

Iluzia mea s-a spulberat cu ani înainte decât m-aș fi așteptat eu...

Naștere... Renaștere... Cum? De ce? Și sunt atât de furioasă acum! Pentru că-mi dau seama că m-am mințit și m-am autoiluzionat într-un mare fel! M-aș fi scutit de multă suferință dacă aș fi pus punct din primul moment în care am conștientizat, dar nu am vrut să accept, că nu asta e viața pe care mi-o doresc!

Dacă-mi pare rău că mi-am adus pe lume copilul? Nu! Însă nu-mi este rușine să recunosc că, dacă aș fi fost mai puțin influențabilă, dacă aș fi avut mai multă încredere în mine și mai mult curaj, aș fi adus pe lume un copil în momentul în care eu m-aș fi simțit mai ancorată în mine însămi. Aș fi adus pe lume un copil din motivele corecte.

Nu mai am timp de învinovăţiri inutile şi nu am de gând să mă pedepsesc pentru că atât am ştiut eu până în acest moment al vieţii mele. Acum sunt mamă, însă aleg să nu fiu o mamă eroină! Aleg să nu mă sacrific continuând o relaţie care mă secătuieşte de putere şi de vlagă. De acum înainte aleg să investesc în mine şi în fericirea mea, pentru binele meu şi, implicit, al copilului.

N-o să fiu soţia aia veşnic nemulţumită şi frustrată care se plânge la telefon celei mai bune prietene că trebuie să facă toată treaba pentru că soţul este la bere cu prietenii sau în vizite la mămica.

N-o să fiu femeia care se crucifică pentru că, prin sacrificiu, îşi validează existenţa şi dreptul la viaţă. Ironic... Şi, nu, Dumnezeu, dacă există, nu mai are nevoie de încă o victimă!

N-o să fiu femeia aia care o să ajungă atât de plafonată şi de plictisită de propria viaţă, încât o să ajungă să trăiască numai prin copiii ei. N-o să fiu femeia aia care o să-i spună băiatului ei... „Eu sunt mama ta, eu te-am născut, eu te-am crescut, eu m-am sacrificat pentru tine, aşa că am dreptul să intervin în viaţa şi în alegerile tale, să-ţi contest deciziile, să te împovărez cu fel şi fel de aşteptări şi pretenţii nerealiste. Sunt îndreptăţită să te tratez cu lipsă de respect pentru că tu nu eşti decât o extensie a mea, cel care trebuie să facă cum vreau şi cum zic eu, cel care trebuie să-mi fie la dispoziţie şi să nu-mi iasă din cuvânt. Tu nu eşti un om de sine stătător, cu aspiraţiile, rănile, visurile, dorinţele şi valorile lui, tu eşti DOAR UN COPIL, COPILUL MEU, cel care are datoria de a mă face fericită şi împlinită. Tu eşti cel de care m-am agăţat pentru a da un sens existenţei mele, tu eşti cel care m-a făcut să mă simt importantă şi valoroasă ca om. Tu trebuie să te comporţi exemplar, altfel eu sunt un eşec ca mamă, iar eu ştiu să fiu doar mamă, pentru că prin asta mă definesc. Tu trebuie să iei note mari la şcoală, să nu superi pe nimeni, să fii ascultător şi cuminte. Tu trebuie să urmezi liceul de informatică iar apoi Politehnica. Tu trebuie să-ţi găseşti un job stabil şi să fii un inginer exemplar, cel mai bun angajat! Nici prin gând să nu-ţi treacă să-ţi deschizi vreo afacere ori să-ţi schimbi cariera. Este mult prea riscant. Dacă ajungi la treizeci de ani, trebuie să te căsătorești cu o fată cuminte, liniștită și serioasă pentru a nu-mi ieși din cuvânt. Însă nu înainte de treizeci de ani. Până atunci trebuie să experimentezi și aș prefera să nu iei vreo fată prea în serios pentru că am să devin geloasă. Apoi, trebuie să faci doi copii — un băiat și-o fată, pentru că eu am să ies la pensie și am să mă plictisesc. Va trebui să ne vizităm în fiecare săptămână. Prefer, totuși, să veniți voi la noi pentru că, uneori, este obositor să vă critic, însă este datoria mea de mamă să fac asta. Și cum mă pot abține când ați cumpărat o canapea prea verde, când hainele copilului sunt prea albastre sau când soarele apune așa ciudat de la voi din balcon? Tu trebuie să mă suni pe mine în fiecare zi, să vorbim despre... nimic. Eu îmi permit să te sun oricând doresc, nu contează că este șase dimineața sau două noaptea. Dacă nu-mi răspunzi, mă voi supăra și te voi lua la întrebări. Este dreptul meu să știu ce faci tu la două noaptea! Eu mă voi implica activ în creșterea nepoților și o voi învăța pe nepriceputa aia de soție a ta cum să fiarbă un lapte. Dacă se va simți deranjată de comentariile și intervențiile mele bine intenționate, mă voi victimiza și vă voi spune în fiecare zi cât de nerecunoscători sunteți pentru că nu știți să apreciați eforturile unei biete femei care nu vrea decât să aibă parte de puțină afecțiune și recunoștință la bătrânețe și care se dedică trup și suflet pentru binele familiei. Dacă veți dori să vă mutați în alt oraș sau, Doamne-ferește, în altă țară, voi începe să-ți scot ochii pentru toate sacrificiile mele, să te fac să te simți vinovat pentru că-ți abandonezi părinții la bătrânețe. Etc... etc... etc".

Nu știu...Poate sunt obosită... însă niciodată n-am fost mai lucidă și mai rațională în întreaga mea viața!

Și, astfel, aleg să nu fiu o mamă eroină!

Aleg să fiu o femeie și o mamă care merită să fie fericită și care are dreptul de a-și alege singura destinul!

PUIUL

Tu eşti al meu. Că nu degeaba te-am făcut. Eşti al meu să-mi aparţii, să mă slujeşti, să mă serveşti, să mă avantajezi, să mă faci să dau bine, să mă faci să mă simt bine, mai bine, infinit de bine. Tu eşti ce nu am fost eu niciodată. Tu vei fi ce eu am vrut întotdeauna să fiu. Nu mă interesează că nu-ţi găseşti locul, locul tău e lângă mine.

Dar, ca asta să se întâmple, tu trebuie să nu-ţi dai seama de sforile care te ţin înlănţuit într-o viaţă simbiotică cu a mea. Te-am prins în colivia noastră de aur. Unde vrei să zbori tu, puiule? Şi de ce-ai vrea să zbori? Dar stai liniştit, puiule, că şi dacă vei vrea să cobori, nu-ţi voi permite.

Tu nu ai voie să te simţi „naşpa". Nu ai voie să te simţi rău. Nu ai voie să fii indispus. Oricum, încercările tale de eliberare manifestate fie prin depresii, fie prin revolte, îndrăgostindu-te de fitecine sau dorindu-ţi să faci ce-ţi place sau prin simplul fapt de a deschide gura în faţa mea vor fi aspru pedepsite.

Iniţial le vom pune pe seama unor indispoziţii de moment, căci nu am vrea să ştie lumea cât de nefericit eşti, apoi vom apela la fel şi fel de şantaje şi ameninţări, iar apoi, dacă nici asta nu va merge, vom întoarce armele împotriva ta.

Că aşa e în iubire. Vrei să sufere cine nu mai vrea să-ţi stea în lanţuri. Pentru că asta e iubirea. Iar apoi, când ne vom simţi bătrâni, vom regreta deciziile noastre... sau poate nu. Fiecare trebuie să-şi poarte crucea, nu-i aşa? Pentru că, dacă vom avea regrete şi ne vom simţi trişti, ne vom justifica susţinând că asta ne este crucea pe care trebuie s-o purtăm. Nicidecum nu ne vom gândi să ne asumăm responsabilitatea faptelor noastre.

Tu eşti un pui ingrat şi nerecunoscător. Pentru că nu ai vrut să faci ce am vrut noi. Pentru că ai vrut să faci ce ai simţit că ar fi mai bine pentru tine. Pentru că ai vrut să cunoşti lumea. Pentru că ai vrut să-ţi trăieşti viaţa. Pentru că ai vrut să ai o iubită, o altă femeie în afară de noi. De mine, adică. Taică-tău oricum nu contează.

Nu voi spune nimănui toate lucrurile astea. Dar eu știu că tu greșești și nu te voi ierta niciodată. După cât m-am sacrificat pentru tine, asta mi-e recompensa? Asta să-mi fie crucea... căci am fost o mamă prea bună!

CEL CARE URĂȘTE

Eu sunt cel neînțeles. Eu sunt cel neiubit. Eu sunt cel gol. Îmi urăsc tatăl. M-a abandonat, m-a mințit și m-a trădat. Și nu consider că trebuie să-l iert. Și nu consider că am vreo obligație față de el. Nu vreau să-l iert și puțin îmi pasă de ce se spune că ar trebui să fac, eu nu vreau să-l iert! Am înțeles tot ce era de înțeles. Pentru el nu am fost decât o jucărie vie care trebuia să fie perfectă. Care trebuia să nu plângă prea tare, să nu râdă prea tare, să nu vorbească prea mult. Cel care trebuia să stea neclinitit la locul lui, să nu deranjeze prin faptul că există, cel care trebuia să-l facă mândru, cel care trebuia să corespundă unui tipar absurd și aberant din mintea lui.

Uneori mi se părea că sunt un instrument de tortură pentru ei, iar, alteori, cel torturat. Mă străduiam să supraviețuiesc într-un joc dement al inconștienței. Pentru el mai important era să nu-l fac de rușine, să corespund „fișei postului". L-am pierdut de timpuriu. Sau, cel puțin, așa am simțit. Și nu pentru că ai mei au divorțat am simțit că l-am pierdut. Ci pentru că nici înainte și nici după nu a fost alături de mine, nu m-a acceptat niciodată așa cum sunt, nu a fost curios să mă cunoască. Eu eram doar o anexă a lor, care avea un scop precis — uneori eram un simplu sac de box, alteori eram doar un scut împotriva singurătății lor existențiale, de care se agățau frenetic, alteori eram „cel bun de nimic", cel care mai bine ar fi fost să nu se nască. Da... când realizezi că propriul tău copil nu te poate salva de incertitudini, angoase, frustrări ori lipsă de sens parcă ți-ai dori ca mai bine să nu se fi născut... Pentru ce atâtea sacrificii și așteptări neîmplinite?

Că doar nu m-au adus pe lume pentru mine, pentru a duce o viață proprie, ci din întâmplare și, în cel mai fericit caz, pentru a le satisface pretențiile egoiste. Tatăl meu era un copil cu o mască de „adult" care n-a reușit niciodată să-și depășească frustrările. Presupun că încă mai este... nu știu...

Pe mama n-o urăsc, cred, îmi este doar milă de ea. Și din când în când mă simt vinovat pentru că și-a sacrificat viața pentru a mă crește, pentru ca eu să ajung un „om mare". „Mare" nu sunt. N-am reușit să-i îndeplinesc așteptările. Uneori simțeam că ar fi vrut să mă înghită cu totul, să mă țintuiască pe vecie în sufletul ei sfărâmat. Avea nevoie de mine ca de aer. Eu eram ancora, eu eram liniștea ei, cu condiția să fiu ACOLO. Să joc în continuare același rol, să rămân în continuare neschimbat. Mă simțeam, din nou, un instrument. Ca și cum rolul meu pe acest pământ ar fi fost să le alin angoasele, să le domolesc anxietățile, să fiu ceea ce nu simțeam că ar fi trebuit să fiu — un surogat de copil (pentru că nu m-am simțit copil cu adevărat, acel copil care aduce bucurie, care merită să fie iubit prin simplul fapt că trăiește, că doi oameni au ales să-l aducă pe lume), un surogat de bărbat (pentru că de multe ori simțeam că se agață de mine cu înverșunare ca și cum... în fine...), un surogat de iubire.

Niciodată n-am fost acel copil ideal. Și care e idealul? Și de ce ar trebui să existe un ideal? De altfel, niciodată nu m-am simțit un om „bun", un om „decent". Deși... asta ar fi simplificat foarte mult lucrurile. Dacă aș fi respectat „rețeta" și prescripțiile, dacă aș fi închis ochii, cu siguranță aș fi închis și gura lumii, aș fi închis gura mamei, aș fi închis gura tatei. Dar de ce să fac asta? Nu am făcut asta. N-am făcut, de fapt, nimic. Doar m-am revoltat și-am întors armele, atât împotriva mea, cât și împotriva celorlalți.

Eu am devenit cel care se sfărâmă, cel care se rătăcește. Eu am devenit cel care a început să „vâneze" busole pentru a evada din închisorile propriei minți. Eu am devenit cel care face pact cu pirații pentru a-l aduce la mal. Eu am devenit cel care încearcă a cuceri sirene în speranța că îl vor salva din vâltoarea furtunilor. Eu am devenit cel care a ajuns să le urască pentru că au eșuat în misiunea pe care le-am încredințat-o.

Eu sunt cel care iubește sau... cel care urăște. Oricum, nu disting aceste nuanțe subtile. Cine mai știe să facă diferență? Însă nu urăsc asumat pentru că sunt mai presus de nimicniciile acestea lumești. Și nu iubesc cu adevărat pentru că nu sunt conștient de mine, nu mai mult de nevoile mele fiziologice și pur emoționale. Eu sunt mai presus de asta.

„Ura" mea — un joc de-a v-ați ascunselea în care aștept să „îl scuip" pe cel care așteaptă cu entuziasm să fie găsit, este marca mea socială, scutul meu de apărare. Eu mă urăsc pe mine, cu patimă, pe ascuns. Sunt un laș. Nu am curajul să mă urăsc verde-n față. Nu am curajul să urăsc pe nimeni în felul ăsta. Însă îi urăsc pe toți pe ascuns. Pentru că, într-un fel sau altul, mi-au greșit. Îi urăsc pe cei care m-au abandonat, pe cei care m-au respins, îi urăsc chiar și pe cei pe care i-am crucificat. Pentru că suferința lor nu mi-a adus nicio întregire.

Sunt „cel lăsat la popotă". Port războaie în fanteziile mele pentru a-mi uita frustrările lipsei de „bărbăție", de asumare. Măcar atunci ies învingător.

Cel care mă vede crede că mă iubesc mult, mult. Pentru că am devenit un egoist în cel mai rău sens al cuvântului. Pentru că nu mă dau în lături să-i strivesc pe cei mai slabi decât mine. Și cine sunt eu să mă judec?

Eu mă mint. Eu mă amăgesc. Eu nu mai vreau să fac nimic. Eu vreau doar să primesc pentru că viața a fost nedreaptă cu mine și mi se cuvine o revanșă!

POVESTEA ANEI

„Săptămâna trecută am împlinit treizeci și cinci de ani...
Surorile mele mi-au făcut o surpriză și au apărut la ușă cu un tort.

Abia venisem de la lucru după ce o luasem pe Mara de la creșă (minunea mea de doi ani) și mă apucasem să-i strâng jucăriile care erau împrăștiate prin toată casa. Oricum, eram contracronometru deoarece mai aveam multe altele de făcut. Când le-am văzut, m-am simțit copleșită. Nu știam exact de ce... Simțeam un amestec de bucurie, furie, surpriză, neputință. Mi-am ascuns emoțiile, am zâmbit și le-am poftit înăuntru. Cât timp am stat de vorbă, mintea mi-a fugit la toate lucrurile pe care le mai am de făcut, la cât de obosită mă simt, la faptul că mâine o s-o iau de la capăt și nu știu cât o să mai rezist așa... N-am fost cu adevărat prezentă.

Au aprins o lumânare, simbolic, și mi-au spus să-mi pun o dorință. Ce puteam să-mi doresc? La ce puteam eu, Ana, o femeie care s-a pierdut pe sine, să sper? La un soț care să-mi fie alături? Un soț care să mă asculte? Un soț cu care să nu mă cert în fiecare zi? Armonie? Să mă simt iubită, apreciată, dorită, respectată? Să simt că și eu contez? Să simt că suntem în aceeași echipă? Cu cât mă gândeam mai mult la asta, cu atât mă simțeam din ce în ce mai furioasă. Priveam în gol... în mintea mea era o ceață densă, apăsătoare... m-am blocat. Eram furioasă pentru că mă întrebam de ce soțul meu nu s-a gândit să-mi facă surpriza asta. De ce nu este aici cu mine? Și mă tot întrebam unde greșesc... Ce ar trebui să mai fac pentru ca el să vadă cât de mult mă rănește? I-am spus de atâtea ori... În fiecare zi îmi reproșează câte ceva și nu mai țin minte ultima dată când mi-a făcut un compliment sau mi-a adus o floare... Ce dorințe stupide am și eu... atenție... afecțiune...

Acum două săptămâni am primit un telefon. Era prietena mea din copilărie, pe care n-o mai văzusem de ani de zile. Datorită jobului s-a mutat în Belgia și, cum deseori merge în delegații, mi-a spus că are o escală de două ore în România, urmând să-și continue mai apoi drumul, și dacă am putea să ne întâlnim. Telefonul ei m-a surprins la fel de mult pe cât a surprins-o și pe ea decizia colabora-torilor s-o trimită de pe-o zi pe altă să rezolve „niște chestiuni importante" de afaceri. Eram așa de bucuroasă la gândul că o să ne revedem, că o să povestim, abia așteptam să vină ceasul să mă întâl-nesc cu ea. *În ziua aceea a trebuit să stau peste program la lucru așa că plănuiam să trec pe acasă doar ca să mă schimb și apoi să ies să mă întâlnesc cu ea. Când am ajuns, soțul meu a început să țipe la mine „Unde ai fost până la ora asta? Cu cine?" Degeaba am încercat să-i explic ce și cum... „Unde te duci acum?"... „Care prietenă, neisprăvita aia? Ce-ți trebuie ție prietene? Nu ai copil? N-ai bărbat? Îți lași copilul să ieși la distracții? Ce fel de mamă ești tu? Tot tu te plângi că eu nu fac, nu dreg, că nu te iubesc, dar tu ce faci pentru relația asta? După ce că stau cu copilul când cine știe pe unde umbli tu, acuma iar vrei să pleci? Dacă m-ai iubi cu adevărat nu ți-ar sta mintea la distracții, „prietene" și mai știu eu ce alte prostii!"*

Am izbucnit în plâns. Copilul a început și el să plângă... Eu încă eram în ușă, încălțată și cu haina pe mine. Marius s-a ridicat de pe canapea, m-a împins și a ieșit trântind și înjurând. Iarăși am reușit să-l enervez... Nu știu unde s-a dus dar m-am obișnuit oricum... de fiecare dată pleacă când ne certăm și uneori uită să se mai întoarcă, iar eu de fiecare dată mă îngrijorez pentru că nu știu nimic de el. Îl sun de nenumărate ori și niciodată nu-mi răspunde. Când se întoarce este supărat și nici măcar nu se uită la mine... Oricât aș încerca să vorbesc cu el, să ne împăcăm, parcă mai mult se înrăutățesc lucrurile. De fiecare dată îmi spune că din cauza mea pleacă de acasă, că eu îl enervez. Mă gândesc la copilul nostru, mă gândesc că el are nevoie și de mamă și de tată, de armonie și înțelegere, așa că încerc să fac tot posibilul să nu mai ajungem la scandaluri și certuri însă nimic din ce fac nu pare să funcționeze. Eu nu vreau ca Mara să treacă prin ce am trecut eu. Tata tot timpul se certa cu mama și nu de puține ori pri-veam neputincioasă cum o lovește. Mă dureau certurile lor și tot ce-mi doream era să înceteze, să înceteze cu toată această nebunie. Într-o zi, aveam vreo șapte-opt ani, mama m-a așteptat la școală să mer-gem acasă. Dar nu am mers acasă... nu ne-am mai întors niciodată la tata... Dar, oricum, *asta este altă poveste, nu e situația noastră... până la urmă în orice cuplu există certuri... însă mă doare neîncrederea lui și nu înțeleg de ce mă acuză pe nedrept.*

Tot timpul încerc să fac să fie bine, de atâtea ori am lăsat de la mine pentru a evita conflictele și scandalurile însă nimic din ce fac nu-l mulțumește... La început nu eram așa. Atât de mult mi-aș dori să fim ca la început... Nu vreau să dau cu piciorul la toți anii ăștia petrecuți împreună. Cum aș putea să-mi privez copilul de tată? Poate e doar o fază... poate că o să fie bine într-un final..."

...

Ceea ce ai citit mai sus este o doar o frântură din povestea Anei, un exemplu de punere în act a unui scenariu în care actorii s-au pierdut pe parcurs, identificându-se prea mult cu personajele.

Suntem actori pe scena vieții. Uneori punem în scenă piese de teatru în care ne alegem rolurile cu ochii închiși. Scriem un scenariu și îl urmăm orbește. Act după act ne identificăm tot mai mult cu personajul pe care l-am creat. Poate că cineva ne-a spus ce rol ni s-ar potrivi și cum ar trebui să fim și să ne comportăm pentru a onora acel rol. Și noi am crezut. Poate că am văzut la alții cum își joacă rolurile și am învățat de la ei, prin imitație, cum să le jucăm pe ale noastre.

În această poveste, Ana și-a asumat un rol în care nu se mai regăsește, un rol în care a investit foarte mult și care, în forma sa actuală, îi cauzează nefericire, durere și suferință, însă nu se poate desprinde de personajul creat, de ceea ce ea a devenit pe parcurs.

Ana este o femeie ca oricare alta care s-a îndrăgostit, a crezut în iubire și a dorit să-și întemeieze o familie cu bărbatul iubit. Lipsa de armonie din familia de origini, privarea ei de afecțiune și liniște au dat naștere unor nevoi pe care speră să și le satisfacă în cadrul propriei familii. Deși a văzut la părinții ei că o relație nu funcționează pe bază de compromisuri și sacrificii, a preluat inconștient acest tipar.

Chiar dacă realitatea în care trăiește nu este cea pe care și-o dorește, din cauza investiției emoționale, atașamentelor, incertitudinilor, temerilor și credințelor sale, alege să să mintă pe sine, să se auto-amăgească, să trăiască în negare, să găsească explicații și scuze pentru starea de fapt a lucrurilor în speranța că într-o zi o să fie mai bine, în loc să schimbe acea stare de fapt.

Ana este o femeie... care acceptă comportamentele abuzive ale partenerului din teamă, pentru că se îndoiește de sine și se simte lipsită de putere.

Acceptarea abuzurilor de orice fel, plecarea capului și atitudinea de victimă spășită nu face altceva decât să întărească acele comportamente abuzive deoarece oamenilor, de cele mai multe ori, li se activează în mod inconștient agresivitatea atunci când îi văd pe ceilalți slabi și neputincioși, iar în funcție de personalitatea lor aleg sau nu să dea frâu liber acestei agresivități.

Ana este o femeie... care nu se simte valoroasă în mod intrinsec, adică suficient de bună pentru ceea ce este ea, așadar așteaptă această validare din exterior și tocmai de aceea încearcă la nesfârșit să-și mulțumească soțul. Se condamnă pe sine pentru „eșuarea" relației și crede că, dacă ea se va schimba în acord cu pretențiile soțului, că, dacă va face suficiente compromsuri și sacrificii, relația se va îmbunătăți și va putea fi salvată.

Însă ce poți salva dintr-o relație toxică și disfuncțională în care, oricum, nu există respect, iubire, acceptare, atenție, intimitate, comunicare, înțelegere? Și cât de mult respectă, de fapt, un bărbat o femeie pe care o simte slabă, pe care simte că o poate controla și manipula după bunul plac, o femeie care renunță la sine și acceptă să fie tratată cu lipsă de respect? Cât de mult respectă un bărbat o femeie pe care o poate determina să i se supună prin promisiuni fără fond și șantaj emoțional?

Ana este o femeie... care nu conștientizează că sentimentul propriei slăbiciuni provine tocmai din faptul că le permite altora să se poarte cu lipsă de respect față de ea, că nu ia o poziție clară și fermă în ceea ce privește granițele și limitele ei. Acționând în acest fel își predă puterea în exterior, deoarece ajunge să depindă de bunăvoința altora. Se simte lipsită de putere şi se învinovăţeşte pentru că nu se poate iubi şi respecta mai mult, însă nu conştientizează faptul că această iubire şi respect de sine ar creşte tocmai în momentul în care nu le-ar mai permite altora să-i încalce teritoriul sau, în alte cuvinte, să treacă peste ea.

Nu putem aştepta ca situaţiile care ne produc suferinţă să se schimbe sau să dispară pentru ca noi să ne simţim mai bine în propria piele, să ne iubim şi să ne preţuim mai mult, ci procesul este exact invers.

Ana este o femeie... care se simte vinovată de pretinsa nefericire a partenerului ei şi de trăirile şi reacţiile acestuia, deşi acest sentiment îi este indus prin manipulare şi şantaj emoţional.

Nimeni nu este responsabil de ceea ce simţim noi, decât noi înşine, şi nimeni nu ne poate face să ne simţim într-un fel anume decât cu permisiunea noastră. Putem, în schimb, să-i facem pe ceilalţi să creadă că ei sunt responsabili de trăirile noastre, inducându-le sentimente de vinovăţie, tocmai pentru a-i determina să ne corespundă nevoilor şi dorinţelor egoiste.

Ana este o femeie... care crede că, dacă s-ar despărţi de soţ, ar priva copilul de afecţiunea şi atenţia unui tata.

Însă eu mă întreb, de cine divorţează acest tată? De soţie sau de copil? Un divorţ nu ar trebui să împiedice părintele să se ocupe în continuare de copil şi să-i ofere ceea ce i-a oferit până acum. Însă ce poate oferi un părinte nefericit, frustrat şi îndurerat copilului său? Cum se simte un copil când trăieşte zi de zi într-un mediu conflictual şi toxic, în scandaluri şi certuri? Cum se simte un copil când îşi vede unul dintre părinţi abuzându-l pe celălalt? Ce învaţă un copil despre iubire, relaţii şi căsnicie, atunci când părinţii săi (modelele sale) se poartă unul cu celălalt cu lipsă de iubire, respect, atenţie, afecţiune? Cum poate fi benefic acest climat pentru creşterea şi dezvoltarea sănătoasă a unui copil?

Ana este o femeie... care a încetat să-şi mai asculte vocea interioară, o femeie care a ales iluzia şi autoamăgirea crezând, în mod eronat, că nu este suficient de puternică să facă față realității așa cum este ea, o femeie care alege, zi de zi, prin deciziile, atitudinea și acțiunile sale să-și perpetueze nefericirea...

Ana a uitat că puterea sa interioară este a sa și că viața ei depinde de modul în care alege să-și investească această energie.

În încheiere, o întreb pe „Ana" care este scopul pentru care se sacrifică și o invit să reflecteze puțin.

POVESTEA LUI RĂZVAN

Tic-tac! Tic-tac! Într-o bună zi am să smulg ceasul ăla din perete și am să dau cu el pe geam! Să uit că mai există timp, să uit că mai există trebuie, să uit că îmbătrânesc și viața se stinge în mine...

Tic-tac! Tic-tac! Într-o zi am să fac pace cu timpul, cu mine, cu viața și cu lumea...

Este patru dimineața și e a nu știu câta noapte când zorii mă găsesc contemplând umbrele de pe tavan... Îmi imaginez un dans al dragostei în care din umbre răsar oameni, oameni triști, oameni goi care se caută febril unii pe ceilalți... și pe sine... Simt că nu-mi mai pot controla gândurile, orice văd, orice aud mă face să mă gândesc fie la Amalia, fie la ședința de mâine, fie la faptul că până săptămâna viitoare trebuie să eliberez apartamentul ăsta, apoi mă gândesc la viitor și simt că mă adâncesc din ce în ce mai mult în tristețe, neputință, furie și durere. Nici eu nu mai știu ce simt și de ce mă simt așa...

Peste trei ore ar trebui să mă trezesc... Însă cum aș putea să adorm când sunt copleșit de griji, stomacul mi se strânge, inima îmi bate să-mi sară din piept, iar eu mă răsucesc de pe o parte pe alta de cel puțin două ore? Mâine se decide soarta mea. Dacă mă vor concedia, ce-am să fac? Lucrez de un an ca reprezentant vânzări produse farmaceutice și sunt sigur că evaluarea asta nu are cum să-mi fie favorabilă. Sunt sigur, mi-a spus și colega mea că, în condițiile în care se fac restructurări, cel mai probabil vor pleca cei mai noi sau cei mai slabi — adică eu.

Nu e ca și cum mi-ar plăcea jobul ăsta, însă îmi oferă o oarecare siguranță. De fapt, îmi displace profund. Și mă mai întreb de ce rezultatele mele nu sunt dintre cele mai grozave, de ce nu reușesc să-mi ating obiectivele și am mereu probleme cu șeful din cauza asta. Nu fac altceva decât să mă mint că sunt pe calea cea bună... Unii mă invidiază pentru jobul meu, alții mă admiră, iar asta mă face să merg înainte, deși atât de mult mi-aș dori să mă opresc acum și aici și să aleg o altă cale... Oamenii ăștia greșesc, sau poate că eu sunt cel care greșește cu ceva... Oricum nu-mi dau seama ce altceva aș putea face...

Nu am nici abilitățile necesare, însă nici nu cred că personalitatea mea se potrivește cu ceea ce fac. Uneori mă simt un ipocrit, un șarlatan. Îmi pun masca de om drăguț, zâmbesc și încerc să-i conving pe doctori că medicamentul ăsta este mai bun decât celălalt, că firma noastră este mai de încredere decât cealaltă și tot așa. Și, da, trebuie să fiu drăguț, ca să nu zic serviabil, să socializez, orice ar însemna asta, să intru în filmele lor, să merg la conferințe și evenimente, să fiu îndrăzneț, carismatic, sigur pe mine... Însă eu nu mă simt așa și cu atât mai greu mi se pare că trebuie să fac asta. Și nu zic că nu mi-ar plăcea să fiu șarmant, să inspir putere și încredere... însă cum? Eu nu sunt așa...

Parcă îmi este teamă de oameni, îmi este teamă să nu mă fac de râs, să nu fac vreo gafă, să nu greșesc. Înainte de fiecare întâlnire îmi pregătesc discursul și încep să-mi imaginez cum va decurge. De cele mai multe ori îmi închipui că întâlnirea va fi una catastrofală, îmi fac fel și fel de scenarii negative, iar îngrijorarea mea crește și tot crește până chiar ajung să fac atacuri de panică. Cel mai tare mă îngrijorează că nu mă voi descurca, nici azi nici mâine, nici poimâine, că nu mă voi putea adapta lumii ăsteia în care trăim, că voi fi concediat, că voi ajunge un ratat, că mă voi întoarce să locuiesc cu părinții mei și că nicio femeie nu ar mai avea cum să fie interesată de mine. Și atunci ce voi face? Locurile de muncă se găsesc greu, competiția este mare, iar atitudinea mea nu este tocmai alfa. În plus, nici măcar nu știu ce-mi doresc cu adevărat sau cum să fac să obțin ce-mi doresc.

Uneori am impresia că eu singur cu mintea mea îmi creez toate problemele astea și că poate soluția este mult mai simplă decât m-aș putea gândi eu acum. Până la urmă, orice problemă are cel puțin o soluție, așa am citit undeva. Însă care este problema de fapt?

Alteori mă gândesc cât de simplu ar fi să iau o pastilă pentru anxietate, alta pentru încredere, alta pentru curaj, alta pentru a mă simți liber, creativ sau deschis. Ar fi simplu însă, din păcate, sau din fericire, lucrurile nu funcționează chiar așa.

Și, până la urmă, poate că nu este un lucru atât de îngrozitor că n-o să mai lucrez aici. Nici măcar nu-mi mai doresc asta, niciodată nu mi-am dorit asta, de fapt. Însă cum aș fi putut să-mi recunosc? Cine m-ar auzi poate s-ar gândi că fac nazuri, că sunt imatur sau nerecunoscător. Ce nu-mi convine la slujba mea? Că doar „mă plimb toată ziua de colo până colo și ce mare lucru fac?" „Stau la taclale cu doctorii și la finalul lunii primesc salariul" din care, oricum, mare parte se duce pe distracții efemere, pe nopți pierdute în oraș, numai ca să mă anesteziez și să uit de tot ce simt, de Amalia, de viața mea haotică, să reușesc cumva să-mi pun gândurile pe pauză.

Mă simt ca un șoarece care aleargă fără scop pe o roată, în afară de acela de a face roata să se învârtească...

Îmi aduc aminte de anii de studenție... Am făcut Filosofia, în ciuda obiecțiilor și certurilor cu ai mei și am ales asta dintr-o dorință pură de a cunoaște, de a înțelege ce este cu lumea și cu universul ăsta. De mic îmi puneam întrebări și-mi-era greu să cred pe cuvânt că „în felul ăsta" sau „în felul ăla" stau lucrurile. Părinții nu m-au susținut, mi-au spus că o să mor de foame, că „ce vreau să mă fac, profesor? Să-mi bat capul cu niște copii impertinenți și dezinteresați?" În orice caz, nu mă gândeam atât de departe în viitor. Priveam cei patru ani de facultate pe care îi aveam în față ca pe o eternitate. Setea mea de cunoaștere era atât de mare încât nu m-a mai interesat nimic altceva decât să mă văd admis, să citesc, să scriu și să scriu, să-mi încep o nouă viață departe de închisoarea pe care eu o percepeam a fi orașul meu natal.

Însă, când am început totuși să mă gândesc ce voi face după absolvire, vocea părinților mei a început să-mi răsune în minte...„un profesor muritor de foame". Și ce mă bloca cel mai tare era că eu nici măcar nu-mi doream să fiu profesor și mă chinuiam singur cu acest gând de fiecare dată. În loc să mă gândesc la oportunitățile pe care le-aș putea avea, cum să fac să-mi valorific abilitățile și cunoștințele, mă gândeam în mod obsesiv ce pot face ca să nu ajung profesor (de parcă mi-ar fi impus cineva asta și n-aș fi avut vreo altă variantă), cât de oribil ar fi să predau, îmi cream tot felul de scenarii negative în minte, mă imaginam în ipostaze care mai de care mai penibile și mă simțeam din ce în ce mai descurajat și depresiv. Cum să mă expun așa în fața acelor elevi? Oare o să mă descurc? Dar dacă îmi pun întrebări la care nu am răspuns? Dar dacă n-o să știu să le explic? Și cum o să reușesc să-i țin în frâu, să-i atrag de partea mea, să le stârnesc curiozitatea și interesul?

Nu mă puteam imagina un profesor fără vocație care le dictează elevilor lecția în caiet și apoi îi ascultă cuvânt cu cuvânt, căruia nu-i pasă de ei și de bunăstarea lor, care se duce la școală doar pentru că, aparent, asta ar fi o slujbă comodă. Și, da, poate fi, dacă faci lucrurile de mântuială. Și eu ce făceam prin toate luptele mele interioare? Fugeam de o teamă, însă nu mă îndreptam înspre ceva anume. Îmi canalizam toată energia vitală creându-mi scenarii catastrofale în minte pentru ca mai apoi să mă panichez pentru că nu vedeam nicio soluție la ele. Altă energie irosită...

Însă apoi a apărut Amalia... Amalia...vrei să-ți spun ce-i cu Amalia?

După doi-trei ani de studenție am cunoscut-o pe ea, cea care urma să-mi devină soție sau, cel puțin, așa speram eu. Vedeam în ea perfecțiunea întruchipată. Mi se părea, de fapt, un înger. Mă pierdeam în braţele ei cum se pierde copilul rătăcit în braţele salvatoare ale mamei. Acum îmi dau seama că am greşit din start. Da, am greşit, pentru că toată viaţa n-am făcut altceva decât să-mi caut salvatori ca şi cum aş fi un copil neajutorat. Ce naiv am fost... cum ar fi putut femeia aia să mă mai iubească când am plasat responsabilitatea vieţii mele pe umerii ei? Ea trebuia să fie alinarea mea, iubita mea, mama mea... Ea trebuia să fie tot ceea ce nu puteam eu să fiu şi tot ceea ce nu am putut eu avea. Căutam să mă întregesc prin ea... să mă salvez prin ea.... cât de egoist am fost... Şi da, m-a ajutat mult. Este ca şi cum ar fi trezit o nouă forţă în mine, forţă pe care, din păcate, în acele momente, am folosit-o greşit. Datorită ei am ajuns să lucrez în domeniul medical, iniţial la recepţia unei clinici, iar mai apoi ca reprezentant de vânzări (nu înainte de a schimba vreo patru slujbe).

Amalia... o altă rană deschisă a sufletului meu. Aşa am gândit până de curând... Ea a fost alături de mine vreme de cinci ani... Ne-am cunoscut printr-un prieten comun şi, în orice caz, cu greu am reuşit să mă apropii de ea, nu pentru că ea ar fi fost indiferentă, ci pentru că eu eram mult prea timid şi neîncrezător. Încetul cu încetul am devenit buni prieteni, iar mai apoi iubiţi. Eram atât de fericit, nu-mi venea să cred cât noroc am să întâlnesc o fată ca ea. În scurt timp a devenit întregul meu univers. Oricum, în afară de ea aveam doar doi sau trei prieteni din copilărie cu care îmi petreceam timpul. Am fost mereu rezervat faţă de ceilalţi, îmi era greu să-mi fac noi relaţii, să fiu natural sau degajat. Tot timpul stăteam ca pe ace, de teamă ca nu cumva să zic vreo prostie ori să mă critice lumea. Aveam impresia că toţi sunt mai buni, mai deştepţi sau mai frumoşi ca mine. Şi apoi a apărut ea, cea care mi-a redat credinţa în dragoste, după o serie de relaţii eşuate, pentru ca mai apoi să-mi frângă inima, cea care m-a făcut să mă simt mai încrezător şi mai împlinit pentru ca mai apoi să mă facă să mă confrunt din nou cu deznădejdea şi golurile mele interioare. Din nou... aşa credeam atunci, până am început să mă trezesc... Uneori, o fantezie bine pusă la punct bate orice realitate.

Deseori ne certam pentru că-mi reproșa că nu am inițiativă, că nu am planuri de viitor, că nu simte că se poate baza pe mine și că nu fac altceva decât s-o sufoc cu afecțiunea mea, de parcă aș fi umbra ei; îmi spunea că nu i se pare ok să facem totul împreună și că ea are nevoie de timpul și de spațiul ei personal. Ea era mult mai orientată înspre acțiune decât mine, avea o mulțime de planuri și se implica în fel și fel de activități. Eu cel mai mult îmi doream să-mi petrec timpul cu ea, oricum nu găseam nimic mai important decât asta. Și eu, la rândul meu, îi reproșam că este rece și indiferentă și sufeream cumplit când trebuia să plece în vreo delegație sau când nu mă punea pe primul plan în viața ei, așa cum credeam că fac eu și așa cum se întâmpla frecvent.

Am cerut-o în căsătorie. Speram că așa se va convinge cât de mult o iubesc și că-mi doresc să ne petrecem toată viața împreună, că așa va înțelege că se poate baza pe mine, că eu îmi doresc să fiu numai și numai cu ea. M-a refuzat, iar în momentul acela am simțit că toată lumea mea se zdruncină din temelii, că totul s-a sfârșit pentru mine și că nimic nu mai are sens. Am suferit cumplit și nici acum nu pot spune că mi-am revenit în totalitate deoarece continui să rememorez trecutul...

Mi-a spus că ea nu se mai simte de mult iubita mea, ci mai degrabă mamă, soră, prietenă, terapeut sau orice altceva. Că simte că trebuie să-mi ofere mai mult decât are, mai mult decât își dorește, că a obosit să mă poarte după ea, că a obosit să mai lupte, că nu mai simte că are libertate, ci, dimpotrivă, se simte ca într-o închisoare și că nici măcar nu crede că aș iubi-o. Am suferit pentru că nu mă așteptam la asta. Știam că avem neînțelegeri, însă ce cuplu nu are? Și după câte am făcut pentru ea... tot timpul am renunțat la mine în favoarea ei și tot timpul am pus-o pe primul plan în viața mea ca ea să-mi spună că nu mi-a cerut niciodată asta și că, de fapt, așa-zisele renun-țări nu erau, de fapt, renunțări ci singurele variante pe care am avut curajul să le aleg. Că, de exemplu, dacă am fost fidel și nu am înșelat-o nu am făcut acest lucru pentru ea, ci pentru că eu credeam că oricum nu am șanse să cuceresc alte fete, că mi s-ar fi părut mult prea complicat tot acest joc al seducției și că, pur și simplu, am preferat varianta sigură și simplă. Mi-a spus că m-am agățat de ea pentru că nu știu ce altceva să fac cu viața mea, că mă aștept ca ea să-mi dea un sens și o direcție și că nu mai poate să trăiască astfel, că la început nici măcar nu a văzut asta, iar mai apoi a crezut că i se pare, însă acum știe că noi doi nu mai putem avea niciun viitor împreună.

Tic-tac! Tic-tac! Visul meu s-a spulberat...

Tic-tac! Tic-tac! Abia acum încep să visez...

Orice sfârșit e un nou început pentru că orice început este, de fapt, un sfârșit a ceva...

Ai fi surprins dacă ți-as spune că, de fapt, nu am 31 de ani, ci 41? Că tot ceea ce ai citit până acum este o filă din jurnalul meu de acum zece ani? Că, de fapt, la acea întâlnire nici măcar nu m-au concediat, ci mi-am dat eu demisia? Că am ajuns cu perfuzii la spital după o tentativă eșuată de sinucidere? Că după toate acestea am decis să-mi încep viața de la zero?

Privind în urmă, mă gândesc că nu am făcut altceva decât să mă complac în suferințele mele, să-mi întăresc fricile prin gândurile și acțiunile mele sau lipsa de acțiuni. Mă mințeam și partea cea mai tristă era că mă mințeam conștient. Eram capabil să aduc lumină în tot întunericul ăla, să fac ordine în haos, însă îmi era atât de cunoscut să mă adâncesc în iluzii și fantasme ale minții mele... Și asta era lupta mea, lupta pe care o duceam eu cu mine, și degeaba căutam vină la alții. Uneori aveam impresia că nu mă iubesc deloc, pentru că un om care se iubește nu-și face rău sieși, nici prin gândurile, nici prin ceea ce alege să simtă, nici prin acțiunile sau felul în care relaționează cu ceilalți. Mă autosabotam. Oare ce aveam de gând să fac mai departe? Să continui în felul ăsta? Să schimb ceva? Ce-aș fi avut de pierdut? Un confort sau o siguranță iluzorie? Până la urmă, cum te poți simți confortabil în durere?

Într-un final, am spus „stop"! Iar acum am avut curajul să împărtăşesc cu tine povestea mea. Şi poate că, uneori, deschiderea şi autodezvăluirea la momentul potrivit funcţionează mai bine decât orice medicament pentru că atunci, când te deschizi în faţa altcuiva, de fapt, ai curajul şi încrederea să te deschizi în faţa ta, să fii sincer cu tine.

Între timp am învăţat că poţi transforma obstacolele în oportunităţi şi că nu există scop mai nobil în această viaţă decât să te străduieşti să devii tot ceea ce-ţi doreşti să fii, tot ceea ce poţi să fii. Şi, da, poţi să-ţi foloseşti puterea interioară în sens negativ şi distructiv sau în sens pozitiv şi constructiv. Iar eu, de ceva vreme, am ales a doua variantă...

Oricât de greu mi se pare uneori, libertatea de a fi tu însuţi şi de a-ţi trăi viaţa aşa cum simţi şi-ţi doreşti cu adevărat, merită orice sacrificiu de moment, iar eu nu am simţit că aş fi făcut vreun sacrificiu decât atunci, când... m-am luptat cu obiceiurile şi obişnuinţele mele distructive, când a trebuit să fac eforturi să ies din tiparele acelea.

Acum... acum nici nu mai are importanţă cu ce mă ocup. Între timp am absolvit o a doua facultate, Psihologia, şi pot la fel de bine să fiu un speaker motivaţional de succes, un psihoterapeut de renume, un tată dedicat sau managerul celei mai tari companii farma- ceutice. Acum contează doar faptul că nu m-am lăsat învins de neputinţă şi de credinţa falsa că eu nu valorez prea mult, că eu nu contez... Acum îmi onorez fiinţa prin orice gând aş nutri, orice emo- ţie aş simţi, orice relaţie aş cultiva... Am început să investesc în mine şi în dezvoltarea mea personală, să mă cunosc mai bine, să devin mai conştient de mine, de gândurile şi emoţiile mele, de viaţa mea. Cu fiecare mască, fiecare minciună şi fiecare autoamăgire la care am renunţat am devenit din ce în ce mai autentic şi, îmbucurător, am învăţat să mă iubesc pe mine. Mi-am găsit liniştea în privinţa multor aspecte şi continui să mă îmbunătăţesc în permanenţă. Acum sunt mult mai bine. Şi tot ceea ce contează este să fii mai bine şi mai bun decât ieri, nu mai bine sau mai bun decât altul.

Poate că te așteptai să-ți spun cum am ajuns un om de succes, cum am familia ideală și jobul perfect, cum sunt admirat și invidiat în cercul meu de prieteni. Însă, până la urmă, ce este succesul? Succesul nu înseamnă să bifezi o listă de lucruri, decât cele pe care ți le dorești tu, din tot sufletul tău, cu toate că societatea și mentalitatea celor din jurul tău pun presiune asupra ta ca să fii și să trăiești după rețeta prescrisă de ei. Succes ai atunci când câștigi luptele cu tine însuți! Nu există aceeași cale pentru fiecare, iar adevărata satisfacție și împlinire o ai atunci când ești cu fiecare pas mai aproape de calea pe care te poartă vocea ta interioară. Și cine zice că toți trebuie să fim la fel?

CÂND ILUZIA DISPARE
IAR FLUTURII DEVIN DEMONI

Te-am crucificat în sufletul meu. Adică, te-am plăsmuit în imaginația mea și mi te-am contopit. Am fuzionat cu o fantasmă. Te-am luat cu totul și mi te-am suprapus. Apoi am luat niște cuie mari, mari de tot și te-am crucificat în propria-mi carne.

Îmi era greu să te port. Ai început să putrezești, crucificat așa cum erai, în mine. S-a cam împuțit treaba. Chiar și așa, mi se părea a doua mea natură.

Nu-mi dădeam seama de greutatea mortului ce mă privea absent în ochii mei, absenți și ei. Eram doi morți care putrezeau împreună. Tu, pentru că muriseși deja și te purtam degeaba în mine sau în spatele meu, pentru că degeaba îmi doream să-mi curgi prin vene ca o substanță invazivă de contrast care ar putea să mă facă să mă simt vie din nou, să ard din nou. Iar eu, pentru că purtam mortul după mine.

Mă simțeam grea ca și cum aș fi purtat întreg Universul în piept cu toți Dumnezeii în prima linie. Și nu știam de ce.

Purtam mortul după mine.

DE PE LA NOI

Mama

— Măi mamă, mă! Ce e cu muzica asta? Aşa ceva ascultă o domni-şoară?

— Iar ţi-ai făcut unghiile negre? Dar cine era băiatul ăla? La ora asta se vine acasă? la vino să te miros!

— La ce festival să mergi? Cu cortul? La mare? Nu mamă, sub nicio formă.

— Cum adică i-ai răspuns dirigintei? Vrei să ai probleme? Eu ce ţi-am tot spus „capul plecat sabia nu-l taie"!

— Ce? Care Daniela? Nu te las niciunde cu ea că te învaţă numai la prostii! Nu e aia cu părul mov?

— Cu care Matei să ieşi în oraş? Cu ce se ocupă părinţii lui? A, o cunosc pe maică-sa. Nu-mi place de ea. Nu ieşi niciunde.

— Pentru ce vrei să devii tu actriţă? Să mori de foame?

— Ce-ţi trebuie ţie Bucureşti? Te duci la Sibiu la facultate că eşti mai aproape de casă!

— Cum adică ai restanțe?

— Unde să pleci? În Olanda? Sub nicio formă.

— Cum adică te-ai angajat într-un bar? Să nu te mai prind că te duci acolo! Ce, nu-ți ajunge ce-ți trimitem noi?

— Dar de ce ai luat licența cu 9.50? Nu puteai și tu mai mult?

— Ce? Ți-ai făcut blog? Și ce scrii tu acolo? Vezi nu care cumva să zici ceva de vărul tău Costel de la Jilava. Să nu ne faci, mamă, numele de rușine!

— Cu cine să te muți? Cu Andrei? Ești prea tânără!

— Dar tu când ai de gând să te măriți? Ai cam îmbătrânit. Dar copii? Când ai de gând să faci? Cam e timpul... Nici pe Andrei ăla n-ai fost în stare să-l ții...

— Dar pe acasă când mai vii? Că moare taică-tu de inimă și nu mai apucă să te vadă!

Soțul

(1)

— Andreea, tu chiar nu înțelegi că eu sunt un bărbat bine? Iar tu doar o proastă? Tu nu înțelegi că te-am folosit doar ca să uit nişte frustrări sexuale ori ale propriei masculinități? Ca să-mi faci un plod să mă simt şi eu bărbat? Că astfel genele mele vor perpetua în veşnicie? Că aşa mi-ar fi mult mai puțin teamă de moarte şi de ce este dincolo de ea? Tu nu înțelegi că mă folosesc de tine, pentru că fără o proastă pe post de sclavă nu am cum să mă simt superior? Nu de alta, dar oricine altcineva, asupra căreia nu am control, mă intimidează teribil. Aşa, şi ce că-mi calci, îmi speli şi mă hrăneşti? Cineva trebuie să-mi fie şi mamă, chiar dacă nu mai sunt copil! În plus, ăsta e rolul tău! Că dacă vreau femei, mă duc la curve! Tu eşti nevastă! Ori nevastă, ori curvă, alege! Ar trebui să zici „merci" că m-am încumetat şi te-am luat, că altfel te făceai de mirul lumii! Şi nemăritată, şi fără copii...!

— Şi ce vrei să spui cu asta?

— Vreau să spun că eşti o proastă!

— Hai, baby, vorbeşti şi tu la nervi...

(2)

— Te iubesc, pui, cum să nu te iubesc? Nu eşti tu prințesa mea? Ce dracu te-apucă? Iar vrei să mă provoci? Cauți mereu motiv de scandal! Tu nu vezi că din cauza ta ne certăm tot timpul?

— De ce să te angajezi? Nu te angajezi nicăieri! Vrei sa bălească toți ăia după tine? Dar pentru ce să te oboseşti tu? Eu pentru cine muncesc? Nu pentru noi şi familia noastră? Nu câştig eu pentru amândoi?

— Cu cine să ieşi? Nu ieşi niciunde cu aia! E o curvă! Locul tău e în casă, să ai grijă de mine şi de copil!

— Dar ştii... e prietena mea din copilărie...

— Te învaţă la prostii! Am văzut eu. E o profitoare, păi ce, ea n-a vazut ce-avem noi aici?

— Cum adică n-ai chef să facem sex? Dar nici nu trebuie să ai tu chef!

— Unde mă duc? Dar nu e treaba ta unde mă duc!

— Iartă-mă, promit că nu mai fac! Eu pe tine te iubesc! Nu vezi şi tu câte am făcut pentru tine? Ea nu înseamnă nimic! E nebună! Se ţine după mine ca o nebună!

— Nu-i schimb niciun scutec! Asta e treaba ta! Când mi-ai face un băiat mai discutăm!

— Deprimată? Cum adică să fii deprimată? Dă-l încolo de psiholog că-ţi împuie capul cu prostii! Hai mai bine să mai facem un copil!

— Zâmbeşte! Ascunde-ţi lacrimile! Iubeşte-mă necondiţionat! Aş-teaptă-mă fericită, umedă si cu masa pusă! Fii o mamă şi o soţie perfectă! Fii o amantă ideală! Nu te deschide în faţa altora! Nu gândi prea mult! Dacă simţi că trăieşti o viaţă care nu-ţi aparţine, mai fă un copil, mai uită-te la un film, mai spală un covor. Nu cere ajutor! Repri-mă-ţi emoţiile, neagă-ţi sinele! Devalorizează-te în permanenţă! Gân-deşte că nu meriţi prea mult! Bea numai apă plată cu lămâie! Am făcut din tine o doamnă! Nu-ţi bate joc de asta!

Vânătoarele de bărbați

— Ce proaste-s astea!

— Mda, niște proaste. Dar ce-ai, fată? Cine-s proaste? Ce te-ai enervat așa?

— Păi mă enervează când le văd cât sunt de proaste. Niște frustrate toate, niște nespălate cu aere de intelectuale. Da' să rămână ele ca proastele cu carierele lor cu tot și să muncească ca niște sclave! Ce, eu nu știu cât ne invidiază că noi mergem la Ibiza și la munte și la mare și pe lună mergem, dacă vrem, că eu, dacă vreau ceva, iubi-mi dă.

— Ha, ha, te-ai scos, fată, cu iubi ăsta al tău!

— Eee... cine poate, poate. Cine are cu ce, are cu ce.

— Câți invitați ziceai că aveți la nuntă? Vezi pe mine să nu mă pui în spate sau cu cine știe ce țărănci la masă. Da' las' că poate până atunci mă recombin și eu cu iubi al meu. De ce a trebuit să se împace idiotul tocmai acum cu proasta aia de nevastă-să? Că ne-am certat, mare scandal a fost, știi, că ți-am zis.

— Păi vezi dacă ești proastă? Ți-am zis să-i torni un copil că sigur nu s-ar mai fi întors la aia.

— Păi ce, eu n-am vrut? Dar ți-am zis că am avut problemele alea... dar știi ce mi-a zis nesimțitul? Că el încă nu e pregătit pentru o relație serioasă. Auzi tu! Și că, citez, „momentan mă aflu într-un moment destul de incert în viața mea și n-aș vrea să te amăgesc în vreun fel... lucrurile sunt destul de complicate". În fine... Da' mă doare pe mine undeva că sunt lucrurile complicate pentru el. Vai, săracul, e incert. Las' că-i spulber eu orice incertitudine. Ți-am zis că m-am apucat de tratamentul ăla de fertilitate, i-am băgat la ăsta din top că-mi trebuie bani că-i maică-mea bolnavă, că trebuie să se opereze, și mi-a dat prostul. Ba chiar a vrut să vină la spital cu mine, adică să ne ducă s-o operăm. Vai, ce șoc mi-a dat. În fine... m-am scos eu până la urmă. Asta a fost înainte să-l apuce pe el incertitudinile. Ce nesimțit!

— Lasă, fată, că-l prinzi tu într-o noapte. A, știu! Îl suni plângând, bolborosești, urli ceva acolo și îi închizi. Ăsta o să se panicheze ca prostu' și o să te sune înapoi. Nu-i răspunzi, să-l mai fierbi un pic. Îl suni după cinşpe minute şi îi spui „iartă-mă baby", dar tot plângând, da? „Că nu mai ştiu ce-i de capul meu. Am o problemă mare, mare şi nu am la cine să apelez! Că mama, săraca, e încă în spital şi cu taică-meu doar ştii care-i povestea". Îi zici şi tu acolo că toţi prietenii te lasă la greu, cât munceşti, cât te chinui, cât te sacrifici...

— Aşa, păi şi ce-i spun mai exact? Care-i problema, de ce plâng?

— Îl îmbrobodeşti cu toate astea şi îi zici că nu poţi vorbi la telefon, că e o situaţie URGENTĂ şi să vină acum la tine. Şi o să vină, că are suflet mare ca un prost ce e.

— Păi şi dacă e cu nevastă-să?

— Lasă că nu ştii tu exact dacă s-a şi întors acasă. Îi faci aşa o atmos-feră cât de cât romantică, te faci sexi, dar vezi să ai rimelul scurs să pară că ai plâns, şi îi bagi o poveste cum că şeful s-a dat la tine, că a zis că, dacă nu te culci cu el, te dă afară sau orice altceva... să pari cât mai victimă. Şi cum ţi se întâmplă tocmai ţie toate, care ai mama pe moarte în spital şi un tată alcoolic care v-a abandonat şi nişte per-verse de colege şi un şef care te hărţuieşte, şi aşa mai departe, şi că ce te faci tu acuma? Că-ţi pare rău că ai apelat la el, dar efectiv ai sufletul distrus şi nu mai ştiai ce să faci, de-astea, ştii tu, că doar ai mai făcut. Şi îţi zic, ăsta nu o să ştie cum să te mai consoleze şi să te salveze, că-i place lui să fie bărbat. Te-apuci să plângi în braţele lui şi, nu ştiu cum, începeţi să vă sărutaţi şi mai departe ştii... Dar fii atentă, a doua zi dimineaţa te pui din nou pe plâns. Când simţi că ar da semne să se trezească, plângi de rupi pământul, îţi torni zeamă de lămâie în ochi, orice!

— De ce, fată?

— Păi aşa, că îi zici că vai ce-ţi pare rău, că te simţi vinovată, că tu ştii că el nu mai vrea nimic de la tine, dar că nici măcar nu ştii cum aţi ajuns aici, că tu nu poţi să-i rezişti şi că este singurul bărbat pentru care simţi asta. Ceva de genu', că nu-i vina ta, că tot el cu farmecele lui îţi dă viaţa peste cap. Ca şi cum tu ai vrea să te scapi de el, adică să-i respecţi dorinţa că, gata, v-aţi despărţit, dar că nu ştii ce demoni pun

stăpânire pe tine şi că nu poţi să te împotriveşti. Şi aşa îl mai şi zgân-
dări un pic în orgoliu. Şi hopa bebe...

— Păi ce, fată, tu crezi că ăsta-i prost? Şi dacă nu vine?

— Nu, fată, dar repeţi povestea până iese. Cu variaţiuni pe temă.
Adică nu te mai da şi tu rănită de fiecare dată, că îl enervezi, mai fă-l
să vină şi din alte motive. Fată, nu fi proastă! Dacă pui mână pe ăsta,
te-ai scos. Nu mai trebuie să lucrezi niciodată. În puf şi praf de stele te
va ţine la cât bănet are! Oricum e în negociere de divorţ cu aia şi nu
ştii exact dacă se vor împăca definitiv, nu fi proastă, nu te retrage
tocmai acum!

ÎN VIS CU MARA

Aveam un sentiment ciudat, cum că timpul se comprimă şi
devine o pastilă pe care urma s-o înghit şi să mă poarte înspre alte
universuri, ori înspre alte dimensiuni ale sinelui. Îmi doream să curgă
eternitatea prin mine şi să o privesc ca şi cum aş sta pe malul unui râu
şi aş arunca cu pietre-n apă să fac valuri, să treacă timpul. Îmi doream
să mă apun odată cu soarele, contopindu-mă cu marea, devenind în
sfârşit ceva, ceva demn de privit. Îmi doream „să ies din mine" şi să mă
transform într-un tablou, un tablou apocaliptic al reîntregirii, iar ea să
mă privească, stingheră şi mahmură de pe mal, şi să se prăbuşească
dezolant în faţa operei de artă care i se revela.

Îmi doream să o posed, să îi pătrund prin vene ca o
substanţă invazivă de contrast, care să o facă să ardă, să o facă să se
simtă vie din nou, să o pot simţi vie din nou. Îmi era dor de ea, de
amprentele ei. Avea un fel de du-te-vino care mă făcea mereu să
pierd trenuri, care mă făcea să cred că există în acest univers o singură
planetă, unde există un singur oraş, unde există o singură casă locuită
doar de noi doi. Îmi doream să o văd tot timpul mahmură sau în
sevraj. Să-mi simtă lipsa, să mai ceară încă o doză.

— Îmi trebuie un vis nou, îi spuneam...

— Ce vis, dragul meu?

— Un vis pe care îl simţi ca pe o amintire, ca şi cum ţi s-ar fi întâmplat deja tot ce visezi şi în care să te întrebi mirat de ce îţi este dor de nişte momente pe care nu le-ai trăit niciodată, însă cu toate acestea, să simţi că îţi aparţin. Un vis dintr-acela în care să arzi doar visându-l.

— Asta ce înseamnă?

— Asta înseamnă că îmi este dor de nişte momente pe care nu le-am trăit niciodată. E ca şi cum în interiorul tău ar exista un Dumnezeu care ar şti exact de ce ai nevoie şi care ar încerca să-ţi arate calea. Ca şi cum ţi-ar şopti într-o limbă aparent necunoscută, dar limpede, că nimic din ce-ţi doreşti nu reprezintă un pericol, un teritoriu necunoscut, ceva ce nu ai fi capabil să înfăptuieşti. Ca şi cum ai fi avut odată capacitatea de a face asta, ca şi cum ai fi trăit toate acele momente însă ai uitat de ele, de puterea ta. Şi pentru că le-ai trăit, ţi-e dor. Pentru că şi acum îţi doreşti să le trăieşti, dar asta nu se întâmplă.

— Nu înţeleg...

— Uite, mai ştii când ne-am cunoscut noi prima dată? Nu aveam de unde să ştiu că o să te întâlnesc tocmai pe tine, însă, cumva, parcă anticipasem asta, iar pe parcurs, am avut aşa o senzaţie că noi doi am mai trăit cândva toate aceste momente. Când te-am cunoscut prima dată, mi-am dat seama cât de dor mi-a fost. Mă gândeam cu groază la tine, pentru că de fiecare dată reuşeai să-mi dai lumea peste cap, însă îmi doream cu disperare să faci asta. Te aşteptam cum îşi aşteaptă un dependent de droguri doza.

— Asta nu sună prea flatant...

— Şi ce importanţă are cum sună? Eu îţi spun ce am simţit. Şi, bine, fie, Mara... nu-mi place cum decurge visul ăsta...

— Ha, ha! Poate îţi trebuie un alt vis, din nou!

— Nu, ascultă-mă! Visul se va repeta până când nu voi fi eu cel care va trage cortina! Îţi spuneam înainte că-mi trebuie un vis nou. Într-adevăr. Şi de aici a pornit toată discuţia asta. Eu nu voiam să vorbim neapărat despre noi. Eu voiam să mă ajuţi să-mi dau seama care este visul meu. Cel nou, adică!

— Da... dar se pare că noul tău vis are legătură cu mine. Altfel, de ce m-ai fi chemat? De ce tocmai pe mine?

— Nu are legătură cu tine, are legătură cu mine... Uite, eu sunt căsătorit acum. Oricum nu se mai poate face nimic.

— Ha, ha! Mă faci să râd!

— Mara, încetează odată cu ironiile tale şi mai bine spune-mi dacă vrei să mă ajuţi sau nu!

— Desigur... Dar ştii ce mi se pare amuzant? Că eu sunt, de fapt, o plăsmuire a inconştientului tău. Tu eşti cel în mâinile căruia stă puterea de a controla visul, şi cu toate acestea te laşi influenţat de o fantasmă a inconştientului tău. Dar, fie, dragul meu... Sunt numai ochi şi urechi. Haide să vorbim despre visul tău şi să-mi spui cu ce te pot ajuta.

— Mara, ştii cum e să arzi pe interior, ermetic? Să simţi că te înăbuşi în propriul tău foc interior, în propria ta pasiune pe care încerci s-o dai uitării cu fiecare moment în care te laşi furat de viaţă? Şi că ai uneori senzaţia că ai da şi sufletul propriei mame, numai să iasă ceva de acolo? Iar eu, de altfel, o iubesc pe mama foarte mult. Ştii cum e?

— Da. Dar ce vrei să spui cu asta? Ce pasiuni ţi-ai dat uitării?

— Uite, Mara, ştii deja că eu sunt căsătorit de zece ani. Aaaaah!!!!! După cum spuneam, sunt căsătorit de cincisprezece ani.

— Dar parcă ai zis zece!

— Mara, mă asculţi sau vrei să faci pe deşteapta? Zece, cincisprezece, ce mai contează? În tot acest timp nu mi-am înşelat niciodată nevasta şi...

— Serios? Şi stai puţin, nevastă? Păi aia e iubita ta pentru tine, nevastă?

— Te urăsc!

— Ba nu, nu mă urăşti! De ce te-ai enervat aşa de tare? Adu-ţi aminte... trebuie doar să numeri până la zece şi o să treacă. Şi apoi... trebuie doar să repeţi procesul!

— Mda, și o să-mi duc toată viața într-o numărătoare continuă!

— Mda, de parcă viața ar fi altceva....

— Eh, nu asta e ideea.

— Ba asta e ideea! Te enervezi degeaba! Dacă ți se pare atât de revoltător că trebuie să-ți duci viața într-o numărătoare continuă, păi fă ceva să nu te mai găsești nevoit să numeri o viață întreagă până la zece și apoi să reiei numărătoarea!

— Eu sunt căsătorit acum. Deci...eu sunt căsătorit acum!

— Da, am înțeles! De ce tot repeți asta?!

— Pentru că, uite... eu sunt...

— Da, tu ești....căsătorit?!

— Ha, ha! Văd că nu te lași! Da, sunt căsătorit și uneori am impresia ca încep să înțeleg din ce în ce mai bine cuvintele tatălui meu, Dumnezeu să-l odihnească-n pace! Îmi aduc aminte de una dintre aniversările mamei. Mare forfotă și zarvă. Stăteam la curte și peste tot era plin de fel și fel de oameni. Mese întinse, muzică, tămbălău. Mama nu știa cum să se mai împartă între toți. Eu mă învârteam ca un un copil bezmetic peste tot, urlam, cântam, mă încăpățânam să-i enervez pe toți ăia, ah, ce-mi plăcea să mă iau în gură cu ei! Îi întrebam fel și fel de lucruri impertinente numai să-i enervez. Tata îmi dădea vreo două peste cap, mă făceam că plâng și apoi îmi continuam lipsit de scrupule ritualul sadic. „Dar, nenea Gheorghiță, de ce n-a venit și tanti Aglaia? Că ai închis-o matale în grajd pentru că e o vacă mare și nespălată? Că așa i-ai zis sâmbăta trecută lu' tata. V-am auzit eu când stăteam la rând la pâine, atunci când ați aruncat cu berea după mine, că ce caut eu la cârciumă? Păi ce să fac, 'nea Gheorghiță, că nu eu am pus cârciuma laolaltă cu brutăria?!

— 'Tu-ți neamu' mă-tii de copil! Las că vezi tu! Ce să văd? Eram fugit de mult și tata, oricum, uită repede. Eram și eu un... cum se zice...un copil neastâmpărat.

— Bine, bine. Deci astea au fost cuvintele tatălui tău de ți-au rămas întipărite în minte?

— Nu. Văd că nu ai răbdare deloc să mă asculţi. De un 8 martie ne dăduse doamna învăţătoare o compunere în care să spunem de ce o iubim pe mama. Şi eu am stat şi m-am gândit şi am scris: „Pentru că tu, scumpă mamă, mi-ai dat naştere. Pentru că ai avut grijă de mine şi eşti lumina ochilor mei, căci fără tine nu aş exista". Mda... nu eram un elev foarte iscusit. În fine. Nu am fost foarte mulţumit de compunerea mea şi voiam neapărat să iau zece. Şi atunci m-am dus să-l întreb pe tata... poate-poate mă inspiră în vreun fel: „Tată, de ce o iubesc pe mama?" Şi el mi-a spus: „Nu ştiu, tată, că-i mă-ta"., „Dar tu, tată, de ce o iubeşti?" Altă întrebare impertinentă. S-a îngălbenit puţin, dar mi-a răspuns repede: „Eu pe mă-ta o iubesc, că e mama ta şi nevasta mea, iar nevasta e bună să fie acolo". Şi în timp ce spunea toate astea, ofta de parcă s-ar fi terminat lumea. Da, bine. O iubea pentru că era mama mea şi nevasta lui. Adică o iubea din obligaţie, că era mamă şi nevastă? Doamne, Dumnezeule, mă trec toţi fiorii când îmi aduc aminte.

— Mara, eu sunt căsătorit acum şi mă gândesc cu groază la faptul că iubita mea a devenit mama. Adică nevastă şi mamă.

— Poftim? Dar ea e tot iubita ta, numai că este şi soţie şi mamă. Astea-s roluri. Ca şi ale tale. Ce mama naibii?!

— Da, da, bine, însă nu înţeleg de ce stă atâta în bucătărie. De ce îi place să se piardă printre oale şi cratiţe?

— Poate este pasionată de gătit! E ceva rău în a avea pasiuni?

— Nu, nu. Numai că mi se pare că se pierde, nu din pasiune, ci aşa... să se piardă. Că şi pierderea asta... e cumva... aşa... tot pierdere. Adică există o pierdere de bun augur şi una de rău augur. Cea de bun augur e aceea în care simţi că te pierzi în sensul în care te afunzi în tine pentru a ieşi de-acolo mai bogat, prin ceea ce faci, prin ceea ce experimentezi. O pierdere de rău augur e aceea în care te pierzi doar ca să uiţi de tine, de viaţa ta, de sentimentele şi de gândurile tale. Doar aşa... ca să-ţi întăreşti poziţia de scârbă antisocială, de roboţel... prin repetarea automată a anumitor acţiuni care-ţi iau gândul de la visurile tale, de la dorinţele tale, de la tine însuţi.

— Scârbă antisocială? Asta de unde ţi-a venit?

— Ei, nu în sensul că ar fi vreo psihopată care îi urăşte pe toţi... ci în sensul în care altor oameni li s-ar părea indezirabilă această tendinţă de evitare.

— Evitare a ce?

— A lor!

— Adică, dacă nevasta ta găteşte mult, înseamnă că urăşte oamenii?

— Nu, înseamnă că îi evită!

— Păi... ce oameni evită?

— Ah..!

— Ce oameni evită?

— Nu ştiu, poate pe mine?

— Şi de ce crezi că te evită?

— Pentru că nu mă mai iubeşte...

— Tu o mai iubeşti pe ea?

— Ah... te rog...

— De ce ţii cu dinţii de o iluzie doar să nu păreţi amândoi nişte aşa-zise scârbe antisociale?

— Nu, nu....păi nu am fi. Scârbele suntem noi între noi. Nu împotriva altora.

— Şi cine contează mai mult în această ecuaţie? Voi... sau alţii?

— Mara, taci odată! Eu sunt, în fond, responsabil, organizat, decent. Mă dedic în ceea ce fac, nu neapărat pentru că asta mi-aş dori, ci pentru că aşa trebuie. Plus că mă pricep. Sunt capabil să merg până în pânzele albe pentru a-mi respecta o promisiune ori un angajament pentru că am simţul datoriei. Încerc întotdeauna să fac ceea ce este corect. Măcar eu să fac asta. Am nevoie ca lucrurile să se desfăşoare după o anumită ordine, orice altceva simt că m-ar destabiliza.„Simt”... Ah... şi cum ar fi să-mi dau voie să simt şi altceva în afară de ceea ce consider că este decent să simt? Cum ar fi să-mi dau voie să mă afund în mine ca într-o mare adâncă şi liniştită? Să mă scufund printre toate amintirile, toate iubirile, toate revoltele, toate sfâşierile şi, cu toate astea, să nu mă înghită nicio furtună, să nu mă răpească niciun pirat, să nu mă vrăjească nicio sirenă? Iar apoi să-mi dau un şut în fund şi să mă... să mă... să mă îmbrăţişez cu totul, în plenitudinea a ceea ce sunt eu, mai mult decât ceea ce am învăţat că trebuie să fiu, mai mult decât mi-au spus părinţii, iubitele şi cei ce mă-nconjoară.

Eu sunt fericit cumva aşa... adică nefericit nu sunt. Nu îmi permit acest lux deşi... uneori îmi vine să las totul în urma mea şi să plec. Unde? Încă nu ştiu. Pur şi simplu să plec. Să mă eliberez şi de mamă şi de tată... parcă îi şi aud... „Fii puternic! Fii perfect!" „Sunt. Nu vedeti?" „Ba da, dar tu vezi că nu-ţi aparţii? Fii puternic, fii perfect dacă asta îţi doreşti. Sau fii ce-ţi doreşti să fii şi o să realizezi pe parcurs ce şi cum. Fii cel care nu are voie să greşească, un adevărat cap al familiei.

Nu e ca şi cum s-ar întâmpla ceva spectaculos în interiorul meu. Mă trezesc, încerc să-mi beau cafeaua, îmi sărut soţia, hrănesc copilul, îmi duc soţia la lucru, mă duc la lucru, mă întorc de la lucru, îmi iau soţia de la lucru... lucru, lucru, copil, copil, soţie, soţie. Nu mă înţelege greşit. Nu mă plâng, numai că, uneori, între noi fie vorba, îmi vine să-mi micşorez soţia şi copilul, pe mama şi pe tata, să-i lipesc pe parbrizul maşinii şi să plec în lume.

Însă uneori îmi doresc să se întâmple... să simt ceva spectaculos în interiorul meu. Nu pot să dorm. Adorm odată cu zorii şi mă trezesc la un pas distanţă. Mă îndepărtez din ce în ce mai mult... de mine... iar dimineaţa... oh! Cât urăsc dimineaţa! Pentru că trebuie să-mi pun din nou masca, să joc din nou acelaşi rol care m-a consumat pe interior ca un cancer care se insinuează pe nesimţite... Trebuie să mă dezactivez emoţional, oarecum, şi să intru într-o stare de hipervigilenţă, ca şi cum aş fi un şoricel pe o roată care trebuie să alerge încontinuu şi să aibă grijă să nu se răstoarne cu tot cu roata. Mor, Mara, mor! Ce să fac?

— Ce să faci?! A, te-ai pierdut. Mi-e clar. Dragul meu, haide să revedem cum a decurs discuţia noastră de până acum. M-ai chemat în visul tău pentru că aveai nevoie să te ajut să-ţi dai seama care este noul tău vis. Mai pe scurt, te-ai cam scârbit de viaţa ta şi ai chef de altceva, însă nu ai curaj să ţi-o schimbi, aşa că mai stai la consfătuiri dându-ți cu stângul în dreptul. Spui că nu-ți permiți luxul de a fi nefericit? Păi ești oricum. A, că poate te minți că ai fi fericit, asta e altceva. Buuuuun. Apoi, strofocându-te să-ți dai seama care este acel nou vis, ai început să-ți amintești de mine, prima și marea ta dragoste interzisă, pentru că n-ai reușit nici acum să faci pace cu mine și pentru că te bântui în continuare. Și pentru că ți-ai dori să te simți la fel de viu ca atunci când erai îndrăgostit de mine. Și ce te-ai gândit? Să-mi mai vorbești puțin despre nemurirea sufletului, despre cum ne-am mai întâlnit noi într-o altă viață și ne era menit să ne reîntâlnim și acum, pentru că suntem suflete pereche sau gemene, orișicum... despre cât de mult suferi tu pentru că ești neîntregit și despre cum întregirea ta se rezumă la niște iubiri pasagere care nu sunt nici pe departe eterne. Despre cum încerci să mă manipulezi pentru a-mi închide gura, pentru că tu nu vrei de fapt ajutor și adevăr, vrei să ți se cânte-n strună! Vrei să te agăți de mine în visele tale pentru că măcar atunci nu te mai simți anxios... deși, din câte văd... și vrei să mă folosești pe post de colac de salvare! Că, vai, Mara, dar cât te-am iubit eu pe tine și ce viață de rahat am acum, că am nevastă și copil și oa-oa, că eu, de fapt, nu-mi doresc acest gen de responsabilități. Poate că ar trebui, în schimb, să-ți asumi alegerile în loc de a te afunda în fel și fel de reverii, și să vezi ce poți face în mod real, pentru a trăi o viață așa cum ți-o dorești. Ok. Ți-ai dat seama, chiar și după cincisprezece ani că nu ai nimic în comun cu soția ta? Divorțează! Însă fără a te plânge! Aia e! Uneori lucrurile se mai schimbă! Ce rost are să faci atâta dramă dintr-o problemă care poate fi rezolvată foarte ușor? A, că ți-e teamă de ce o să zică lumea sau ai tăi? Cui îi pasă? Nu mai ai doisprezece ani! Treaba lor, așteptările lor! Decizia ta cum te raportezi! Și din câte am observat, oricum nu-ți cunoști prea bine părinții! Crezi că ești puternic și perfect pentru că urmezi o prescripție de-a lor? Ești un laș, dar te scuzi că lașitatea ta e doar o răzvrătire împotriva alor tăi, ca și cum ți-ai dori să le faci în ciudă, să te răzbuni pe ei, numai să nu faci cum crezi tu că ar fi vrut ei să fii. Până și în imaginația ta, tot alții sunt de vină. Cum sunt și eu acum pentru că te simți tu stresat, nervos sau mai știu eu cum! Îți dorești să fii alături, în continuare, de copilul tău? Să știi că poți face și asta, fără a fi nevoit să stai sub același acoperiș cu o femeie despre care, dacă îmi aduc bine aminte, ai spus odată că a supt toată viața din tine. Nu te împiedică nimeni să-ți susții copilul, să-l încurajezi, să-l înveți de bine, să-i plătești pensia alimentară, să-l ajuți să-și îndeplinească obiectivele. Ce mama naibii? Și nu mai da vina pe nevastă-ta, că ea nu te lasă, că nu cred că ar incomoda-o cu ceva să fii un tată responsabil și binevoitor. Problemele voastre vi le rezolvați între voi.

— Mara, te urăsc! Îți reneg calitatea de Anima.

— Serios? Și puțin îmi pasă! Eu nici măcar nu mai exist! Pe cine urăști tu, de fapt? Și ce ai de gând să faci? Ești prins în jocuri patologice cu propria ta viață, băgând dragostea la înaintare. O dragoste pe care ai simțit-o o singură dată și care ți-a dat lumea peste cap. Așa, și? Ar trebui să fii recunoscător că ai avut ocazia să simți asta! Să fii recunoscător și atât. Să te gândești cu drag, nu cu ură și resentimente că nu mă mai ai. Însă tu ai început, de altfel, să-i urăști pe toți, ca și cum toți ar fi de vină pentru că acea dragoste s-a stins. Îți blamezi pe ascuns soția pentru că nu te poate face să simți ce ai simțit alături de mine. Serios? Și mai mult decât atât, ce te face să crezi că dacă noi doi am fi rămas împreună, dragostea aia ar fi rămas la fel ca la început? Oamenii se schimbă cu timpul, evoluează diferit, își pot schimba prior_ităţile. Asta este. Nu avem ce face. Ideal este să acceptăm asta și să fim capabili să ne vedem de viața noastră în continuare. Uită de aceste fantasme autodistructive. Lasă-le! Și găsește-ți, în schimb, un vis nou, dacă asta vrei. Un vis... real.

ÎN VIS CU ANDREI

— Dragă Andrei, vreau să te informez că m-a tulburat visul pe care l-ai avut cu mine și, pe deasupra, mă simt și violată.

— Ha, ha! Hai mă... ce-i cu vorbele astea?

— Păi ţie îţi convine aşa să dau buzna în visele tale?

— Mie? Da!

— Ei, bine, mie nu.

— Hai, lasă, te rog, jocurile astea de adolescenţi şi spune-mi ce vrei.

— Ha! I-auzi la el! Ce vreau!? Nu vreau nimic!

— Păi şi atunci de ce m-ai chemat la tine în vis?

— Bine, fie. Uite... am vrut să te am în faţa ochilor mei ca să-ţi spun că nu te mai pot suferi!

— Şi cum se manifestă această „nesuferinţă"? Te gândeşti frecvent la mine? Ai vrea să mă strângi în braţe? Ai vrea apoi să mă pedepseşti pentru că visul se termină prea curând? Pfff... greu, ce să zic...

— Tu ştii foarte bine că ai fost şi vei rămâne marea mea iubire sau, mai bine zis, iubirea aia care arde şi care te sfâşie, şi mă enervează cumplit insinuările tale şi cum ai încercat să dai vina pe mine pentru nefericirea ta.

— Iartă-mă dacă am făcut asta. Dar ştii că mi-a fost greu şi nu am putut găsi nicio explicaţie reală pentru despărţirea noastră. Ce era să fac? Nu am dat vina pe tine, pur şi simplu mi-am exprimat regretul şi, poate, nemulţumirea vis-a-vis de viaţa mea.

— Da, dar ştii, poate că aşa a fost să fie. Nu ştiu dacă ai fi putut face tu mai mult sau dacă aş fi putut face eu mai mult, ideea e că, oricum, s-a terminat totul şi că niciunul dintre noi nu a putut face pace cu asta. Poate am fost prea naivă, poate am fost prea imatură. Îţi scrisesem şi eu ţie o scrisoare, dar nu am mai apucat să ţi-o înmânez... plecaseşi deja. Mi-am amintit de toate acele momente din curtea şcolii, când ne sărutam pe ascuns, când abia aşteptam să ajung acasă să pot citi scrisorile de la tine. Pare din altă epocă, ştiu. Nu ştiu dacă din teamă n-ai avut curajul să-mi spui toate lucrurile alea în faţă, dar, într-un fel, mă bucur că a fost aşa. Îmi spuneai că sunt sufletul unei copile care mai târziu va deveni regină, că am suflet de regină şi că sunt creaţia perfectă a existenţei; că nu ştii dacă va exista cineva vreodată care să poată înţelege tot ce sunt eu, însă că ţi-ai dori să fii tu acela; că m-ai descoperit așa cum sunt și că în momentul în care o să aflu ce înseamnă libertatea, mă voi descoperi și eu pe mine. Că am voință de înger și că nu trebuie să fac decât ceea ce-mi doresc cu adevărat. Că sunt prea adevărată ca să fiu reală, că sufletul meu are o frumusețe nemuritoare. Că ai cunoscut două forțe mai puternice decât tine: pe mine și iubirea și că vrei să le cucerești. Interesant, nu? Îmi ziceai că tu nu ai vârstă, că sufletul tău este veșnic viu și că întotdeauna vei vrea mai mult. Te întrebai de ce, dacă pe oameni îi ține trecutul, ei continuă totuși să trăiască în trecut. Și multe, multe altele... și știu că vorbele tale erau sincere, că nu erau, pur și simplu, o vrăjeală ieftină, pentru că niciodată n-ai încercat să mă convingi de ceva anume.

— Hm, ți-ai amintit?

— Da, pentru că n-am uitat niciodată aceste vorbe și, poate, pentru că atunci nu reușeam să înțeleg semnificația lor reală. Vezi tu, eram prinsă în propria mea existență. Mult prea focalizată pe mine, pe trăirile mele, pe ceea ce mi se întâmplă. Nu știam exact ce vreau să fac cu viața mea și abia acum, după atâția ani, pot spune că sunt abia la început. Aveam multe frământări legate de viitorul meu. Urma să împlinesc optsprezece ani... știi, vârsta aceea când ai impresia că, gata, nu mai ai nevoie de nimeni și de nimic? Că te descurci oricum ar fi? Că abia aștepți să-ți iei viața în propriile mâini? Ei bine, nu s-a schimbat nimic în mod concret după ce am împlinit optsprezece ani, dar nici nu m-am lăsat pierdută, atrasă în cine știe ce „găuri negre". Eu, mare parte a vieții mele, nu am făcut altceva decât să-mi urmez busola interioară, iar ea nu m-a trădat niciodată. Avem în interior o busolă ce ne ghidează în permanență și ne arată calea. Trebuie să avem ochi ca să vedem, ochi interiori. Sunt perioade în viața noastră când ni se pare că nu mai vedem ieșirea, ori că ne afundăm din ce în ce mai mult în deznădejde și angoase. Și sunt perioade luminoase. Ce face diferența? Cum plonjăm dincolo? Cum facem ca, din „oricum, nimic nu e bine", să fie „oricum, totul este bine"? Trebuie să dăm crezare busolei. Acum sunt ancorată în mine... Știu că cel mai important lucru în viață asta e. În paradisul interior unde totul e sacru, nu există luptă, nu există. Însă, uneori, se întâmplă să te pierzi fără voia ta... ce straniu sună asta, cum poți să te pierzi fără voia ta? Poate pur și simplu nu ești conștient de ceea ce gândești, de ceea ce faci... iar depresia... oh, depresia se insinuează cu nesimțire în viața ta și te face să te simți complet incapabil, ca și cum n-ai mai avea pic de voință. Te face să simți că nu mai ai niciun control asupra ta, că nimic din ce ți se întâmplă nu-ți aparține. Te înstrăinezi de tot și de toate și te gândești cu dor la niște zile pe care ai impresia că nu le vei mai trăi niciodată. Până când ieși din această mocirlă și realizezi cât de inutilă este genul ăsta de suferință. Absolut inutilă. Te ajută, cumva, să te cunoști mai bine, însă aș fi preferat infinit să mă cunosc într-o versiune de-a mea care să nu aibă de-a face cu gânduri de sinucidere și automutilări, terori nocturne și anxietăți imposibil de înțeles pentru un necunoscător așa cum eram eu atunci. Însă, m-a ajutat. M-a ajutat să mă deschid în fața mea ca și cum, strat după strat, aș fi decojit o ceapă și aș fi rămas doar un miez iute care arde. Oh, și cum arde! Sunt mândră că am fost cândva o ceapă pentru că, altfel, n-aș fi ajuns la miezul meu. Știi că o să plângi decojind ceapa, însă trebuie s-o faci. Nu te mai poți întoarce de unde ai plecat, la cel care ai fost înainte, trebuie să ieși la lumină. Nu mi-a fost deloc ușor. Eram prinsă în dorințe contradictorii. În schimb, tu ai văzut niște lucruri în mine, pe care, poate, nici eu nu le văzusem atunci, iar acum, privind în urmă, am reușit să pun piesele de puzzle cap la cap. De ce crezi că nu te-am uitat niciodată? Pentru că a existat un adevăr între noi. Un mare adevăr.

— Ce adevăr?

— Vezi, oamenii și relațiile pe care le acceptăm în viața noastră pot să ne înalțe sau să ne distrugă cu atât de multă ușurință! Este adevărat că am fost îndrăgostiți până peste cap. Însă nu am fost orbi și nu ne-am compromis integritatea în niciun fel unul de dragul celuilalt. În naivitatea și nebunia adolescenței am fi putut face orice. Ne-am fi putut face mult rău unul altuia, pentru că aveam această putere unul asupra celuilalt. Însă n-am făcut-o niciodată. Alături de tine m-am simţit respectată şi, ce mi s-a părut cel mai frumos, este faptul că experienţa pe care am trăit-o împreună ne-a ajutat pe amândoi să creştem. M-ai respectat tu pe mine, ca om, mi-ai acordat toată libertatea din lume şi m-ai încurajat să fac ceea ce simt, deşi ştiai că poate ceea ce aş fi simţit eu ar fi putut să nu coincidă cu ceea ce îţi doreai tu. Iar pentru mine asta este dovada supremă de iubire. Bine, poate exagerez şi eu acum, însă a contat enorm acest lucru, şi încă mai contează, după atâţia ani. Pentru că mi-ai oferit libertatea de a fi în controlul vieţii mele. Pentru că mi-ai arătat că pot să fac asta şi că e bine să fac asta. Pentru că m-ai susţinut şi m-ai încurajat mereu, pentru că ai fost alături de mine, însă tot eu am fost cea care a decis în tot ceea ce mă priveşte. Acesta este marele adevăr — că am fost autentici şi că am găsit încrederea de a ne împărtăşi cele mai mari frici, fără ca acest lucru să se întoarcă împotriva noastră. Că ai fi putut să-mi pui beţe în roate, să te joci cu mintea mea numai ca să iasă cum vrei tu, însă n-ai făcut-o. Deşi ţi-a fost greu, mi-ai respectat adevărul interior.

Nu poţi iubi doi oameni la fel, nici pe copiii tăi nu-i poţi iubi la fel. Eu ţie ţi-am purtat o dragoste sfâşietoare. Eram şi calculată în acelaşi timp. Ştiam cum să mă organizez în aşa fel, încât să mă bucur la maxim de această dragoste, chiar şi pentru o clipă. Însă iubeam şi în fantasme, cream fantasme, scriam mult şi obsesiv. Mă pierdeam în mine cu o pasiune de nestăvilit şi mă întindeam pe coli albe de hârtie, ca şi cum m-aş fi crucificat în nişte cuvinte care mi-au rămas veşnic întipărite în minte, în fiecare celulă a fiinţei mele. Cuvinte care trădau cele mai aprinse emoţii, cele mai intense sfâşieri, cele mai fabuloase fantezii, cei mai întunecaţi precursori ai depresiei...

Îmi părea că aveai săruturile otrăvite, pentru că, de multe ori, aveam senzaţia că nu am cum să mă simt aşa de sfâşiată pe interior fără să nu fie ceva „putred" la mijloc. În momentul în care ai plecat, am avut impresia că am murit. Nu ştiu cum s-o spun să nu sune patetic, dar nici nu găsesc un cuvânt mai potrivit. Îmi părea că viaţa mea devenise un cortegiu funerar, un nesfârşit priveghi. Mă uitam la cer şi mi se părea că a căpătat culoarea unui cimitir şi gustul unui mormânt. Parcă aveam pământ pe buze. Parcă muşcasem din cer. Mi se părea că Dumnezeu este cel mai mare păcătos pentru că a pricinuit cea mai mare durere posibilă: omul, şi că omul nu este altceva decât rana deschisă a lui Dumnezeu ce sângerează mereu, fără să ştiu că nu Dumnezeu este responsabil de ceea ce simt eu.

Mi se părea că suntem cu toţii nişte fluturi mutilaţi cu malformaţii spirituale, mi se părea că făcuseşi din mine un univers fără sfârşit de iubire şi speranţă şi dor şi moarte. Mi se părea că niciodată n-o să mai fie bine nimic, că voi trăi toată viaţa cu sfâşierea asta interioară care nu mă mai lăsa să respir normal. Aveam impresia că plămânii mei se micşoraseră, că inima mea se micşorase. Aveam tot timpul senzaţia că ceva terifiant urmează să se întâmple. Nu mai puteam să dorm, nu mai puteam să ies din gândurile mele. Să mă detaşez de trăirile şi sentimentele alea.

Simţeam catastrofal şi mă scufundam în norii de cerneală. Însă tu erai mereu acolo, pe vârful limbii mele, ca o fantomă sadică ce nu înceta să-mi răscolească organele, stomacul, fluturii şi tot ce mai aveam eu pe dinăuntru... iubeam monstruos, cu toate cărţile împrăştiate pe jos, cu insomnii, cu sfâşieri, cu teze şi lucrări de control, olimpiade şi aşteptări parentale. Iubeam în ciuda a tot ce mi se întâmpla, în ciuda a toate aceste lucruri. Nu am făcut nimic din ce nu mi-am dorit, nu am făcut niciun compromis. În orice acţiune mi-am urmărit interesul în sensul în care, deşi mă simţeam obligată de cei din jur să le îndeplinesc aşteptările, să acumulez un anumit număr de stele (pe principiul, eşti cuminte, primeşti o stea sau o bulină albă) eu, de fapt, trăiam printre stele, mi le prindeam în păr, le inspiram cu cea mai mare uşurinţă. Nu mi-a fost niciodată greu să fac ceea ce este, aparent, corect sau dezirabil — să acumulez stele, mai greu a fost să trăiesc cu ele, să le dau o explicaţie. Să încerc să înţeleg, după ani şi ani, de ce-am făcut, totuşi, atâtea eforturi că să-i mulţumesc pe alţii, să le îndeplinesc lor aşteptările.

Iubeam să mă pierd printre cărți, să citesc, să cercetez, să descopăr, să aflu tot... voiam să știu tot. Îmi era sete să cunosc, să înțeleg. Mă fascina faptul că există atâtea persoane pe care am ocazia să le explorez, să le cunosc, să le înțeleg dedesubturile. Au fost, de altfel, multe momente amuzante și penibile, foarte penibile în toată această perioadă. Dar am adorat-o din tot sufletul meu. Eram eu, eram vie, eram la început de drum.

Nu înțelegem niciodată cu adevărat farmecul fiecărei etape din viața noastră până când nu o depășim, iar apoi regretăm acele momente și ne aducem aminte cu melancolie de ele. Prima literă, prima carte citită, prima ceartă cu fratele sau sora, prima dragoste, prima revoltă, prima deznădejde, primul eșec, cu adevărat resimțit eșec. De ce ne amintim întotdeauna prima experiență? Pentru că, apoi, începem să ne obișnuim cu toate. Și nu ni se mai pare mare scofală. De aceea căutăm diversitate și experiențe noi. Și nu conștientizăm cât de important e să iubim pe cineva care să ni se asemene. Să vibrăm la unison sau măcar să fim pe aceeași lungime de undă. Nu știm, până când nu ne trezim din falsele amăgiri la realitate. Of, m-am dus prea departe, m-am cufundat în amintiri de parcă toate s-ar fi întâmplat acum. Dar s-au întâmplat. Eram atât de diferiți amândoi... poate mai naivi sau poate, doar, mai încrezători. În visul tău îmi spuneai că vrei să te privesc stingheră și mahmură de pe mal și să mă prăbușesc dezolant în fața operei de artă care mi s-ar fi revelat. Că ai fi vrut să-ți simt lipsa, să mai cer încă o doză.

— Da, știu că asta ți-am spus. Eram supărat, nu mai gândeam limpede. A ieșit la iveală egoismul din mine. Mi se făcuse atât de dor de tine, încât n-am putut să-mi imaginez o altă variantă în care să te mai pot avea din nou. Am exagerat.

— Da, mi-am dat seama că erai cuprins de gânduri negre. Dar m-a deranjat ce mi-ai spus. Tu ai impresia că numai ție ți-a fost greu? M-am deschis acum în fața ta și am fost sinceră cu tine. Îmi vine să râd pentru că-mi dau seama cât de penibil ar putea suna tot ce ți-am spus, însă, vezi, este o realitate care mi-a aparținut, chiar dacă ea nu-mi mai aparține acum, chiar dacă eu, acum, nu mai văd lucrurile așa și nu mai simt așa. Nu poți compara experiența unui om de optsprezece ani cu cea a unuia de treizeci și cinci. Însă n-am de gând să mă rușinez cu acea realitate, n-am de gând s-o distorsionez ca să par eu Zoro. Am acceptat-o și nu mi-e teamă să-ți împărtășesc și ție trăirile mele de atunci. Cred că te-am chemat în visul meu pentru că aveam nevoie, oarecum, de o încheiere. Voiam să știi și partea mea de poveste și, odată ce ți-am spus-o ție, m-am eliberat. Mi-aș dori să fii bine, să trăiești liber — de câte ori nu mi-ai vorbit despre asta? Nu te lăsa pierdut, nu te afunda și mai tare într-o viață care nu-ți aparține. Eu... te voi prețui mereu... așa cum i-am prețuit și pe ceilalți oameni magici care și-au pus amprenta asupra vieții mele, însă pe niciunul în același fel. Onorez amintirile noastre și tot ce-mi doresc este să fii bine. Te-am eliberat și m-am eliberat.

Cuvânt de încheiere

Îți mulțumesc că ai rămas alături de mine până în acest moment. La final vreau să-ți reamintesc ceva ce, poate, tu știi deja: prin ceea ce ești, prin ceea ce faci, prin tot ce oferi celor din jurul tău ești o persoană cu o capacitate extraordinară de a da vieții tale aromă și culoare, de a-ți urma calea sufletului tău, de a realiza tot ceea ce-ți propui. „Îndoiala" și „teama" care încolțesc uneori în mintea ta sunt doar niște iluzii care pot fi înlocuite de „încredere" și „curaj" la fel cum, uneori, „nimic nu e bine" poate fi înlocuit de „totul e/poate fi bine" — iar aici este vorba doar despre felul în care tu alegi să te raportezi la realitate și de acțiunile pe care ești dispus să le faci pentru a construi acea realitate în acord cu sinele tău cel mai înalt.

Îți doresc să te bucuri de tine însuți și de viața ta, de amintiri, fie ele și neplăcute, căci sunt experiențe de viață care te-au ajutat să devii mai înțelept și mai puternic, de prezent, căci aici se află cheia viitorului tău asupra căruia ai o putere de-a dreptul magică!

Indiferent de greutățile cu care o persoană se confruntă în viață, acestea nu o pot doborî decât atunci când predă armele și se dă bătută. Iar uneori greutățile ne apar în cale tocmai pentru a ne face să fim mai atenți asupra gândurilor și credințelor noastre, asupra felului în care ne raportăm la noi înșine, asupra felului în care am trăit până acum, asupra alegerilor noastre. Alteori nu găsim neapărat sens în asta, însă după ce vom fi depășit acele momente, vom fi înțeles imaginea de ansamblu. Indiferent cum ar fi, important de înțeles este faptul că întotdeauna putem să facem o schimbare. Fie asupra felului în care ne raportăm la ce ni se întâmplă, fie acționând diferit.

Îți doresc ca încrederea în sine și curajul să te însoțească pe drumul vieții tale, pentru că ele deja există în interiorul tău, iar în momentele în care te simți deznădăjduit nu trebuie decât să îți amintești că ele sunt acolo pentru tine. Cheamă-le!

Îți doresc să trăiești în armonie cu tine însuți, să te pui pe primul plan în viața ta, să fii blând cu tine iar când este nevoie să dezvălui pumnul de fier acoperit de mănușa de catifea. Să-ți fii acel prieten de nădejde care nu te lasă să cazi pentru că ai obosit sau pentru că nu mai poți. Să-ți fii acel prieten care te susține și nu te lasă să te abați de la calea cea dreaptă, calea pe care te cheamă vocea ta interioară. Să-ți fii acel prieten care nu te lasă să fugi pentru că ți-e frică, ci te încurajează să-ți înfrunți fricile, eliberându-te astfel de ele.

Îți doresc să te bucuri de adevărații tăi prieteni și să le acorzi bucuria de a face parte din viața ta.

Îți doresc să „muncești cu cap", conștient fiind de prioritățile și visurile tale.

Îți doresc să cauți iubirea în primul rând în interior, iar mai apoi în exterior.

Îți doresc să nu le permiți oamenilor să îți răpească visurile, aspirațiile și să nu le permiți să facă parte din viața ta mai mult decât simți și îți dorești tu.

Îți doresc să îți făurești un destin în care să nu te simți presat să faci compromisuri, un destin în care tu joci rolul principal, fiind deopotrivă regizorul si scenaristul propriei vieți.

Îți doresc să atingi succesul, orice ar însemna asta pentru tine. Pentru că, cel mai important, nimeni nu poate ști mai bine decât tine ce îți dă sens și scop în viață, ce te face să te bucuri de clipele petrecute pe acest pământ.

Îţi doresc să nu uiţi niciodată că în interiorul tău sălăsluieşte acea putere care te poate ridica pe cele mai înalte culmi ale propriei existenţe, ori care te poate adânci în sumbre vise. Şi asta se întâmplă deoarece, ca de obicei, cheia se află la tine.

Îţi doresc să trăieşti o viaţă fără compromisuri, să ai relaţii care să te onoreze şi să te bucuri în fiecare clipă de minunea existenţei tale! Pentru că... da, ai ghicit, pentru că poţi şi pentru că meriţi!

Ursula Sandner

USE YOUR STRENGTH